本著作系中南财经政法大学高校基本科研业务费项目“刑法立法中的犯罪化及其限度”（编号：31541110705）的研究成果。

刑法新视野研究丛书

犯罪化与非犯罪化研究

Study on the Criminalization and Decriminalization

李正新　著

图书在版编目(CIP)数据

犯罪化与非犯罪化研究/李正新著. —武汉：武汉大学出版社,2016.11
刑法新视野研究丛书
ISBN 978-7-307-18839-6

Ⅰ.犯…　Ⅱ.李…　Ⅲ.刑事犯罪—研究—中国　Ⅳ.D924.114

中国版本图书馆 CIP 数据核字(2016)第 274977 号

责任编辑:詹　蜜　　责任校对:汪欣怡　　版式设计:马　佳

出版发行：**武汉大学出版社**　(430072　武昌　珞珈山)
(电子邮件：cbs22@ whu. edu. cn　网址：www. wdp. com. cn)
印刷:虎彩印艺股份有限公司
开本：720×1000　1/16　印张:13.5　字数:194 千字　插页:1
版次:2016 年 11 月第 1 版　2016 年 11 月第 1 次印刷
ISBN 978-7-307-18839-6　定价:36.00 元

目　录

引　言

犯罪化与非犯罪化是刑事立法和司法中的主要问题。刑法是规定犯罪、刑事责任和刑罚的法律体系，究其实质，都是围绕着犯罪问题这一中心而展开的。犯罪是刑事法律现实存在的基础和理论的逻辑起点，现实社会中纷繁复杂的具体犯罪表现决定着一个国家刑事法律的存在及其范围和规模。刑事法律正是作为打击和预防犯罪的应对之物而存在的，而且，刑事责任和刑罚又可以说是犯罪的确定必然的法律后果，某种行为在被确定为犯罪之后就要面对承担相应的刑事责任和刑罚的问题。事实上，除却刑事法学者对犯罪化与非犯罪化问题的满怀热情，一般社会民众对某种危害社会行为的法律判断，自觉或不自觉都离不开犯罪化与非犯罪化这一刑事法律基本问题。下面，以近年来我国刑事立法和司法实践中两个热点问题为例加以说明。

一是见死不救或见危不助行为是否应入罪的问题。近年来，由于种种原因，社会中见死不救或见危不助现象频频发生，无情拷问着社会的道德底线，由此引发了刑法学界和社会民众对于是否应该把这种行为纳入刑法即规定为犯罪的争议。2005 年 3 月，人大代表陈文希就建议在刑法中增设“见危不救和见死不救罪”，公民对于国家公共利益与他人的合法权益遭受灾害时，负有救助义务；对于“见死不救”行为，可以按其社会危害性及责任人当时的主客观条件，追究其刑事责任。同时应制定“见义勇为法”①。2011 年，事发于广东佛山的“小悦悦事件”再次将人们的视线聚集到这一问题，该事件一经报道就引起了社会各界广泛的关注和对是否

① 网易．人大代表建议增见死不救罪和制定见义勇为法［EB/OL］．http：//news. 163. com/05/0303/13/1DU1TGI70001124T. html.

应增设“见死不救罪”的激烈讨论。2011年10月13日，2岁的小悦悦（本名王悦）在广东佛山南海黄岐广佛五金城相继被两车碾压，7分钟内，共有18名路人路过但都视而不见，漠然而去，最后一名拾荒阿姨陈贤妹上前施以援手。但终因伤势太重，10月21日经医院抢救无效而离世。媒体报道后，10月23日，广东佛山280名市民聚集在事发地点悼念“小悦悦”，宣誓“不做冷漠佛山人”。① 无独有偶，2014年8月19日，在湖南祁东县人民医院又发生了“老人摔倒死亡，医生见死不救”的事件。据新闻报道：在当天上午约11时，59岁的王伟云老人在医院住院楼的缴费大厅排队缴费时，突然倒地，头部还撞在了墙上，而在老人倒地之后的12分钟内有数名医院工作人员从其身边走过，却迟迟没有人把他扶起来送进抢救室，也没有人对他进行专业的抢救，老人最终不治而亡。其间，有人捡起了老人的缴费单，有人用脚蹭开了老人身边的纸张，更多的人是直接绕行了。老人家属在看了监控视频之后，认为医护人员见死不救，令人非常气愤。该事件经媒体曝光之后，旋即引起了善良百姓的强烈愤慨情绪，不乏对该医院及其医护人员见死不救行为的口诛笔伐。② 的确，该事件发生在以救死扶伤为天职的医院，医护人员也常被人们誉为“白衣天使”，自然被寄予救治生命的厚望，老人在医院摔倒却得不到及时有效的救治，终致不治而亡，这位老人可谓是死在了最不该死的地方，又怎么能不让人难以接受呢？但由于我国法律并没有见死不救行为构成犯罪的明确规定，在相关医护人员并没有违反医学诊疗规范的情况下，其只能是道德的问题，并不构成犯罪。几乎每当发生类似的让人痛心的见死不救或见危不助的行为，人们在纷纷谴责冷漠路人见死不救的同时，更关心的是能否将这种见死不救的行为作为犯罪处理。

二是在2006年的许霆案中，由其行为是否构成犯罪引发的广

① 百度百科．小悦悦[EB/OL]．http://baike.baidu.com/link?url=ZmP6YCGufSaCpoxeNyDJs8PcB1alz_Mt6I6bMESTB6NUOuAr49gaUvtDC5Zw2FQdvwCUXgEGM_Yb0B5fY78Qy；网易．280名佛山市民宣誓“不做冷漠佛山人”[EB/OL]．http://news.163.com/photoview/00AP0001/18269.html.

② 央广网．湖南六旬老人倒在医院　10名医护人员被疑见死不救[EB/OL]．http://china.cnr.cn/yaowen/201409/t20140904_516377765.shtml.

泛争议。许霆在银行 ATM 自动柜员机取款时，碰巧 ATM 机发生了故障，取 1000 元而账户只扣 1 元。之后他 171 次前往 ATM 提款，违法获利 17.5 万元。案发后，广州市中院一审认为，许霆以非法侵占为目的，盗窃金融机构，数额特别巨大，行为已构成盗窃罪，依法判处无期徒刑。对他利用 ATM 故障多次取钱的行为，是否构成犯罪？这引起了我国法学界和社会民众的广泛关注，形成了构成犯罪和不构成犯罪的激烈争论。一审后，或受当时社会及网络上强大舆论压力的影响，2008 年 3 月广州市中院判定许霆犯盗窃罪，但改判为 5 年有期徒刑；此后许霆再度提起上诉，2008 年 5 月广东省高院宣布驳回上诉，维持原判，至此该案尘埃落定。对此，法学界和社会民众不乏主张许霆的行为不构成犯罪的观点。2008 年 3 月初，在事发地广州举行的广东省律师协会研讨会上，专家律师对许霆案涉及的法律问题进行专题研究探讨，其中八成与会者认为许霆无罪。① 在广州市中院的二审中，二审律师也是作的无罪辩护。②

在上述两例中，前者即见死不救或见危不助现象是社会发展中出现的新问题，虽然事实上人们对见死不救或见危不助的行为表示强烈的谴责，但现行刑法并没有将其规定为犯罪，人们对这一问题的关注是这种行为是否应在刑事立法中被予以犯罪化。后者即许霆案，该案刚被报道之际，法学界和社会民众关注的是许霆“恶意取款”行为是盗窃行为，还是侵占行为，或者是民事法律上的不当得利行为。而最终法院以“盗窃罪”定罪量刑。实际上，许霆案的纷争所探讨的是这种行为能否被视作现行刑法中的“盗窃罪”，理应属于刑法适用上的解释问题。在现实社会中，某种危害社会的行为是否应以犯罪处理，犯罪化还是非犯罪化，往往引起社会各界的广泛关注。然而，在人类社会的很长一段时间里，刑事法律产生以后，某种危害社会的行为是否是犯罪，应如何处罚这些犯罪行为，是作为统治者的专利特权而存在的。人类社会早期阶级社

① 正义网．专家律师研讨许霆案 八成与会者认为许霆无罪[EB/OL]. http://www.jcrb.com/prosecutor/Hotspot/201107/t20110708_569783.html.

② 网易．许霆恶意取款被判无期案二审 律师作无罪辩护［EB/OL］. http：//news.163.com/08/0109/01/41NRJOE900011229.html.

会性质突出，奴隶社会、封建社会的统治者为了维护其专制社会，总是借助法律的手段，尽可能地把各种各样危害其统治秩序的行为规定为犯罪。不仅如此，在法没有明文规定时，也可能借助统治者的临时授意在司法实践中将某种有害的行为作为犯罪处理。刑法存在本身就意味着立法者时刻敏锐地把握社会中不断出现的严重危害社会的行为，并将这些行为予以犯罪化。犯罪化是人类社会早期刑法的主要表现形式，可以说构成了这一时期刑法的主要任务。

近年来，我国刑事立法犯罪化与非犯罪化之争日益引起国内学者的重视，不少学者结合现实社会中出现的热点违法犯罪问题，从刑事立法的角度展开了深入的阐述，或主张刑法的谦抑性、刑罚的轻缓化，或主张刑法的积极介入和强力保障以维护社会秩序安宁等。即面对现代社会生活的快速发展及法治、人权保障等观念不断深入民心的时代背景，一面是高扬的刑法谦抑性旗帜，要求赋予现代刑法人权保障的机能，使刑法尽可能地不要干涉私人的生活，除非万不得已即在用尽其他社会和法律手段之后才能动用刑法加以规制，从而反对刑法的犯罪化或谨慎犯罪化刑事立法；另一面是一些学者或有识之士基于社会快速发展中不断显现出的严重危害社会的新情况、新问题，主张动用刑法的手段予以严厉打击，近年来不断被学者们提出的各种增设某某犯罪的建议就是适例。可见，虽然现代社会法治理念或者说社会治理观念蕴含着刑事立法非犯罪化的趋向①，

① 法治即要求依法治理社会，强调“良法”和“善治”，就此而言，刑法因其严厉性、强制性的惩罚和痛苦等特性，一直以来被学者们称之为“不得已的恶”或“双刃之剑”，刑法如果用之不当，则国家（社会）和人民两受其害。事实上，从人类社会应对犯罪的发展历史来看，初期的道义报应“以血还血、以牙还牙”，早已被人类社会不断出现的犯罪实践活动证明是没有什么效果的。因此近代以来，西方刑法学者就明确提出了“犯罪预防”的概念，并发展形成了宏大的犯罪预防理论体系及实践制度经验。一般而言，预防比制裁体现了更高的价值追求，具有更高的犯罪控制效率。如犯罪总是与血腥、损害和恐惧等恶害相互联系的，是秩序与安宁的对立物；而预防的要义或本质在于：通过采取比较温和的或未雨绸缪的措施或行动，限制或减少滋生犯罪和实施犯罪的环境与条件，使犯罪尽可能少地发生，或者尽量降低犯罪的现实危害程度。参见张远煌．犯罪学原理（第2版）［M］．北京：法律出版社，2008：455-457.

并且，在国际社会上，学者们日益否定将事后制裁手段（主要是指刑法）作为犯罪预防的范畴，也反对将其作为制定反犯罪对策的基础，① 但是，囿于当前社会治安形势的严峻和应对社会治乱的传统经验，刑事立法的犯罪化仍有着巨大的市场。近年来我国刑法修正案（尤其是刑法修正案八和修正案九）将大量严重危害社会的行为予以犯罪化、增设了诸多新鲜罪名，就是很好的例证。

而从刑事法学派理论来看，传统的刑事古典学派秉持着犯罪原因上的“自由意志论”和刑罚根据上的“报应刑主义”之思想基础，认为任何行为都是行为人自由意志的产物，犯罪就是犯罪人基于自己自由意志选择而实施的，因此对待犯罪行为，主张报应刑主义，刑罚就是对有意志自由的人实施的严重危害社会犯罪行为之报应。其中，刑事古典学派报应刑思想具体包括道义报应论和法律报应论，道义报应论认为，社会的道德观念是社会正义之所在，犯罪是对社会道德观念的违反，刑罚就是根据社会道德观念对犯罪行为的报应，其旨在维护社会的公平正义观念；法律报应论认为，国家的法律是社会正义的根据，犯罪是违反法律的行为，刑罚就是对犯

① 1990 年 8 月联合国第 8 届预防犯罪和罪犯处遇大会通过的《综合性预防犯罪措施汇编》，较全面地反映了国际社会对预防犯罪措施的性质及其范围的认识，获得了国家社会的充分肯定。在这一预防犯罪措施汇编中，所指的犯罪预防措施共分为三类：（1）社会性预防措施，包括家庭、学校、青少年活动、就业与医疗保健政策、城市规划与住房政策等；（2）情境预防措施，即减少犯罪机遇的措施、增加犯罪被察觉风险的措施、阻止犯罪的措施和影响犯罪收益的措施；（3）社区预防措施，主要指社区发展和多机构合作方案，如通过社区发展预防犯罪，促进青少年与社会一体化，加强社区治安等。（参见张远煌．犯罪预防观念之演进与当代犯罪预防政策之确立［J］．河南警察学院学报，2013（1）：18．）即在犯罪预防措施上，国际社会对将刑法手段纳入其中的看法，是持否定态度的；也意味着对某种严重危害社会的行为，动辄寄希望于通过刑事立法增设某种犯罪以预防该种危害社会行为发生，是不尽科学合理的。

罪行为的法律报应。① 这种思想强调刑法对破坏社会公平正义的犯罪行为之报应，有犯罪行为，就有针对该种犯罪行为的惩罚，由此就自然导致倾向于犯罪化的刑事立法。加之现代社会罪刑法定主义的熏陶，现实社会中各种刑事立法的犯罪化稳定地渐次展开，社会生活日益被广泛纳入到刑法领域，这从国外刑法中规定的犯罪包括“违警罪、轻罪、重罪”可见一斑，② 而在我国，“违警罪”概念，即指一般意义上的违反社会治安管理的行为，属于违法行为的范畴而非刑法意义上的犯罪行为。当然如上所述，近年来伴随着社会的快速发展，新型严重危害社会行为不断显现，我国也不乏学者对种种“严重危害社会行为”增设犯罪的刑事立法建议。刑事实证学派（即新派）基于对犯罪现象的实证研究与分析，态度鲜明地批判了那种认为人之所以犯罪是其自由意志的产物的观点，替而代之的是犯罪原因观上的“决定论”，如龙勃罗梭提出了“天生犯罪人论”，将犯罪原因主要归结为人的遗传基因和“返祖现象”等，菲利提出了“犯罪三元论”，将犯罪原因概括为人类学因素、自然因素和社会因素三个方面。因此，刑事实证学派在犯罪应对上提出“目的刑论”，主张刑罚并不是一种简单意义上的对已经发生犯罪行为的报应，而是一种蕴含着防卫社会之丰富目的的手段。在刑事实证学派看来，行为人之所以实施犯罪行为，并不是出于其自由意志选择的结果，而是内容庞杂、深刻的人类学因素、自然因素和社会因素的综合作用之必然结果。诚如菲利所言：“无论哪种犯罪，从最轻微的到最残忍的，都不外乎是犯罪者的生理状态，其所处的自然条件和其出生、生活或工作于其中的社会环境三种因素相互作

---

① 值得注意的是，在封建社会时期普遍盛行的是“神意报应论”，认为神意是社会正义的象征，犯罪是违反神或上帝意志的行为，刑罚就是由国家代表神或上帝来对犯罪人施加的对其违反神意行为的报应。这从西方中世纪的“宗教裁判所”和“女巫审判”中的裁判理由、审判仪式及带有宗教性质的刑罚执行活动等可见一斑。

② 其中，“违警罪”这一犯罪类型产生于 1810 年的《法国刑法典》，该刑法典第 1 条明确规定：法律以违警刑处罚的犯罪是违警罪，而违警刑包括 1 日以上 2 月以下的拘禁、3 法郎以上 2000 法郎以下的罚金。

用的结果。”① 基于此种观点，对于严重危害社会的犯罪行为而言，刑罚显然并非也不可能是解决犯罪问题的唯一有效方法，学者们也越来越认同“刑罚是双刃剑，用之不当，社会和个人两受其害”的观点，即刑事立法不应当，也没有必要将所有的严重危害社会行为予以犯罪化；相反，应将一些不必要犯罪化的立法予以非犯罪化。

刑事法学派理论上的纷争不断，我们大致上可以将刑事古典学派与刑事立法犯罪化联系起来，而将刑事实证学派与刑事立法非犯罪化联系在一起。② 19 世纪末期发生在西欧国家的犯罪化浪潮这一社会背景，更引发了学界对刑事立法犯罪化与非犯罪化问题的关注。这一时期的西方社会，工业革命带来社会生产技术的大幅度提高，使得资本主义社会发展到了相对保守的垄断资本主义时期。而且，社会经济的高度发展又对传统社会的伦理道德观念造成了极大的冲击和破坏，由此导致现实社会生活中的各种失范越轨现象和违法犯罪行为愈演愈烈，严重影响了正常社会的安宁秩序。而传统的建立在刑事古典学派理论基础上的法律体制及其司法实践，却对遏制这些违法犯罪问题收效甚微和显得软弱无力、未能完成有效应对违法犯罪浪潮的使命。现实社会中违法犯罪现象的不断攀升，使得人们越来越不满意传统社会刑法的犯罪人“理性人（或经济人）

① 菲利．实证派犯罪学［M］．郭建安译．北京：中国政法大学出版社，1987：27.

② 刑事实证学派在 19 世纪末 20 世纪初叶的发展，德国刑法学家、刑事社会学派的创始人弗郎斯·冯·李斯特提出了“教育刑论”，即刑罚的目的在于改造和教育犯人，消除其危险性，使之重返一般的社会生活中，其敏锐的阐释形成了至今广为流传的名言：“最好的社会政策即最好的刑事政策。”也就是说，刑罚并非与犯罪作斗争的唯一手段，也不是有效的和主要的手段，要区分不同的犯罪情况适用相应的防卫措施以预防犯罪的发生。此后，意大利著名刑法学家、激进的社会防卫论代表人物菲利普·格拉马蒂卡在其“社会防卫理论”中主张取消“犯罪”“责任”和“刑罚”等刑法基本概念，分别取而代之以“反社会性”“反社会性的指标及其程度”和“社会防卫处分”等概念（参见马克昌．近代西方刑法学说史略［M］．北京：中国检察出版社，1996：313-315.），这更是对刑事立法犯罪化的否定。

的假设”及其刑罚“报应主义的假设”，转而积极寻找更加有效的应对违法犯罪问题和防卫社会的手段。前述的李斯特的“最好的社会政策就是最好的刑事政策”思想观点，就日益成为一种有力的主张。

在 20 世纪 50 年代，欧美国家掀起了一场轰轰烈烈的非犯罪化运动，促成了西方世界刑事法律上广泛的“非犯罪化”实践。为了指导这些国家刑事立法的非犯罪化活动，1980 年欧洲委员会还专门制定了一个区域性的非犯罪化文件，即《非犯罪化报告》，该报告所提出的“犯罪化”与“非犯罪化”的概念、指导思想及其具体操作性建议，推动了西方社会对诸如“无被害人犯罪”的非犯罪化运动，至今仍具有重要的现实意义。相比之下，我国自中华人民共和国成立以来的刑事立法都是以犯罪化为主，非犯罪化并未得到应有的重视或重视的程度还远远不够。一般而言，近年来我国刑法学者（尤其是来自实务部门的同志）鲜有主张刑事立法非犯罪化的观点阐述，较多的是主张刑事立法将某种严重危害社会行为予以犯罪化的建议；并且，一些刑事立法犯罪化的建议也几乎只是从“该种行为具有严重的社会危害性而需要动用刑法来规制”这一视角来加以积极论证，往往并不涉及从刑法谦抑性或动用刑法必要性的视角加以反面验证，这显然不够科学和严谨。这也表现刑事立法犯罪化与非犯罪化问题，在现代社会世界刑法理念不断走向文明、走向人权保障的时代，无疑是一个亟须认真研究的课题。实事求是地讲，当今社会生活复杂多变，各种新的严重危害社会的犯罪活动不断产生，犯罪类型随之不断增加，而非正式的社会控制力量却因为快速的社会转型势渐衰危，以致现实社会生活对刑法的依赖性越来越强；与之相伴，传统社会的犯罪活动不仅没有减少或得到有效的管控，反而愈演愈烈，其社会危害性更加严重。在此严峻社会治乱形势之下，广大社会民众对动用刑事法律严惩犯罪活动的呼声和保护正当权益的需要，必然频频通过各种新闻媒体、刑事立法建议、提案等形式，直接强烈及时地反映到立法机关的手中。在此意义上，今后相当长的一段时期内，我国刑事立法犯罪化势必将相当活跃。但应当注意的是，时至今日，在我国，刑事法治观念、人权保障思想及刑法罪刑法定主义等现代刑法思想理念已经深入人心，党的十八届四中全会又审议通过了《中共中央关于全面推进依法治国若干重大问题的决定》，法治建设呈现出如火如荼之势，探讨刑事立法的犯罪化与非犯罪化问题显得十分必要，也具有十分重要的现实意义。

第一章　犯罪化与非犯罪化的源流

犯罪化，即将某种危害社会的行为作为犯罪处理，与之相反，非犯罪化则是将某种本来作为犯罪处理的行为不再作为犯罪。犯罪化与非犯罪化，实际上就是纳入刑罚处罚的范围的变化。在历史上，这一范围显然不是也不可能是一成不变的，而是在不同的社会历史阶段，不同的政治、经济、文化等因素此消彼长、延绵不断，刑法的处罚范围由此不断传承与发展。

自人类社会肇始、国家形成以来，刑罚处罚的范围及其改变就开始出现。中外历史、历朝历世，刑法都是专制社会中的一项重要的统治工具，统治者为了维护其统治秩序，刑罚处罚的范围总是尽可能地大；随着新的危害其统治秩序的行为出现，刑罚处罚的范围往往又随之扩张。出于维护统治利益的需要，刑法的适用也不乏法外用刑，罪刑擅断。应该说，古代社会刑罚处罚的范围呈现出扩张型，专制统治者为了维护其统治秩序不惜滥用刑罚。这与古代社会人们对刑法缺乏理性的认识，人权保障观念缺失等是息息相关的。在此意义上，自从国家出现，开始有刑事法律，就有了层出不穷的犯罪化现象，既包括通过正式的立法途径，又包括通过非正式的法外施刑。虽然，其中不乏至今仍意义重大的犯罪化，如杀人、抢劫、强奸行为犯罪化，但是绝大部分的犯罪化设计是带有原始社会、奴隶社会、封建社会及前资本主义社会的种种问题的，犯罪化往往是维护专制统治秩序的重要工具。

及至近代社会以前，刑罚的处罚范围及其是否合理并非人们关注的问题。纵然历史上有“刑新国用轻典，刑平国用中典，刑乱国用重典”“刑罚世轻世重”的原则，但是，这些都是统治阶级为了维护和巩固其统治的手段，并非对刑罚处罚范围的理性思考，因此也就难以真正地产生犯罪化与非犯罪化的问题。确切地讲，犯罪化与非犯罪化的问题是随着近代社会启蒙运动、人权保障观念的兴起，人们对刑法，尤其是对犯罪产生的原因的认识趋于理性而产生的。下面，本书拟对国内外犯罪化与非犯罪化的源起进行阐述，寻求其规律，正本清源。

第一节　国外的犯罪化与非犯罪化

犯罪化与非犯罪化成为刑法中的重要内容，是刑法摆脱古代刑法的残酷、野蛮与盲目，走向轻缓、文明与理性的标志。这一变化在刑法历史上具有划时代的意义，只有在近代社会启蒙运动以来的社会文明之中才能产生。

17—18 世纪的欧洲，“启蒙运动”这一伟大的思想解放运动兴起并不断发展。在启蒙运动中，思想家们面对中世纪封建主义的“黑暗”、残暴、愚昧与反动，全面系统地提出了反封建主义，积极倡导、宣传“理性”与科学，始终把主攻目标对准专制王朝与天主教会；他们高唱“理性”的赞歌，向往“理性的王国”，提倡用理性作为衡量一切、判断一切的尺度，强调只有科学才能使人正确认识自然，破除宗教迷信，从而增进人类的福利，实现美好的自由、平等、民主的新社会。伴随着这一运动，大批思想界巨人纷纷涌现，进步的思想得到广泛的传播。启蒙运动倡导宣扬理性、科学，就使人们对所面临的社会的认识及困境的解决更加合理化、科学化。犯罪作为一个重大的社会问题，人们对它的认识与处理也不断趋于理性与科学。

西方社会历经文艺复兴和启蒙思想运动的洗礼，自由、平等和理性等观念不断深入人心，人们对犯罪及其刑事法律的认识也趋于理性，由此诞生了刑事古典学派。刑事古典学派对中世纪野蛮、残酷的刑法和刑罚制度进行了无情的批判。在西方社会黑暗的中世纪，对行为人犯罪行为的解释流行着“魔鬼附体说”。宇宙万物都是由神的意志决定的，犯罪也被看成是由某种神秘的力量所决定的，犯罪人之所以犯罪是因为他违背了上帝的旨意，魔鬼附在了他的身体上的结果。因此，一旦出现某种有违统治者意志的有害行为，就被不假思索地视作对上帝的违背或亵渎而构成了犯罪，也因此出现了种种残酷、不人道的刑讯和刑罚手段。刑事古典学派学者在批判这种刑法制度和思想的基础上，提出了“自由意志论”，结束了人们对犯罪的神学解释，并以此为基础构建了现代刑法的基本理论：“罪刑法定原则”“罪刑均衡”和“法律面前人人平等”等原则和思想。刑事古典学派的伟大历史功绩在于废除了中世纪野蛮残酷的刑罚，如死刑、肉刑和严刑拷打等酷刑。在理性地认识犯罪原因的基础上，古典学派学者表述了他们对传统以犯罪化为主的严刑峻法的质疑和反思。贝卡利亚强调犯罪的两个主要原因：经济条件和坏的法律。一方面，他指出财产犯罪主要是由穷人实施的，而且主要是由贫穷产生的。另一方面，他认为对某种犯罪行为一味强调动用严厉的惩罚，虽然也可遏制一些人的犯罪活动，但是这却同时导致对另一些犯罪的吸引力。并且，严酷的刑罚可能导致社会中的人道主义精神的削弱，也可能带来犯罪；而只有倡导美德，才能减少犯罪的发生。① 古典学派的重要代表人物、功利主义理论的创始人边沁则从功利主义原则出发，提出刑罚的一个重要的目的就是以尽可能低廉的费用预防犯罪行为的发生。② 这构成了其重要的刑罚正当性根据。边沁的“不应处以刑罚”，在很大程度上就是不应作为犯罪处罚，这些曾经广泛存在于中世纪刑法中的相应犯罪则应当被非犯罪化。可以说，在批判野蛮而残酷的中世纪刑罚中，古典学派的学者动摇了传统犯罪化的刑事法律。

此后，国外的犯罪化与非犯罪化运动，经历了新派理论犯罪化

① 吴宗宪．西方犯罪学［M］．北京：法律出版社，2006：42.

② 对于刑罚的正当性，边沁认为：“为了有效地实现刑罚的目的，在下列情况下不应处以刑罚：（1）无根据，即不存在需要用刑罚预防的危害，该行为对社会整体没有损害；（2）无效果，即该行为不可能用刑罚去预防；（3）无益处或代价太昂贵，即刑罚造成的损害比它所预防的损害还要大；（4）无必要，即在不作用刑罚的情况下，也可以预防侵害行为，或者侵害行为会自动停止，这就是利用较低的代价达到预防犯罪的目的。”详见吴宗宪．西方犯罪学［M］．北京：法律出版社，2006：49.

与非犯罪化的肇始，新社会防卫运动犯罪化与非犯罪化的发展。目前，世界性“非犯罪化、非刑罚化”的刑法改革运动正在如火如荼地进行之中。

一、新派理论的犯罪化、非犯罪化的肇始

虽然在古代社会中，刑法作为一种社会统治手段，渊源久远，且有刑法，就有相应的刑法处罚范围，但是囿于历史的局限性，并没有形成真正意义上的犯罪化与非犯罪化问题。犯罪化与非犯罪化之争始于非犯罪化思想的产生，而非犯罪化思想产生于刑法理论自近代社会启蒙运动以来逐渐形成的新派理论。

刑法新派又称刑事实证学派，产生于19世纪后半期，是以实证的事实为依据研究刑法理论的学派理论。就历史发展沿革来看，刑事新派理论的产生与当时欧洲自然科学的大发展背景是密不可分的。自18世纪中叶至19世纪初叶，西欧自然科学的发展突飞猛进，形成了19世纪自然科学的“三大发现”，当然，这些自然科学的伟大发现同样具有重大的社会影响意义，它们极大地提高了人们对世界的认识能力，为诸多社会科学理论的产生提供了重要的自然科学的理论依据；更为重要的是，它们也为社会科学提供了一种崭新的思维方式和研究方法，即实证主义的研究方法。

达尔文的进化论和实证主义哲学方法论，对刑法新派理论的形成影响重大。达尔文在《物种起源》（1859年）中创立了以自然选择为核心的生物进化论，宣告了上帝创造一切的神创论等学说的破产。这为实证主义犯罪学派（即刑法新派理论）的形成提供了直接的理论前提。针对人类的由来问题，达尔文指出，“在人类中，偶然出现的一些最坏的素质，或许可能是野蛮状态的隔代遗传，我们经过许多代人都不可能消除这种隔代遗传”。① 这种观点就直接启迪了龙勃罗梭的“生来犯罪人”思想，犯罪人是原始的野蛮在现代文明社会里隔代遗传的结果。在同一时期的西方社会，精神病学从医学中独立出来成为一门新的医学门类，很多精神病学

---

① 吴宗宪．西方犯罪学［M］．北京：法律出版社，2006：94.

家探讨了精神病与犯罪的关系。学者们表现为自私、非道德性、缺乏良心、懒惰的道德性精神错乱的研究也对新派理论的创立产生了积极影响。

实证主义哲学兴起于19世纪初期，基本思想是宣称哲学只研究现象范围内的实在、有用的知识，拒斥用思辨方法探求世界本质，要用研究怎样来代替为何，所有科学及一切合乎哲学精神的认识都只是叙述事实，而不说明事实，只问是什么，不问为什么，只知其然，不知其所以然。实证主义大师孔德认为，实证阶段才是一个知识的科学阶段，在实证阶段，一切知识、科学、哲学都以“实证”的“事实”为基础，是关于现象的知识。这一实证哲学的建立，标志着西方思想史上一场方法论的转折。

刑法新派理论正是立足于这种方法论的转折，终而形成了一个不同于古典学派的新学派。新派包括刑事人类学派和刑事社会学派，它们都是以实证的方法进行研究，前者重视犯罪的生物学原因，后者重视犯罪的社会原因。刑事人类学派的创始人为意大利人龙勃罗梭，他原是一名精神病学医生，主要工作于手术台、实验室和医疗所。经过多年长期对监狱犯人和不良行为者的临床实验和观察，龙勃罗梭发现犯罪人，特别是相当数量的累犯，在生理结构和心理活动方面具有明显的不同于一般人的异常情况。由此，他大胆而明确地得出结论：“犯罪是天生的，由于行为人先天的身体构造异于常人，因而决定他必然犯罪。”① 即“天生犯罪人说”。犯罪人是天生注定的，由于某些行为人先天的身体构造异于常人，因而决定他必然实施危害社会的犯罪行为。在其早期的著作中，龙勃罗梭主张绝大多数的犯罪人都是属于天生犯罪人的类型，这占全部犯罪人类型的65%~70%；而到了晚年，他改变了对天生犯罪人的认识，天生犯罪人所占的比例有所下降，最终这个比例被下降为33%。② 他认为，导致一个人犯罪的原因除隔代遗传之外，还包括

① 马克昌．比较刑法原理：外国刑法学总论［M］．武汉：武汉大学出版社，2002：39.

② 吴宗宪．西方犯罪学［M］．北京：法律出版社，2006：109-110.

气候、谷物价格、刑法、政府结构、宗教信仰等。

在天生犯罪人思想的影响下，刑事人类学派的另一主要代表人物菲利也承认天生犯罪人的存在，他在早期也赞同通过生理特征来识别犯罪人，而且他一度主张犯罪人的体质因素是完全独立于社会因素的存在。后来随着认识的不断深入，他逐渐意识到人的体质因素实际上是一定社会因素的反映，体质因素和社会因素二者之间存在着紧密的影响，开始认为先天的体质因素和后天的社会因素是导致犯罪发生的共同原因。① 对于犯罪产生的原因，菲利提出了著名的“犯罪原因三元论”，即导致犯罪的原因可分为生理的、地理的及社会的三类：无论是最轻微的还是最残忍的犯罪，都是犯罪者的生理状态、所处的自然条件和社会环境三种因素相互作用的结果。②

加罗法洛是龙勃罗梭的弟子，也是刑事人类学派的一个重要代表人物，他继承并进一步发展了刑事人类学派的理论。在犯罪产生的原因理论上，加罗法洛提出了自然犯与法定犯的犯罪理论，认为违反体现为利他情绪的怜悯和正直观念，即违反道德情绪的行为，就是自然犯罪；法定犯则是以违反法律规定为特征，是根据某些国家的具体情况而规定的犯罪。自然犯犯罪伤害了社会一般的利他情操，其原因在于个人生理、环境、社会等因素，而法定犯犯罪的原因在于国家有关法律的规定，并非被人们普遍地认为是犯罪，由此，他认为对于法定犯罪，只要不是伤害利他情操的行为，就不能认为是犯罪。③ 刑事社会学派的代表人是著名的德国刑法学家李斯特，他认为，任何一个具体犯罪的产生均由两个方面的因素共同使然，一方面是犯罪人的个人因素，另一方面是犯罪人的外界的、社

---

① 马克昌．比较刑法原理：外国刑法学总论［M］．武汉：武汉大学出版社，2002：40-41.

② ［意］菲利．实证派犯罪学［M］．郭建安译．北京：中国政法大学出版社，1987：27.

③ 马克昌．比较刑法原理：外国刑法学总论［M］．武汉：武汉大学出版社，2002：43.

会的，尤其是经济的因素。①

新派学者注重对行为人犯罪及其原因的研究，他们的刑法理论建立在实证研究的基础之上，而这种方法使人们对犯罪及其产生原因的认识更加趋于理性和科学。在传统的观念中，犯罪就是“伤天害理”，是“天理难容”的，因为犯罪人作为社会生活中理性的个体，本应该遵守一般的社会规则，遵纪守法，但是却基于自己的选择实施了犯罪行为，严重伤害了社会民众的正义情操，因此我们应当对之予以严厉的谴责。如康德所言：“人既然有选择行为的自由意志，竟避善从恶而犯罪，从道义的立场上，就不能不使行为人负担责任。”② 处在社会生活中的每个个人都具有充分自由的意志，某个人之所以实施犯罪行为，完全是出于他自由选择的结果。在这种犯罪观念下，犯罪是可耻的，是危害社会的洪水猛兽，刑法自应予以严厉的处罚，并应积极主动地将某些人实施的危害正常社会秩序的行为纳入到刑法处罚的范围之中。

立足于实证研究的新派，对上述观点明确地表示反对的意见，他们通过对现实社会中犯罪发生的调查研究，发现某些人之所以实施犯罪并非完全出于他们自由的选择，而是由各种各样的因素导致的，或是由于其生理上的原因，行为人实施犯罪是其原始野蛮的动物基因在现在社会中的隔世遗传；或是由于环境的原因，具体包括季节、天气、气候、地理位置等；或是由于社会的因素，具体包括政府结构、宗教信仰、道德观念、风俗习惯、刑法的设置等。犯罪就是由这些因素决定的结果，人并不具有自由的意志。新派理论在犯罪产生上持决定论的观点，他们认为人是没有什么自由意志的，人之所以实施犯罪，是由于各种客观因素决定了他的犯罪人格，犯罪行为的实施只不过是行为人业已确定的犯罪人格客观显现的过程。菲利就对认为犯罪是人们基于趋利避害的本性自由选择的结果

① 马克昌．比较刑法原理：外国刑法学总论［M］．武汉：武汉大学出版社，2002：44.

② 马克昌．比较刑法原理：外国刑法学总论［M］．武汉：武汉大学出版社，2002：29.

的观点，给予了极力批评，他指出，那种认为人们可以对行为作出自由选择的想法纯属幻想，“自由意志的幻想来自我们的内在意识，它的产生完全是由于我们不认识在作出决定时反映在我们心理上的各种动机以及各种内部和外部的条件”。① 他将犯罪的原因归结为体质的、地理的及社会的三类。而且，菲利认为，既然犯罪是由其固有的犯罪原因而导致的，导致犯罪发生的诸种原因又是难以甚至无法在现实社会中完全根除的，因此，犯罪在现实社会中是难以被彻底消灭的，每一种社会形式都自然存在着一定种类和数量的犯罪，即犯罪饱和定律。正因如此，还有的观点则试图探讨犯罪的有益性，认为犯罪有利于促进社会的发展，如盗窃犯罪就促进了现代防盗技术的日益发展。

基于对犯罪更趋于理性的认识，在新派学者看来，虽然犯罪行为会给社会造成极大的危害，社会应予以严厉的谴责，但是犯罪行为并非行为人自由意志选择的结果，而是由于各种客观存在的因素决定了其必然会实施某种犯罪。在此意义上，犯罪人本身就是受害人，他们是没有得到良好的社会教化而不适应正常社会生活的人。用刑法惩罚犯罪是没有什么道义的，因为犯罪并非理性行为人的自由选择；徒用刑法惩罚犯罪也是无益的，因为惩罚并不能减少社会生活中引起犯罪发生的因素。在这种认识之下，新派刑法理论自然而然提出了非犯罪化的思想。龙勃罗梭强调对犯罪人的治疗，在预防犯罪的方法之外，还应当有一些补充措施，例如，设立治疗犯罪人的机构；对于青少年犯罪人，尤其是对于儿童，应当用特殊的法律措施分开加以处理；② 并应当根据犯罪人类型的不同而有区别等。

菲利则将刑事责任明确为社会责任论，刑事责任并非道义上的谴责，而在于保卫社会。他指出单纯的刑罚不足以救治作为自然的社会现象的犯罪，主张保卫社会预防犯罪的方法必须是多方面的、

① 马克昌．比较刑法原理：外国刑法学总论［M］．武汉：武汉大学出版社，2002：41.

② 吴宗宪．西方犯罪学［M］．北京：法律出版社，2006：114.

复杂的、变化的。因为在防卫社会上，刑罚并不是遏制和预防犯罪的一剂万应灵药；相反，刑罚对犯罪的威慑作用是极其有限的。因此，犯罪学家应当在犯罪的社会和自然原因中寻找预防犯罪和防卫社会的有效手段。① 菲利认识到刑罚在预防犯罪发生作用上的局限性，因此在由他起草的1921年“意大利刑法典草案”（又称菲利草案）中，别开生面地取消了“责任”和“刑罚”的概念，而代之以“人身危险性”“制裁”，主张“无刑罚的刑法典”。这一思想广泛适用刑罚替代措施来代替刑罚，实际上，就是将某些原是刑法中的犯罪行为不再视作犯罪而科以刑罚。同样侧重于从社会学的视角研究犯罪现象，李斯特虽然不排斥刑罚的价值，但他也认为刑罚不是同犯罪作斗争的唯一手段。因为在其看来，“最好的社会政策就是最好的刑事政策”，在解决严重危害社会的犯罪方面起到更重要作用的不是刑法以及刑事政策，而是整个社会的大环境。这里面同样蕴含着丰富的非犯罪化思想。

概而言之，新派学者由于当时社会自然科学的大发展，将其运用到刑事法学和犯罪学的研究之中，提出犯罪原因多元化，相应的解决犯罪纠纷呈现多元化倾向。在他们看来，刑罚并不是唯一有效或主要的防治犯罪的对策。在刑事法学历史上，新派学者突破了传统古典学派重视对危害社会的行为犯罪化，予以严厉惩罚的常制，犯罪化与非犯罪化的问题就由此产生，并不断发展成为了现代刑法理论中的一个重要问题。近代学派“天生犯罪人”等思想虽存在严重人道主义危机，但近代学派在刑法发展中的作用是不可低估的，没有近代学派的刑法理论，也就没有近代刑法的各种制度。

二、新社会防卫运动的犯罪化、非犯罪化的发展

自新派学者对犯罪产生的原因进行了实证分析后，人类社会在对某些人为什么会犯罪的认识上趋于理性、科学和人性化，认识到社会的现实情况应当对行为人的犯罪行为承担一定的责任。对某种

① ［意］菲利．实证派犯罪学［M］．郭建安译．北京：中国政法大学出版社，1987：79.

危害社会的行为是否应犯罪化与非犯罪化，便成为了一个值得斟酌的问题。新派学者就是从实证的角度理性地审视犯罪现象，主张对于一些危害社会的行为，予以非犯罪化而不应简单地作为犯罪处以刑罚；而且，在对危害社会行为的应对措施上，提倡社会防卫运动，防卫社会免受不法行为的侵害。

社会防卫作为一种刑罚理论，一般认为，最早是由犯罪学家加罗法洛在其主要著作《犯罪学》中所倡导的，他认为，所谓社会防卫，简言之，就是通过预防和镇压犯罪来保卫社会。① 这一理论立足于社会利益的保护，对犯罪采取的应对措施不再仅仅是为了惩罚而惩罚，而现实化为防卫社会的需要，根据防卫的需要决定应当采取的惩罚措施。这是实证主义的体现，也是其可取之处。但是，防卫社会的概念是存在着一定道德风险的，可能会出现为了防卫社会或维护社会秩序，而过高地强调对犯罪行为的严厉打击，从而导致个人权利被人道地贬值。② 事实上，如学者所指出，这种防卫社会的思想就为纳粹独裁主义国家所青睐，以此为名义却行践踏人权之实。③ 因此，第二次世界大战后，人们基于战争时期人权被大肆践踏的惨痛教训，对原来的社会防卫理论进行了深刻的反思，一种旨在尊重和保障人权的新社会防卫理论应运而生。在学说史上，虽然“新社会防卫论”这一表述首次为法国著名刑法学家安塞尔所使用，但是其作为一种有别于原来的社会防卫理论，还应包括意大利刑法学家格拉马蒂卡的社会防卫论。一般认为，由于格拉马蒂卡的倡导，普遍关注人权保障的社会防卫运动才正式问世，但他的观点过于激进，受到许多方面的批评，在这样的背景下，涌现出持异议的以安塞尔为代表的新社会防卫论。④

格拉马蒂卡，律师出身后来成为意大利著名的刑法学家，是激

① 吴宗宪．西方犯罪学［M］．北京：法律出版社，2006：139.

② ［德］汉斯·约阿希姆·施奈德．犯罪学［M］．吴鑫涛，马君玉译．北京：中国人民公安大学出版社，1990：117.

③ 韩忠谟．刑法原理［M］．北京：中国政法大学出版社，2002：31.

④ 马克昌．比较刑法原理：外国刑法学总论［M］．武汉：武汉大学出版社，2002：51.

进的社会防卫论的代表人物。格拉马蒂卡毕生的刑法贡献就是其社会防卫论及对社会防卫运动的积极推动，直接主持召开了 1947 年、1949 年两次国际性“社会防卫问题”大会，并在 1949 年的会议上成立了“国际社会防卫协会”，被推选为会长。在他看来，社会防卫制度的本质目的在于“改善那些反社会的人”，从而使他们重新回归正常的社会生活，至于通过社会防卫来维护社会秩序和保障善良民众的人身财产安全等，则是处于其次要地位的。① 可见，在保障犯罪人复归社会权利和保障国家社会权利上，他认为前者要优先于后者。这样，过去的根据道义报应或维护社会秩序等观念建立起来的“犯罪”“刑事责任”和“刑罚处罚”的概念体系全是不合乎上述要求的。他大胆地提出了“社会防卫法”，并主张以此来取代传统社会的刑法概念，在此基础之上，他还提出和阐述了“反社会性”“反社会性的指标及其程度”以及“社会防卫处分”等概念，完全抛弃了传统刑法中的犯罪、刑事责任和刑罚等概念表述。②

由此，一方面，在行为的犯罪化与非犯罪化上，格拉马蒂卡反对传统的将危害社会的行为予以犯罪化的简单作法，主张完全彻底的非犯罪化，由社会对发生危害社会的行为负责。另一方面，他也反对采用“责任”“刑罚”等刑罚内容的概念。责任即义务、要求，刑罚即刑事惩罚。这些概念都带有浓厚的否定性评价的色彩，强调对行为人的剥夺、惩罚，与所处战后社会普遍关注人权保障的时代背景是难以相融的，旨在保障人权的“社会防卫处分”概念即应当取而代之。社会防卫处分突出对实施危害社会行为的人进行教化，使其复归正常的社会生活。他认为，这种“社会防卫处分”完全是基于生物学、心理学、社会学等科学知识所建立的一整套措施，包括治疗性、教育性、改善性的措施；而且，这一措施完全没

① 马克昌．近代西方刑法学说史略［M］．北京：中国检察出版社，1996：312.

② 马克昌．比较刑法原理：外国刑法学总论［M］．武汉：武汉大学出版社，2002：51.

有使受处分者遭受痛苦的特点，它是为受处分者的利益而适用，更多采用教育的方法。① 从对行为人的处遇措施上看，他主张非刑罚化，而实际上对危害社会的行为不主张处以惩罚性的刑罚；从犯罪问题上看，他主张完全的非犯罪化。

安塞尔（1902—1990）是法国著名刑法学家、犯罪学家，也是新社会防卫论的代表人物。在与格拉马蒂卡对社会防卫思想的论争中，他以折中调和的特色逐渐形成了自己的“新社会防卫论”。② “新社会防卫运动”旨在折中调和社会防卫运动与刑法的冲突，对他而言，新社会防卫思想不是一个取代现行刑法的新学说，而是指导刑法改革的刑事政策理论；它也不是一个学派，而是一场人道主义的刑事政策运动，并且这一理论具有反教条性、多变性和全球性。安塞尔将社会防卫思想的基本观点归纳为：对现有的与犯罪作斗争的制度进行批判性的研究，公开宣布与某些规则和禁令决裂，并对某些所谓“神圣原则”提出质疑；主张联合所有人文科学对犯罪进行多学科性的研究；坚决反对传统的报复性惩罚制度；承认犯罪人复归社会的权利，等等。③ 在这种新社会防卫思想中，安塞尔十分重视对危害社会行为的非犯罪化和非刑事化。他认为，社会防卫首先要反思和检讨过去的对犯罪行为的刑罚处罚制度，要联合多种学科的知识或手段来设计针对犯罪行为的合理规制制度；刑法并非应对犯罪的唯一和主要的手段。④ 这实际上是与格拉马蒂卡、刑法新派的思想相一致的，将社会的原因作为行为人犯罪的重要原因，客观、全面地分析犯罪的原因，由此决定行为的犯

① 马克昌．近代西方刑法学说史略［M］．北京：中国检察出版社，1996：314.

② 以下论述详见马克昌．近代西方刑法学说史略［M］．北京：中国检察出版社，1996：322；［法］安塞尔．新刑法理论［M］．卢建平译．香港：香港天地图书有限公司，1990：30-31.

③ 马克昌．近代西方刑法学说史略［M］．北京：中国检察出版社，1996：322.

④ ［法］安塞尔．从社会防卫运动角度看西方国家刑事政策的新发展［J］．王立宪译．中外法学，1989（2）.

罪化与非犯罪化。其犯罪化与非犯罪化思想还具体表现在：他主张将某些过时的罪名从刑法中取消，如侵害王室和王权罪、亵渎圣物罪、通奸罪等，以便更加集中精力对付其他新型犯罪。① 将有限的刑事司法资源从名存实亡的过时犯罪中撤出，投之于新型犯罪，一方面对不再严重危害社会的犯罪予以非犯罪化，另一方面对新型犯罪予以犯罪化。足见他并非赞成绝对的非犯罪化论，而是折其中而行之，犯罪化与非犯罪化并行但强调实行人道主义的刑法和刑事政策，对罪犯主要应进行感化、教育，缓和社会矛盾。应该说，这种观点既考虑到了社会惩罚严峻犯罪的需要，又符合战后人们普遍关注人权保障的心声，因此得到了大多数人的认可。

思想往往与所处的历史时代息息相关。格拉马蒂卡、安塞尔的新社会防卫思想面世于第二次世界大战之后的紧随时期，自然带有显著的时代特征：它来源于人们对战争时期社会防卫被滥用、人权被残暴践踏的反思，即社会不能再肆意践踏个人的权利，不能滥用社会的名义任意处罚个人。在这种反思之下，格拉马蒂卡立足于激进主义的思想，提出完全废除惩罚性的刑法，代之以“社会防卫法”，用“反社会性、反社会性的指标及程度、社会防卫处分”等概念取代传统的刑法概念。其与之前的刑法新派是一脉相承的，尤其是与菲利的非犯罪化思想相吻合，如果说菲利提出的是取消“责任”“刑罚”等刑罚内容的概念，只是从刑罚上初步表达了非犯罪化，那么格拉马蒂卡则是在此基础上明确地反对传统的犯罪概念，倡导非犯罪化；相对于菲利的重在防卫社会，他更强调在防卫社会的方式上通过对罪犯的教育、改善、治疗等，使之复归社会，以个人的人权保障为中心来防卫社会。安塞尔的新社会防卫论是对格拉马蒂卡激进社会防卫论与传统刑法的折中调和。在他看来，刑法仍然是对付犯罪行之有效、必需的手段，但是有必要对刑法加以限制，即应当将人权保障、人道主义作为刑法的首要价值。

---

① 马克昌．近代西方刑法学说史略［M］．北京：中国检察出版社，1996：327.

三、世界性“非犯罪化、非刑罚化”的刑法改革运动及反思

伴随着新社会防卫运动的不断发展，非犯罪化与犯罪化逐渐成为了一项世界性的刑法改革运动。这一改革运动以批判将严厉的刑罚作为对抗犯罪手段的传统刑事政策为主旨，不仅强调非犯罪化，缩小刑罚处罚的范围，而且强调刑罚处罚的轻缓化，因此形成了“非犯罪化、非刑罚化”的世界性刑法改革运动。当然，近20年来，由于西方国家的犯罪一直呈上升态势，而且出现大量新形式的犯罪，面对此种情况，西方各国发动了被西方法学家称为“犯罪化”的运动，也就是说，在非犯罪化的浪潮中夹杂着犯罪化，而呈现出犯罪化与非犯罪化的两极分化。① 这也是当前学界对“非犯罪化、非刑罚化”刑法改革运动的反思。

世界性“非犯罪化、非刑罚化”运动发端于20世纪50年代的欧美。从历史渊源来看，非犯罪化并不是将大批的犯罪行为转化为非犯罪行为，主要是将原来的个别犯罪行为转化为非犯罪行为。最为著名的是1957年英国同性恋和卖淫行为研究委员会发表的《沃尔芬登报告》（Wolfenden Report），在此之前的英国法律，受传统的伦理、宗教等思想的影响，同性恋和卖淫一直被认为是严重的犯罪行为。但是，在20世纪50年代初期，社会上围绕着同性恋和卖淫的伦理和法律问题发生了一系列公开的争论。人们对这一时期司法中持续不断而愈演愈烈的同性恋行为定罪判决广泛关注，深感恐慌，这种激烈的争论也引发了英国官方和立法机构的深度关切。为避免社会不安，1954年英国政府决定由议员沃尔芬登组建成立一个旨在调查研究对社会中存在的同性恋和卖淫行为是否应当作为犯罪处理的特别委员会，该委员会取名“同性恋犯罪和卖淫调查委员会”，又因为是以沃尔芬登议员为首，所以也被称为“沃尔芬登委员会”（Wolfenden Committee）。委员会成立之后，经过近三年的调查与研究，1957年9月委员会正式提交了一份有关同性恋和

① 陈小彪．论单位不法行为的犯罪化［J］．湘潭师范学院学报（社会科学版），2005（2）．

卖淫行为非犯罪化的建议报告（一般被称为“沃尔芬登报告”）。该报告在票数上以 12∶1 的多数票赞成，提出建议国家法律不应当再把同性恋行为当做犯罪来处理。其主要理由是：发生在成年人之间私下自愿进行的同性恋行为，不存在对社会公共秩序的侵害或其他问题，故不应当再视为犯罪。并且，该委员会成员一致同意国家法律不把单纯的私下进行的卖淫行为作为犯罪来处理，但是他们也认为法律应当禁止公开的卖淫行为，其主要理由是：法律与道德有其存在的界限，有着互不干涉的各自独立的适用领域，现代社会的法律应当给社会道德保留必要的生存空间，而不能肆意地强加干涉那些属于私人道德领域的自由；但是，如果某种原本属于不良道德问题的行为被公开地进行，又势必会对社会的善良风俗造成严重的危害，因此，这种公开的不道德行为就会因其具有严重的社会危害性而成为法律规制的对象，公开的卖淫就是适例。在此意义上，《沃尔芬登报告》的出台对人类社会具有里程碑式的意义，标志着现代社会对性问题的社会评价的重大转变，由传统社会的排斥和严禁变得越来越理性和宽容。

《沃尔芬登报告》的出台激起了社会各界的广泛关注，英国的刑事立法最终采纳了报告的观点，取消了同性恋行为构成犯罪的规定。这类犯罪没有典型的犯罪人与被害人之分，事实上表现为行为人基于自愿和彼此双方的同意而进行的犯罪。在 1965 年，美国社会学家埃德温·舒尔将这种发生在行为人之间基于自愿和双方同意的犯罪行为，首次称之为“无被害人犯罪”。这种犯罪是成年人之间根据自己的自由意志而积极实施的利益交换行为，因此，他认为这些犯罪并没有如同传统犯罪中的现实直接被害人，应该将此类犯罪予以非犯罪化。受此种思想的影响，1967 年 7 月，英国议会通过《性犯罪法》（*Sexual Offences Act* 1967），在英格兰和威尔士地区实现了同性恋行为的非犯罪化。而这一报告对此后欧美国家的相关刑事立法政策产生了重要的影响。1962 年美国模范刑法典草案，即根据刑法的非道德化观念而主张将同性恋、卖淫及通奸罪除罪化。1970 年“美国总统猥亵与色情委员会”的调查报告建议“应该废止对成人非公然性猥亵罪”。① 在欧洲国家，丹麦于1967年废除了旨在处罚猥亵文学活动的犯罪条款；很多国家在事实上也对单纯的赌博行为采取了非犯罪化。德国于1973年第4次修订刑法时，修订理由就提到刑事立法应当考虑到现在社会的婚姻家庭以及性的观点都已经发生了深刻的变化，人们的价值观念日益多元化，因此要对这些领域中犯罪采取十分谦抑的态度，进而将一些妨害社会风化的犯罪予以了非犯罪化，强调刑法只处罚社会上无法忍受的行为。②

随着“非犯罪化运动”在世界上多数国家的不断发展，国际性非犯罪化文件应运而生。1980年，欧洲委员会就制定出了一个旨在指导各国刑法中非犯罪化的区域性文件，即在“非犯罪化运动”中非常有名的《非犯罪化报告》。该报告明确提出了“非犯罪化”和“非刑罚化”的概念，并明确规定了非犯罪化与转处的不同之处、非犯罪化的基本原则以及什么样的行为能够被非犯罪化等问题。在此报告的影响下，很多欧洲的发达国家都陆续取消对诸如同性恋、堕胎和赌博等行为构成犯罪的刑法规定。值得一提的是，荷兰不仅积极推动将卖淫、同性恋和吸毒行为予以非犯罪化，而且也在世界范围内率先将安乐死行为予以非犯罪化。

非犯罪化、非刑罚化，显然是现代刑事政策中占据主要地位的轻刑化，已经成为了现代刑法的一种主流思潮。但是，随着社会历史的发展，尤其是在20世纪70年代以来，西方社会普遍遭遇到了日益高涨的犯罪浪潮，表现为：累犯、惯犯和职业犯的数量大幅度增多，恐怖主义犯罪、有组织犯罪日益恶化，经济犯罪层出不穷……西方国家的刑事政策纷纷改弦易辙，由原来的轻缓化刑事政策逐渐走向了“轻轻重重”的刑事政策。③ 在德国以及整个西欧，

① 蔡道通．论“放小”的刑事政策［J］．南京师大学报（社会科学版），2002（1）．

② 张平吾．犯罪学与刑事政策［M］．台北：台湾“中央”警察大学出版社，1999：731．

③ 孙力，刘中发．“轻轻重重”刑事政策与我国刑事检察工作［J］．中国司法，2004（4）．

大约自20世纪70年代起，刑法都有了很大的发展，这种发展既涉及实体刑法，也涉及刑事诉讼法，其特点是刑事政策的强化。表现在：在德国的实体刑法上，及各种类似的刑法秩序中，通过引入各种新的构成要件如环境刑法、经济刑法，强化各种刑罚威吓，如制定麻醉剂刑法和行业犯罪法等，立法者现在极其强调并普遍将其规定为各种抽象危险犯。① 程序法上涉及两个领域，一是被害人更强烈的参与，换言之，以牺牲被告人的程序权利为代价；二是强化各种控制手段，特别是调查程序中的非正式手段，这些控制手段牺牲了传统的形式，来降低刑事司法活动的成本，加快刑事司法活动的进行；而且，这些刑事政策的强化是得到公民的各种正面期待和赞同的。② 2001年，美国"9·11"事件以后，面对恐怖主义和犯罪的全球化，这种刑事政策的转向得到强化和加速。因为面对各种严重的新形式的威胁，法治国家也必须保护自己的效率，自己也必须使用那些犯罪攻击者所使用的手段。"9·11"恐怖袭击事件对美国社会的重大影响之一，就是刑事立法强化之势迅速发展起来。在事件发生的9月的最后几天，美国司法部就将一份含有行使安全保护职能必要手段的法律草案提交国会，经过一个月的激烈辩论和仓

---

① 这种犯罪立法形式使刑法很容易运用于司法实践，与各种传统的侵害犯或实害犯的构成要件相反，抽象危险犯的构成要件放弃了各种构成要件性前提条件的一部分，抽象危险犯的构成要件没有描述犯罪结果，因此，也不要求在犯罪行为与损害结果之间存在因果联系，只是满足于描述一种抽象危险的犯罪行为。采用这种方式，刑事立法者就使法官容易判定各种构成要件上重要的事实；同时，刑事立法者就使刑事辩护工作变得困难，因为这种立法大大减少了作为刑事辩护各种出发点的可罚性前提条件。详见哈塞默尔．面对各种新型犯罪的刑法［M］．冯军译．明德刑法学名家讲演录（第一卷）．北京：北京大学出版社，2009：23.

② 哈塞默尔．面对各种新型犯罪的刑法［M］．冯军译．明德刑法学名家讲演录（第一卷）．北京：北京大学出版社，2009：22-23.

促修改之后，国会通过了这项“美国爱国者法”①，2001年10月26日，经布什签署成为正式的立法。如其副标题所言：“法案旨在吓阻和惩罚发生在美国和世界各地的恐怖主义行为，并加强法律执行中的调查手段等。”其目的显然是要赋予法律执行部门更大的权力，来预防侦查和打击恐怖犯罪，而这一目的也充分地体现在其各个法律条文之中。在强调个人自由和人权保障，尊重个人隐私的传统美国法律体系中，这部法律立法速度之快，对传统自由观念的挑战和限制，无疑都是稀世罕有的，因此引发广泛的争议。

总之，在对一些社会危害较小的轻微犯罪行为非犯罪化的同时，对严重的暴力伤害行为、有组织有计划地实施的严重危害社会行为、新型计算机网络违法犯罪行为等不断犯罪化。这可以说是现代刑法对“非犯罪化、非刑罚化”的一种反思。

第二节　我国刑法的犯罪化与非犯罪化

刑法在我国有着悠久的历史，其起源可以追溯到国家的出现，在我国漫长的古代及近代社会历史中，亦不乏刑法内容的改弦更张，此消彼长。但是，这些变动都是建立在更好地维护封建统治者专制统治的秩序之上的，出于统治的考虑，刑法不断地将因社会发展而出现的对统治秩序构成侵害和威胁的行为，纳入其处罚的范围。因刑事立法的滞后性，统治者还往往以自己口述的“敕、令”等形式增补之。

当然，古代社会刑事法律并不乏非犯罪化或非刑事化，即对原来的统治秩序危害不再严重的行为网开一面，其中有些刑事法律思想是值得我们借鉴的。例如，我国西周时期就明确提出了“刑罚世轻世重”原则。西周统治者为了缓和社会的矛盾，巩固统治地

① 美国爱国者法的正式名称为“通过为拦截和阻止恐怖主义犯罪提供适当手段来团结和加强美利坚合众国法”（Uniting and Strengthening America by Providing Appropriate Tools Required to Intercept and Obstruct Terrorism Act），因其首字母为“USA PATRIOT”，因此又被称为“爱国者法”。

位，接受了大臣吕侯的建议，废止了严酷的旧法，以“明德慎罚”为指导原则“作修刑辟”，制定了一部重要法典。因为是吕侯主持修订，故称之为《吕刑》。《吕刑》规定：“刑罚世轻世重，惟齐非齐，有伦有要。”在此之中，作为专制统治工具的刑法在以犯罪化为主要表现形式的情况下，也具有非犯罪化的存在形式。但是，这些都并非现代刑法意义上的犯罪化与非犯罪化。这里所探讨我国刑法的犯罪化与非犯罪化，主要是新中国建立以后的刑法处罚范围的演化与变迁。

一、79 刑法之前的自发性犯罪化刑法立法

从新中国成立到 1979 年，是新中国刑法典的创制时期。为了彻底与旧中国作为专制统治工具的刑法划清界限，早在新中国成立之前，中共中央就在 1949 年 2 月明确提出废除民国施行的“六法全书”，重新开始刑事立法活动。早期为了巩固新生政权和镇压反革命犯罪，1950 年 3 月中共中央出台了《关于严厉镇压反革命分子活动的指示》，1951 年 2 月 21 日又颁布了《中华人民共和国惩治反革命条例》，规定对反革命犯罪分子实行“镇压与宽大相结合的方针”，采取有区别的对待制度，即“首恶者必办，胁从者不问，立功者受奖”，重点打击土匪恶霸、反动特务和封建会道门头目等。同时，为了适应党和人民政府惩处破坏金融秩序的犯罪行为，加强金融管理，克服财政经济困难和稳定物价斗争的实际需要，政务院于 1951 年 4 月 19 日公布了《妨害国家货币治罪暂行条例》。该条例明确规定惩处以反革命为目的和以营利为目的的伪造、变造国家货币或贩运、行使伪造、变造国家货币者，制裁散布流言或用其他方法破坏国家货币信用者。为维护国家金融秩序的稳定，发挥了极其重要的作用。

新中国成立后，针对在恢复国民经济中暴露出来的一些不法资本家和国家党政机关工作人员勾结，以行贿受贿、偷税漏税、盗骗国家财产、偷工减料、盗窃国家经济情报等手段牟取暴利，扰乱和破坏国家经济秩序的行为，1951 年底到 1952 年 10 月，“三反”“五反”运动在全国范围内大规模开展。而为了适应惩治贪污分

子，推动“三反”“五反”运动深入开展的迫切需要，中共中央政务院先于1952年1月作出了《关于反贪污、反浪费、反官僚主义斗争的指示》，又于1952年3月作出了《关于处理贪污、浪费及克服官僚主义错误的若干规定》，最终在1952年4月形成了《中华人民共和国惩治贪污条例》，规定侵吞、盗窃、套取国家财物，收受贿赂等违法取利行为，均为贪污罪；也明确规定了构成犯罪的具体标准、法定刑和量刑的原则。

经过新中国成立初期一段时间较为集中的刑事立法活动，1956年“三大改造”完成后，我国社会主义制度基本确立，标志着我国的主要任务已逐步实现由解放生产力到保护和发展生产力的转变，我国的刑事立法工作也有所调整，由积极地犯罪化转向为适当限制刑法处罚的范围。1956年全国人大常委会颁布了《关于宽大处理和安置城市残余反革命分子的决定》，对于构成犯罪的行为的刑事立法，也主要采取在非刑事法律中规定刑事罚则的形式加以规制，如在《消防监督条例》和《爆炸物品管理规则》等治安管理法律法规中规定了相应的犯罪。而且，自1958年以后，由于大规模性的政治运动事件，我国的法制建设工作遭受到了重大的打击和削弱，刑法当然也不例外，应对所谓的犯罪行为，人们往往采取的是公开的“私刑”，以公审公判批斗的形式施加处罚，以致酿成了大量的冤假错案。待至改革开放，随着党和国家对法制工作的重视，法制建设逐步恢复正轨，国家刑法起草机关在对以往刑法草案进行广泛的意见征求、修改之后，才于1979年7月1日通过了我国的第一部专门和系统的刑法典，即《中华人民共和国刑法》(1979)，简称79刑法。

1979年的刑法典是中华人民共和国的第一部刑法典，它全面吸收了新中国成立以来颁布的单行刑法及附属刑法中的相关立法规定。这部刑法典以“宜粗不宜细”为立法原则，共192个法律条文，总则部分共有89个法律条文，分则共103个法律条文，分8章，分别对反革命犯罪、危害公共安全犯罪、破坏社会主义经济秩序犯罪、侵犯公民人身和民主权利犯罪、妨害社会管理秩序犯罪、侵犯财产罪及渎职犯罪予以了刑事立法。从1949年新中国成立到

1979 年刑法的颁布实施，这一时期我国刑事立法从无到有，针对社会上出现的严重危害社会的行为不断予以刑事立法，是一种自发性的刑事立法犯罪化。

二、97 刑法对 79 刑法的现实性犯罪化与非犯罪化刑法立法

79 刑法的颁布、实施，结束了我国建国后长期没有系统的刑法典的局面，为刑事法治奠定了坚实的基础。实践证明它在同犯罪做斗争，保卫国家制度和人民利益，维护社会秩序等方面，都发挥了积极的作用。但由于我国社会正处于飞速发展的时代，而且与 79 刑法紧密相连的是计划经济的时代背景，在其刚刚颁布实施，我国就在事实上走上了一条改革开放的道路，因此很快就在立法观念上显得比较保守，在立法内容上过于粗疏等。

毫无疑问，我国自改革开放以来，人们的社会生活已经发生了巨大变化。这反映在刑事立法中，一方面，现实社会生活中出现了很多新型的犯罪情况和问题，一些传统的犯罪在表现形式或发生原因上也有所改变，这对传统的刑事立法提出更多的要求；而另一方面，根据新形势下建立、发展社会主义市场经济制度的要求，一些违背计划经济制度的行为并不再需要规定为犯罪行为。这一时期，我国刑法的修订、补充、完善即围绕上述两个方面而展开。在实践中，全国人大常委会自 1981 年起，即着手对刑法进行修改、补充，陆续出台了 23 个《条例》《决定》和《补充规定》等，这些《条例》《决定》和《补充规定》是针对某种或某几种犯罪和刑罚单独制定的专项刑事法律，属于单行刑法；此外，在一些民事、经济、行政法律中，规定“依照”“比照”刑法的有关规定追究刑事责任的附属刑法有 130 多条。1997 年修订刑法时，上述有关的单行刑法和附属刑法均被纳入了《中华人民共和国刑法》（1997 年修订），简称 97 刑法，对 79 刑法作了重大的修订、补充和完善。

（一）97 刑法的犯罪化

如上所述，正因为 79 刑法颁布实行以来，我国社会在政治、经济等各方面都发生了许多深刻的变化，犯罪现象出现了新情况和新问题，及时将这些新情况和新问题上升为刑法中的犯罪就成了

97 刑法的主要任务之一。事实上，相对于 79 刑法，97 刑法在分则体例、条文上大为扩容，自然是犯罪化使然。归纳起来，97 刑法对危害社会行为的犯罪化主要表现在以下几个方面：

1. 单位严重危害社会的行为犯罪化

在 79 刑法中，构成犯罪的主体只能是自然人，由单位所实施的严重危害社会的行为因单位并非犯罪主体而不是犯罪行为。这是由于在当时我国计划经济体制下，单位的所有制为公有制，单位一般被视为国家的组织、管理机构，将其作为犯罪的主体有悖社会主义的性质。如果说，在计划经济体制下这种理由还具有一定的道理，随着我国社会主义市场经济体制的建立与不断发展，单位成为犯罪主体便不成为什么问题了。在我国社会主义市场经济体制中，国家单位的职能都发生了重大变化，逐渐失去了作为国家组织、管理机构的角色，而且，各种非公有制经济成分如雨后春笋，形成了公有制经济与非公有制经济并存的局面。在这种情况下，单位（或法人）作为犯罪主体便提到了刑事法律立法的议事日程。于是，1987 年颁布的海关法首次规定了“单位走私罪”这一单位犯罪，后来在十几个涉及经济犯罪的刑事决定和补充规定以及一些附属刑法中都陆续规定了某些犯罪的单位犯罪问题。97 刑法则在第 2 章中专门设立一节“单位犯罪”，在总则中明确规定了单位可以成为犯罪主体，并规定了相应的处罚原则。

2. 严重破坏市场经济秩序的行为犯罪化

79 刑法所规定的经济犯罪是“破坏社会主义市场经济秩序罪”，以社会主义经济秩序作为刑法保护的客体。这也是因为当时我国的经济制度完全属于社会主义公有制经济，国家的经济计划决定着社会的经济秩序。而随着我国经济体制由计划经济向市场经济的转轨，经济生活的领域不断拓展，新的经济关系不断涌现，同时，由于我国市场经济体制才初步建立，市场发育还不成熟，市场经济运行尚不规范，以致经济生活中出现了许多严重危害社会的、破坏社会主义市场经济秩序的经济违法行为。对于这些具有严重社会危害性的经济违法行为，如果刑法不将其规定为犯罪，就必然会放纵这些经济违法行为，导致其进一步泛滥、猖獗，其结果必然会严重破坏我国刚刚建立的市场经济秩序和国家对经济领域的管理。① 因此，79 刑法颁布实行以后，立法机关陆续制定了多部规定经济犯罪的单行刑法，在诸多民事、经济、行政法律中规定了追究刑事责任的经济犯罪条文。通过这些刑事立法予以犯罪化的严重危害社会的经济违法行为有：生产、销售伪劣商品的行为，妨害公司、企业的管理秩序的行为，破坏金融管理秩序的行为，金融诈骗行为，扰乱市场经济秩序的行为，证券欺诈行为，侵犯商业秘密的行为，虚假广告行为，合同诈骗行为，等等。

3. 严重行政违法行为之犯罪化

大陆法系国家刑法理论认为，为了实现行政目的的法规，包含有各种禁止规范与命令规范。违反这种行政法规范因而构成的犯罪，就是行政犯，行政犯的概念与法定犯的概念基本上是相同的。② 在我国刑法中，行政犯主要规定在“妨害社会管理秩序罪”一章中。对此，79 刑法所规定的行政犯“多而杂”，比较概括，形成了“流氓罪”这一“口袋罪”。而随着我国改革开放的不断发展，各种社会联系日益复杂，加之混杂在改革开放中的一些不良影响因素，需要行政法律予以有力的规范。基于此，随着社会司法实践的变迁，79 刑法以后社会管理领域相应的行政立法异常活跃，相应的行政犯罪立法亦得到了极大的发展。相对于 79 刑法，97 刑法在严重行政违法行为的犯罪化主要表现在：一方面，97 刑法将 79 刑法规定的“流氓罪”分解为几种具体的犯罪，明确地将社会实践中相应的行为犯罪化，以方便司法实践中准确定罪，避免因刑法的笼统规定而招致执法随意的弊病。另一方面，97 刑法根据当时社会生活中出现的违法犯罪情况，增设了如“侮辱国旗国徽罪”“非法持有毒品罪”和“重大环境污染事故罪”等新的罪名。

4. 其他严重危害社会行为之犯罪化

除上述一些危害行为的犯罪化之外，97 刑法还在“职务犯罪”

---

① 张桂霞．略论当前我国经济犯罪之刑法调控［J］．经济师，2005（7）．

② 张明楷．外国刑法纲要［M］．北京：清华大学出版社，1999：59.

"危害国防利益犯罪""军人违反职责犯罪"等方面相对于79刑法进行了一定的犯罪化。在我国刑法中，职务犯罪主要是贪污贿赂犯罪和渎职犯罪。就79刑法来看，由于当时我国国家公职人员贪污贿赂犯罪并不突出，贪污罪和贿赂罪都是作为概括的、独立的罪名，后来随着贪污贿赂等腐败犯罪的日益严峻，1988年国家出台了《关于惩治贪污罪贿赂罪的补充规定》。97刑法则吸收了这一立法，将贪污贿赂罪作为刑法分则中独立的一章，并根据社会实际的具体情况予以犯罪化，规定了贪污罪，挪用公款罪，受贿罪、行贿罪，介绍贿赂罪，巨额财产来源不明罪，隐瞒境外存款罪，私分国有资产、罚没财物罪等犯罪。如关于国家工作人员的职务犯罪，79刑法的规定同样过于笼统，刑法规定的渎职罪除贿赂罪外共有7条，经过79刑法至97刑法的犯罪化，则增加到23条。此外，危害国防利益罪和军人违反职责罪也是79刑法没有规定的犯罪，它们都是97刑法对79刑法犯罪化的重要内容。

（二）97刑法的非犯罪化

97刑法对79刑法的非犯罪化相对于上述的犯罪化，虽然不是主要的方面，但是因我国改革开放所引起的社会政治、经济、文化等情况的变化，79刑法中原有的某些犯罪就显得时过境迁，没有必要再作为犯罪处理。在此意义上，缘于社会现实的变迁，非犯罪化同样是97刑法对79刑法的重要内容，主要表现在如下几个方面：

1. 废除类推制度的非犯罪化

类推即对刑法没有明确规定为犯罪的行为，可以比照刑法规定的最相类似的犯罪定罪判刑。制定79刑法时，考虑到刑法分则只有103条，可能有些犯罪行为必须追究，法律又没有明文规定，不得不又规定可以采用类推办法，规定对刑法分则没有明文规定的犯罪，经最高人民法院核准，可以比照刑法分则最相类似的条文定罪判刑。① 类推制度的存在，理论上就使刑法的犯罪化处于一种开放状态，出于某种需要可能随时将社会中的某些行为予以犯罪化。这

① 王汉斌．关于《中华人民共和国刑法（修订草案）》的说明．1997年3月6日第八届全国人民代表大会第五次会议上讲话．

与国际社会法治发达国家刑法“罪刑法定主义”是格格不入的，因此备受刑法学界的批判。97 刑法修订时，刑法分则的条文数大为增加，对现实社会中的各种犯罪作了进一步的明确；而且事实上，79 刑法虽然规定了类推，但实际办案中使用得极少，也没有必要规定类推制度。鉴于此，97 刑法废除了类推，明确规定了罪刑法定原则，即刑法第 3 条所规定的“法律明文规定为犯罪行为，依照法律定罪处罚；法律没有明文规定为犯罪行为的，不得定罪处罚”。尤其是后半段“法律没有明文规定为犯罪行为的，不得定罪处罚”，这就是使刑法的处罚范围严格限定在刑法有明文规定的犯罪之中，实际上，就相当于将 79 刑法原来开放的潜在犯罪完全予以了非犯罪化，因为这些行为缺乏刑法的明文规定，不得定罪处罚。

2. 反革命犯罪中的非犯罪化

囿于历史的原因，79 刑法将危害国家安全、人民民主专政政权和社会主义制度的行为规定为“反革命罪”。这是对新中国成立早期政治领域阶级斗争形势严峻，维护革命胜利果实，巩固人民民主专政政权以及保卫国家安全和社会主义制度迫切需要的一种刑事立法反映。但是随着我国政治、经济和社会情况的发展，“反革命罪”的设置越来越与社会现实中相应的犯罪难以协调——反革命的目的难于确定，有些行为虽名为“反革命罪”，但实不如称之为危害国家安全犯罪。因此，97 刑法将“反革命罪”改为“危害国家安全罪”。在这一修改中，97 刑法对相应的危害国家安全犯罪作了更加明确、具体的规定，从而限定了犯罪的成立条件，对原来的反革命罪非犯罪化。较为典型的是，79 刑法明确规定了反革命罪的阴谋犯“阴谋颠覆政府、分裂国家的……”，对此，97 刑法予以了非犯罪化，取消了“阴谋”犯此类罪的明确规定。

3. 经济犯罪中的非犯罪化

随着 79 刑法颁布施行以来改革开放的不断发展，社会主义市场经济体制的建立与逐步发展，我国社会在经济领域发生了翻天覆地的变化，反映并规制这一领域犯罪行为的刑事立法“经济犯罪”自然会有所变化。其中，非犯罪化的问题主要是 79 刑法中原有一些旨在处罚破坏社会主义计划经济制度的犯罪行为，因为计划经济体制向市场经济体制的转轨而不再或不应作为犯罪。“投机倒把罪”就是79刑法在“极端时代”所规定的一种经济犯罪行为，“投机”即利用时机谋取私利的行为，“倒把”即倒手的意思。在当时计划经济时代，一切买卖都按照计划进行，一切经营权都属国有或集体所有，个人从事买卖活动被认为是“投机倒把”，是一种扰乱经济秩序的行为；凡是倒腾货物的行为，均要按照“投机倒把罪”处理。这对于在新中国成立初期物质生产极度匮乏，生活消费品有限，需要计划安排集中力量进行社会主义建设有一定的意义，但其副作用也是极明显的，到20世纪70年代末期，国民经济到了崩溃的边缘。因此，随着我国经济体制的转型，人们的价值观发生了深刻改变，刑事立法删除了“投机倒把”这一罪名，除将需要规定为犯罪的行为分解出具体的规定外，取消了因倒买倒卖谋取利益行为的犯罪。

总之，在79刑法对犯罪全面规定的基础之上，79刑法实施至1997年修订刑法这一时期，我国刑事立法根据我国改革开放以来的社会政治、经济、文化等情况的现实变化，对79刑法进行了有益的犯罪化与非犯罪化选择。在这一过程中，犯罪化是其主要的表现形式，非犯罪化则是其不可或缺的补充形式。

三、97刑法后的刑法国际化中的犯罪化与非犯罪化刑法发展

众所周知，从79刑法到97刑法，我国刑事立法根据这一时期改革开放而引起的社会政治、经济、文化等方面的新情况、新问题，对原有的刑法规范作了大量的修改、补充与完善。修订的幅度、涉及的范围都是空前的，因此形成了一部较为统一、完备的新刑法典。新刑法典于1997年3月14日修订，自同年10月1日起施行，总共452条，其中分则350条，包含罪名412个。这部刑法，基本上适应了我国改革开放和社会主义市场经济体制建设的迫切需要，促进了我国社会主义刑事法制建设的发展。

但是，97刑法颁行以后，在我国社会主义市场经济建设中，新情况新问题不断发生，以及受国际环境的影响，一些新的犯罪活

动也相继出现。同时，随着对外开放，与国外交流的日益紧密，刑事法治发达国家的刑法理论在我国得到了较为广泛的传播。确立97刑法的社会现实基础或多或少发生了变更，这就使得97刑法还需要不断地加以修改、补充与完善。到目前为止，我国立法机关又先后通过了7个刑法修正案、3个单行刑法和9个刑法立法解释文件，并在其他非刑事法律中规定了一些刑事条款，对97刑法进行了局部的修改、补充和完善。相对于我国之前的79刑法的制定以及97刑法对79刑法的修订，这一时期我国刑法理论研究不断深入，国际社会现代的刑法理念在刑事立法中的影响越来越明显。刑法的处罚范围，即是否应将某种行为犯罪化或非犯罪化成为了刑事立法必须加以考虑的问题，其结果是犯罪化与非犯罪化交相辉映，形成了我国现行刑法的主要特色。

（一）97刑法后的刑事立法犯罪化

97刑法颁行以后的犯罪化始于1998年12月29日全国人大常委会《关于惩治骗购外汇和逃汇，非法买卖外汇的决定》对外汇违法行为的犯罪化。随后，国家立法机关又陆陆续续在刑法修正案、单行刑法、立法解释及附属刑法中，将一些严重危害社会的行为予以犯罪化。其中，直到2015年8月29日第十二届全国人民代表大会常务委员会第十六次会议通过《中华人民共和国刑法修正案（九）》，至今已有九个修正案，它们在97刑法的基础之上又增加了50多个新罪名（删除了3个罪名，把删除的罪名作为从重处罚的情节因素），对一些严重危害社会的行为予以了犯罪化。例如：为配合国际上打击日益严峻的恐怖活动犯罪，新增了“资助恐怖活动罪”，将资助恐怖活动的行为，无论是资助恐怖组织还是个人，无论是金钱资助还是物质资助，都规定为犯罪。由于在社会大型群众性活动中，安全问题日益突出，一些大型活动的组织者只顾举办活动从中谋取利益，把广大群众的安全置之脑后，致使在大型群众性活动中现场秩序严重混乱、失控，造成人员挤压、踩踏等恶性伤亡事故时有发生。刑法新增加了“大型群众活动安全事故罪”，将大型群众活动的主办者、承办者和其他对活动的安全管理负有直接责任的人违反安全管理规定，因而发生重大伤亡事故或者造成其他严重后果的行为上升为刑法中的犯罪。由于社会上不少公司、企业负责人申请公司、企业破产过程中，实际是“假破产，真逃债”，利用宣告破产不偿还债务，他们隐瞒财务、虚构资产负债表，直接给股东等权利人造成了重大损失，也严重影响到了国家正常的公司、企业管理秩序，因此刑法新增“虚假破产罪”，将这些行为予以犯罪化。针对商业领域严重的贿赂行为，将原来的公司、企业人员的贿赂犯罪扩充为公司、企业、其他单位人员贿赂犯罪，在犯罪主体方面予以犯罪化。又如刑法新增了“组织残疾人、儿童乞讨罪”“雇用童工从事危重劳动罪”“编造、故意传播虚假恐怖信息罪”等罪名，将相应的行为予以犯罪化。

2011年的刑法修正案（八）共50条，修订的内容最多，并首次对刑法总则部分进行了多处修订。修正案出台前，近年来我国经济社会快速发展，社会生活中出现了一些新的情况和问题，需要我国刑事立法积极应对，加以有效的规范和调整。由此，修正案（八）首先针对新时期出现的严重危害社会的行为新增了七个独立的罪名①，分别是：（1）危险驾驶罪，即修正案第22条，刑法第133条之一的规定，危险驾驶是违反道路交通安全管理法规，在道路上驾驶机动车的行为具有危险性的情形，修正案将其中情节恶劣的追逐竞驶，或者在道路上醉酒驾驶机动车的行为明确规定为刑事犯罪。不同于传统交通领域的交通肇事罪，构成危险驾驶罪不要求造成致人死伤或者重大财产受损的严重后果。（2）对外国公职人员、国际公共组织官员行贿罪，即修正案第29条，刑法第164条第2款的规定，为谋取不正当商业利益，给予外国公职人员或者国际公共组织官员以财物的，依照前款的规定（即对非国家工作人员行贿罪）处罚。（3）虚开发票罪，即修正案第33条，刑法第205条之一规定，准确而言，是“虚开普通发票罪”，普通发票是指增值税专用发票和可以用于骗取出口退税、抵扣税款的其他发票

---

① 对于《刑法修正案（八）》新增犯罪的理解，学界存在不同的观点。这里依据的是《最高人民法院、最高人民检察院关于执行〈中华人民共和国刑法〉确定罪名的补充规定（五）》的规定。

之外的发票。在此之前，刑法第205条已有“虚开增值税专用发票、用于骗取出口退税、抵扣税款发票罪”，将违反国家税收征管法规，虚开特定发票（即增值税专用发票、可用于出口退税、抵扣税款的其他发票）的行为规定为犯罪。这次修正案则全面将虚开发票的行为刑事犯罪化。（4）持有伪造的发票罪，即修正案第35条，刑法第210条之一规定，是指明知是伪造的发票而大量持有的行为。对于发票犯罪，之前刑法作为犯罪处理的行为，要么在行为方式上限于伪造或非法买卖行为，要么在对象上要求是增值税专用发票或可用于出口退税、抵扣税款的其他发票；以普通发票为犯罪的只有非法制造、出售非法制造的行为。修正案则首次将持有伪造的发票的行为予以犯罪化，这一犯罪体现的是修正案在规制发票违法犯罪行为上的扩展与深化。（5）组织出卖人体器官罪，即修正案第37条，刑法第234条之一规定，鉴于我国人体器官供体的不足造成器官移植市场混乱，器官买卖黑市盛行，非法盗窃、欺骗他人捐献器官、组织贩卖人体器官等非法行为时有发生，严重威胁人民群众的生命健康安全，严重侵害了我国对公共卫生的管理秩序，修正案将非法组织他人出卖人体器官的行为纳入了刑法处罚的范围。（6）拒不支付劳动报酬罪。修正案第41条规定，行为人以转移财产、逃匿等方法逃避支付，或者有能力支付而不支付，数额较大且经责令后仍不支付的，就构成了本罪。（7）食品监管渎职罪，规定于修正案第49条。近年来我国食品安全事件频发，“瘦肉精”“三鹿奶粉”事件让人触目惊心，严重危害了人民群众的生命健康安全。而以往我国刑法对食品安全领域监管人员渎职行为追究刑事责任需根据具体情况分别适用“商检徇私舞弊罪”“商检失职罪”等不同罪名，具体适用上不具有专门性和针对性，不利于严厉打击食品安全领域的监管渎职犯罪。为此，修正案新增了“食品监管渎职罪”。

在新增罪名的同时，修正案（八）的犯罪化还表现在对一些已有的犯罪加以调整和修正，适当降低了某些犯罪的入罪门槛，加大惩处力度，完善惩处犯罪的法律规定。其中，因作出较大修正导致罪名发生变更的有：（1）生产、销售不符合安全标准的食品罪，修正案将《刑法》第 142 条的表述由“生产、销售不符合卫生标准的食品……”修改为“生产、销售不符合安全标准的食品……”新法在惩罚原有的违反食品卫生标准的犯罪行为之外，扩展至不符合食品安全标准的犯罪行为。（2）强迫劳动罪，在修正案出台之前，罪名是“强迫职工劳动罪”，仅限于用人单位违反劳动管理法规，以限制人身自由方法强迫职工劳动，情节严重的行为。相比之下，新罪的成立取消了犯罪主体“用人单位”和客观方面“以限制人身自由方法”等的限制，规定只要是以暴力、威胁或者限制人身自由的方法强迫他人劳动的，都构成了刑事犯罪；并在第二款补充规定，明知他人实施前款行为（即强迫劳动），为其招募、运送人员或者有其他协助强迫他人劳动行为的，依照前款的规定处罚。（3）污染环境罪，是在原来刑法“重大环境污染事故罪”的基础上加以修正而规定的罪名，由于刑法修正案删除了污染犯罪的对象、造成重大或严重后果的规定，该罪名也由“事故犯罪”变成为“污染环境罪”。① 这些修改使得犯罪的入罪门槛大为降低。

还有一些犯罪虽然罪名没有发生变化，但通过修正案的修改，其入罪条件得到了很大程度的降低，实际上将一些原来不作为犯罪的行为纳入了刑罚处罚的范围。主要有：（1）强迫交易罪，相对于原来犯罪行为方式为强买强卖商品的或强迫他人提供或者接受服

---

① 修改前的《刑法》第 338 条的规定是：“违反国家规定，向土地、水体、大气排放、倾倒或者处置有放射性的废物、含传染病病原体的废物、有毒物质或者其他危险废物，造成重大环境污染事故，致使公私财产遭受重大损失或者人身伤亡的严重后果的……”修正之后的规定是：“违反国家规定，排放、倾倒或者处置有放射性的废物、含传染病病原体的废物、有毒物质或者其他有害物质，严重污染环境的……”修正案删除了“向土地、水体、大气排放、倾倒或者处置危险废物”的规定，不再限定排放、倾倒或者处置危险废物的场所，只要实施了排放、倾倒或者处置有害废物的行为，就可能构成了犯罪。在犯罪形态上，修改前是表现为结果犯的“重大环境污染事故罪”，而修改后的“环境污染罪”则是行为犯，构成犯罪不再要求排放、倾倒或者处置有害废物的行为“造成重大环境污染事故”，并且“致使公私财产遭受重大损失或者人身伤亡的严重后果”，只要“严重污染”就构成了犯罪。

务的，修正案第 36 条增加规定了三种行为方式：一是强迫他人参与或者退出投标、拍卖的；二是强迫他人转让或者收购公司、企业的股份、债券或者其他资产的；三是强迫他人进入或者退出特定的经营领域的。（2）盗窃罪，在原来秘密窃取数额较大的财物或者多次盗窃的基础上，修正案增加规定"入户盗窃、携带凶器盗窃和扒窃的"，成立盗窃犯罪，等等。此外，资助危害国家安全犯罪活动罪，修正案第 20 条删去对资助对象的限制；叛逃罪，修正案第 21 条删去危害国家安全的要求；生产、销售假药罪，修正案第 23 条删去"足以危害人体健康的"，将生产、销售假药罪由危险犯改为行为犯；对于走私犯罪，修正案第 27 条将原来的起刑标准"偷逃应缴税额在五万元以上不满十五万元的"改为"数额较大""或者一年内曾因走私被给予二次行政处罚后又走私的"，即在一定意义上降低了走私犯罪的起刑标准；敲诈勒索罪，修正案第 40 条增加规定"多次敲诈勒索的"，成立敲诈勒索罪。

在此基础上，2015 年 8 月刚通过的刑法修正案（九），共 52 条，也主要表现为对近年来社会上出现的严重危害社会行为的大量犯罪化规定。除前面 4 条是有关刑法总则的规定和第 52 条是生效时间的规定之外，其余的条文都是对刑法分则中具体犯罪的修订完善，并且，这些修订绝大多数都是对严重危害社会行为予以犯罪化的规定。主要有：

1. 扩大了恐怖主义犯罪的处罚范围

刑法修正案（九）第 5、6、7 条都是对恐怖主义犯罪的修订，在原来"组织、领导、参加恐怖活动组织罪"和"资助恐怖活动罪"的基础上，增加了如下的构成恐怖主义犯罪的规定：为恐怖活动组织、实施恐怖活动或者恐怖活动培训招募、运送人员的；为实施恐怖活动准备凶器、危险物品或者其他工具的；组织恐怖活动培训或者积极参加恐怖活动培训的；为实施恐怖活动与境外恐怖活动组织或者人员联络的；为实施恐怖活动进行策划或者其他准备的；以制作、散发宣扬恐怖主义、极端主义的图书、音频视频资料或者其他物品，或者通过讲授、发布信息等方式宣扬恐怖主义、极端主义的，或者煽动实施恐怖活动的；利用极端主义煽动、胁迫群众破坏国家法律确立的婚姻、司法、教育、社会管理等制度实施的；以暴力、胁迫等方式强制他人在公共场所穿着、佩戴宣扬恐怖主义、极端主义服饰、标志的；明知是宣扬恐怖主义、极端主义的图书、音频视频资料或者其他物品而非法持有。即将原来的行为人为实施恐怖活动犯罪而进行的准备行为或与恐怖活动犯罪相关的行为，都纳入了刑事犯罪的范围。诸如制作、散发图书、音频资料或其他物品，以讲授、发布信息等方式或通过音频视频、信息网络等宣扬恐怖主义、极端主义，或者煽动实施暴力恐怖活动的犯罪，以暴力、胁迫等方式强制他人在公共场所穿着、佩戴宣扬恐怖主义、极端主义服饰、标志的行为，都构成了恐怖主义犯罪。

2. 考试舞弊入罪

根据刑法修正案（九）第 25 条的规定，行为人实施下列行为，就依法构成了考试舞弊犯罪：在法律规定的国家考试中，组织作弊的；为他人实施前述犯罪提供作弊器材或者其他帮助的；为实施考试作弊行为，向他人非法出售或者提供前述规定的考试的试题、答案的；代替他人或者让他人代替自己参加前述规定的考试的。该条不仅规定考试作弊行为本身要受到刑罚处罚，还将组织作弊、帮助作弊的行为入刑，这意味着只要为作弊者提供帮助，都将构成犯罪，并且对此类犯罪行为最高可判处七年有期徒刑并处罚金，惩罚力度明显提升。

3. 修补完善了有关信息犯罪的规定

一方面，对侵害公民个人信息的犯罪而言，刑法修正案（九）第 17 条的规定修改了出售、非法提供因履行职责或者提供服务而获得的公民个人信息犯罪的规定，扩大犯罪主体的范围，同时增加规定出售或者非法提供公民个人信息的犯罪。另一方面，对网络信息犯罪而言，修正案第 28、29 条就是对网络信息犯罪的修订，行为人实施下列行为，就依法构成了犯罪：网络服务提供者不履行法律、行政法规规定的信息网络安全管理义务，经监管部门责令采取改正措施而拒不改正，致使违法信息大量传播的，或致使用户信息泄露，造成严重后果的，或致使刑事案件证据灭失，情节严重的，或有其他严重情节的；设立用于实施诈骗、传授犯罪方法、制作或者销售违禁物品、管制物品等违法犯罪活动的网站、通信群组的；发布有关制作或者销售毒品、枪支、淫秽物品等违禁物品、管制物品或者其他违法犯罪信息的；为实施诈骗等违法犯罪活动发布信息的。即规定了利用信息网络实施犯罪行为的细则；规定编造、传播虚假信息等行为构成犯罪。

此外，刑法修正案（九）还将校车超载超速、猥亵男性、负有监护看护职责的人虐待被监护看护人员的行为、医闹，以及对有影响力人员行贿等行为予以了犯罪化，严密了刑事法网。

（二）97 刑法后的刑事立法非犯罪化

与上述刑法犯罪化相伴，随着域外非犯罪化思想在我国的广泛传播，同时，人们对社会中的犯罪现象的认识趋于理性以及对犯罪防治认识的不断深化，97 刑法以后，非犯罪化亦是我国刑法中的重要内容。合理地组织社会对犯罪的反应，越来越成为了当前刑事政策的主题。对应于非犯罪化日益成为刑法理论界热议的重要课题，刑法也不断通过立法解释和司法实践等形式将一些原来是犯罪的行为予以非犯罪化。概括起来，主要表现在以下几个方面。

1. 因行为人年龄的非犯罪化

因行为人年龄状况而非犯罪化，主要是未成年人和老年人犯罪的非犯罪化，尤其是前者。在我国刑法中，未成年人犯罪，一般是指已满十四周岁不满十八周岁的人犯罪。在刑法上，对未成年人犯罪从宽从轻处罚已成为世界各国的一项通则。为指导世界各国规范对少年犯罪的刑事司法，保障少年犯罪人的合法权益，国际社会于 1985 年联合国第七届预防犯罪和罪犯待遇大会正式通过了《联合国少年司法最低限度标准规则》（又称《北京规则》）。该规则在总则第 1.3 条中，对少年犯罪司法倡导尽可能地减少法律的干涉和尽可能地采取社会中所有可能采取的有益措施，来进行人性化的处理；并且根据其第 17.1 条规定，对少年犯罪人所采取的处理措施，应当考虑不同少年犯罪人的特殊情况，尽可能少的限制其人身自由；第 19.1 条规定，把少年投入监禁机关始终应是万不得已的处理办法，其期限应尽可能是最短的必要时间。《北京规则》是针对少年犯罪司法的最低限度标准，要求尽可能地避免动用刑罚的手段去处理少年犯罪，刑罚只是万不得已的处理方法。正如学者所言，《北京规则》的核心目的是使未成年人免于刑事审判。① 另一部集中保护未成年人合法权益，强调未成年人刑事司法特殊处遇的是1989年联合国大会通过的《儿童权利公约》。② 依据该公约第1条的规定，儿童系指18岁以下的任何人，除非对其适用之法律规定成年年龄低于18岁。这里的“儿童”，就是我国刑法中的未成年人。公约要求缔约国针对儿童的犯罪行为，建立专门的司法机构、规定专门的法律法规、适用专门的刑事处罚措施。本着儿童最大利益原则，该公约主张审慎对待儿童犯罪，尽可能地通过非刑罚的方法处理。

鉴于未成年人犯罪的特殊情况，我国刑事政策一直重视对未成年人犯罪的特殊处遇。新中国之初，我国党和人民政府就对实施了违法犯罪的未成年人，采取教育、挽救和改造的方针，而不能不分情况一律予以严厉惩罚。97刑法修订以来，随着我国法治建设思想的形成和不断发展，对未成年人犯罪实行教育、挽救、改造的方针被明确写入国家法律之中。③ 为了更好地贯彻这一方针指导司法实践，进一步明确处罚未成年人犯罪的界限，2005年12月12日最高人民法院专门出台了《关于审理未成年人刑事案件具体应用法律若干问题的解释》，该解释即对大量的未成年人犯罪行为进行了非犯罪化处理。第6条规定：“已满十四周岁不满十六周岁的人

---

① 卢建平．未成年人犯罪的刑事政策完善——基于国际人权公约的分析［J］．南都学坛，2009（3）．

② 1989年11月20日第44届联合国大会第25号决议通过，1990年9月2日生效。该公约旨在保护儿童权益，为世界各国儿童创建良好的成长环境。

③ 现行的立法有：一是全国人大常委会于1991年9月颁布，经2006年12月修订的《中华人民共和国未成年人保护法》。该法第54条明确规定：“对违法犯罪的未成年人，实行教育、感化、挽救的方针，坚持以教育为主，惩罚为辅原则；对违法犯罪的未成年人，应当依法从轻、减轻或者免除处罚。”二是全国人大常委会于1999年6月颁布的《中华人民共和国预防未成年人犯罪法》，该法在第44条再次重申：“对犯罪的未成年人追究刑事责任，实行教育、感化、挽救方针，坚持教育为主、惩罚为辅的原则。”

偶尔与幼女发生性行为，情节轻微、未造成严重后果的，不认为是犯罪。”第 7 条规定：“已满十四周岁不满十六周岁的人使用轻微暴力或者威胁，强行索要其他未成年人随身携带的生活、学习用品或者钱财数量不大，且未造成被害人轻微伤以上或者不敢正常到校学习、生活等危害后果的，不认为是犯罪。已满十六周岁不满十八周岁的人具有前款规定情形的，一般也不认为是犯罪。”根据第 9 条的规定，对于“已满十六周岁不满十八周岁的人实施盗窃行为未超过三次，盗窃数额虽已达到‘数额较大’标准，但案发后能如实供述全部盗窃事实并积极退赃”，且具备聋哑盲或被胁迫或其他轻微情节的，可以认定为“情节显著轻微危害不大，不认为是犯罪”……在该解释中，对未成年人犯罪“不认为是犯罪”成为了最主要的表述方式。这些解释显然对原来本应构成犯罪的未成年人犯罪行为予以了非犯罪化。2007 年最高人民检察院发布的新修订的《人民检察院办理不起诉案件质量标准（试行）》（简称《不起诉案件质量标准》）也明确将主观恶性较小、社会危害不大的未成年犯罪嫌疑人实施的犯罪行为列为应当不起诉处理的案件范围，予以非犯罪化。近年来在构建社会主义和谐社会的新形势下，我国出台的宽严相济刑事政策也进一步明确了对未成年人犯罪的从宽处罚。① 可见，对未成年人犯罪视情况予以非犯罪化已经成为现代刑法的基本理念，也是现代刑事司法应当关注的基本趋势。

对老年人犯罪的处罚，近年来也是刑法理论上探讨的一个重要问题。何谓老年人？1996 年 8 月 29 日第八届全国人大常委会通过的《中华人民共和国老年人权益保障法》第 2 条规定，60 周岁以

① 第 20 条明确规定：“对于未成年人犯罪，在具体考虑其实施犯罪的动机和目的、犯罪性质、情节和社会危害程度的同时，还要充分考虑其是否属于初犯，归案后是否悔罪，以及个人成长经历和一贯表现等因素，坚持‘教育为主、惩罚为辅’的原则和‘教育、感化、挽救’的方针进行处理。对于偶尔盗窃、抢夺、诈骗，数额刚达到较大的标准，案发后能如实交代并积极退赃的，可以认定为情节显著轻微，不作为犯罪处理。……依法可免予刑事处罚的，应当免予刑事处罚。……对于已满十四周岁不满十六周岁的未成年犯罪人，一般不判处无期徒刑。”

上的人就是老年人。由于身体机能的不断减弱和下降，老年人属于社会中的弱势群体，这需要刑事法律对老年人实施的犯罪进行特殊的对待。一般认为，在对老年人犯罪案件进行审判时，应对老年人犯罪的特点、犯罪的原因、犯罪的情节和危害的结果予以综合考虑，在法定量刑幅度内尽量从轻判处。① 一方面是出于对老年人特殊的生理特点的考虑；另一方面是受我国古代社会老年人犯罪“恤刑”制度的影响，我国古代的“三赦”法律制度中就有“赦老耄”的规定，“耄”在《礼记》中为80岁以上者。这反映的是古代社会“悯老恤老”精神，对现在的刑事法律制度仍具有较大的借鉴意义。

尤其是在97刑法之后，随着我国社会的发展和刑事法治建设的不断向前推进，我国刑事政策由过去的“严打”转变为现在的“宽严相济”，我国的刑事立法更是强调对老年人犯罪应当根据不同情况予以从宽处理，在实践中日益受到司法实践部门包括“两高”的认可。如在最高检于2007年发布的修订《不起诉案件质量标准》中，位列所规定的五种不予起诉情形首位的就有对老年人犯罪的。该标准将老年犯罪嫌疑人同未成年犯罪嫌疑人同等看待，只要老年人在实施犯罪活动中主观恶性较小，社会危害不大的，就应当不予起诉。2010年最高法出台的《关于贯彻宽严相济刑事政策的若干意见》，也对老年人犯罪从宽处罚作出了明确的规定。② 2011年的刑法修正案（八）则首次以刑事立法的形式对老年人犯罪的从轻从宽处罚作出了回应，分别是：第1条“已满七十五周岁的人故意犯罪的，可以从轻或者减轻处罚；过失犯罪的，应当从轻或者减轻处罚”。第3条“审判的时候已满七十五周岁的人，不适用死刑，但以特别残忍手段致人死亡的除外”。第11条规定对

① 卢建平．刑事政策学［M］．北京：中国人民大学出版社，2007：300.

② 第21条规定：“对于老年人犯罪，要充分考虑其犯罪的动机、目的、情节、后果以及悔罪表现等，并结合其人身危险性和再犯可能性，酌情予以从宽处罚。”

已满七十五周岁的人犯罪，符合缓刑条件的，应当宣告缓刑。虽然修正案并没有明确提出对老年人犯罪的非犯罪化处遇，但从其立法精神来看，作为刑事责任轻缓化重要内容的非犯罪化是老年人犯罪刑事法律制度的应有之义。

2. 因特定犯罪情形的非犯罪化

随着刑事司法中“宽严相济”政策的确立，为了贯彻这一政策，实现社会公平正义，近年来刑事司法实践针对特定的犯罪情形予以了充分的非犯罪化。在上述新修订的《不起诉案件质量标准》中，就有下面几种特定的犯罪情形通过不起诉被予以了非犯罪化：（1）因亲友、邻里及同学同事之间纠纷引发的轻微犯罪中的犯罪嫌疑人，认罪悔过、赔礼道歉、积极赔偿损失并得到被害人谅解或者双方达成和解并切实履行，社会危害不大的；（2）初次实施轻微犯罪的犯罪嫌疑人，主观恶性较小的；（3）因生活无着偶然实施盗窃等轻微犯罪的犯罪嫌疑人，人身危险性不大的；（4）群体性事件引起的刑事犯罪中的犯罪嫌疑人，属于一般参与者的。这些原来的犯罪行为虽然具有一定的社会危害性，但本身情节比较轻微，人身危害性不大，在现代高扬人道主义精神的社会中，其犯罪性已经大为减轻，因此予以非犯罪化是不存在什么问题的。

2010年最高法出台的《关于贯彻宽严相济刑事政策的若干意见》进一步明确指出，宽严相济刑事政策是我国贯穿于刑事立法、司法以及刑罚执行全过程的基本刑事政策，是过去“惩办与宽大相结合刑事政策”在新的历史时期的继承和发展，是指导国家各级刑事司法机关依法打击犯罪，保护人民，正确实施刑事法律的指南。鉴于我国素有重刑主义刑罚的传统，并且在事实上自1983年首次“严打”以来，我国严打的刑事政策影响深入，屡次被提出。最高法的“宽严相济刑事政策”意见还指出，贯彻宽严相济刑事政策的总体要求就是根据具体犯罪的不同实际情况，坚持有区别地对待原则，做到“该宽则宽，当严则严，宽严相济，罚当其罪”，并对其中司法机关应当在什么情况下，如何实现刑事政策的“严”与“宽”，以及如何实现刑事政策的“宽严相济”，分具体的条文作出了明确的规定。循此宽严相济的刑事政策，要求司法机关在打击犯罪和保护人民时，既要坚决克服传统社会以来形成的迷信重刑主义的思想，绝对不能片面从严从重从快，同时要避免陷入过于轻刑以致放纵违法犯罪的陷阱。与传统的专注“严打”相对，新时期刑法强调宽严相济，宽即意味着从宽从轻。最高法意见第 15 条至第 24 条又分别具体地规定了从宽的情形和应如何从宽。在此意义上，高法意见与高检的不起诉标准在非犯罪化思想上一脉相承，主张对一些虽具有社会危害性，但本身情节比较轻微，人身危害性不大的行为，根据实际情况从宽从轻或予以非犯罪化。

第二章　犯罪化与非犯罪化的概念

在近现代社会以来，随着人权保障思想的根深蒂固及现代刑法理念的勃兴，犯罪化与非犯罪化以及借此实现对犯罪的合理反应，已经成为了世界各国刑法改革的重要内容。在我国，犯罪化与非犯罪化的抉择也正逐渐成为人们所关注的重要问题。应对刑事立法上浓厚的犯罪化色彩，学者呼吁我国应停止犯罪化的刑事立法。① 在此，首先应厘清其中相应的基本概念，包括作为前提性概念的犯罪、犯罪化与非犯罪化、除罪化、非刑罚化等，以便进行具有针对性的探讨。

第一节　犯罪的概念

犯罪化与非犯罪化，共同关注的是“犯罪”，因为“犯罪”这一概念就决定了把某种行为是应作为犯罪，还是不应作为犯罪处理。那么，何谓犯罪呢？理论上使用“犯罪”这一概念有两种含义：一是犯罪学上的犯罪概念，即犯罪是自成体系的、具有严重社会危害性的客观存在。② 二是刑法学上的犯罪概念，通说把犯罪认定为是具有严重社会危害性、刑事违法性和应受刑罚惩罚性的行为。二者是两个不同的概念，③ 究其原因，犯罪是一种社会法律现

---

① 刘艳红．我国应该停止犯罪化的刑事立法［J］．法学，2011（11）．

② 白建军．犯罪学原理［M］．北京：现代出版社，1992：93；刘广三．犯罪学上的犯罪概念［J］．法学研究，1998（2）．

③ 在内涵方面，犯罪学的犯罪概念以严重的社会危害性为唯一要素，不受刑事违法性制约；在外延上，犯罪学上的犯罪包括绝大多数法定犯罪、准犯罪（如精神病人实施的危害行为）和待犯罪化的犯罪。参见张远煌．犯罪学原理［M］．北京：法律出版社，2001：13．

象，可以从社会学或犯罪学的角度给它下定义，同时也可以从刑法学的角度给它下定义。这里探讨的是刑法学意义上的犯罪理论——某种行为是否应当作为犯罪，动用刑罚的手段加以惩罚。因此，犯罪的概念是指刑法学中的犯罪概念。明确这一概念是对某种行为进行犯罪化与非犯罪化判断的重要前提。犯罪的概念，可谓“犯罪化与非犯罪化的实质基准”。① 基于不同的犯罪概念界定，难免会形成不同的犯罪化与非犯罪化的结论。

一、学说争论

众所周知，犯罪作为刑法理论中的重要课题，究竟应当如何理解犯罪，本身却是一个至今仍众说纷纭，存在不同学说流派争鸣的问题。目前，我国刑法理论中关于犯罪的本质学说，主要存在着权利侵害说、法益侵害说、义务违反说、法益侵害+义务违反、规范违反说、社会危害性说等观点。

（一）权利侵害说

权利侵害说是近现代刑法理论对犯罪本质最早的认识，认为权益是特殊的社会关系——法律关系的核心与实质，是犯罪直接指向的目标。代表人物是费尔巴哈（Feuerbach，1775—1835），他是启蒙运动时期德国著名的刑法学家，启蒙主义“自由、平等、博爱和天赋人权”等理论，使自然人的权利保障思想深入人心。对于犯罪，费尔巴哈指出了权利侵害说，认为犯罪的本质是对他人权利的侵害。这种观点具有强烈的自由主义色彩，立足于对公民权利的保护，对于抨击封建罪刑擅断和刑罚的残酷性具有重大的积极意义，成为19世纪上半期资产阶级刑法理论中或处于支配地位的学说。后来，这一学说有所发展，权利不仅限于公民的权利，而且认为国家也具有人格、享有权利，对国家的犯罪也是对权利的侵害。② 但是囿于权利在犯罪规定中的有限性，这种学说并不能完全

① 于改之．我国当前刑事立法中的犯罪化与非犯罪化——严重脱逸社会相当性理论之提倡［J］．法学家，2007（4）．

② 张明楷．外国刑法纲要［M］．北京：清华大学出版社，1999：55．

地说明所有的犯罪情形，因此，该说逐渐为“法益侵害说”所取代。

（二）法益侵害说

我国刑法理论一般认为，法益侵害说源于19世纪初期德国刑法学家毕尔巴模（Birnbaum，1792—1875）提出的主张，认为犯罪的本质是对国家所保护的财（Gut）或利益的侵害或者侵害的危险。① 这种观点将对法益的侵害（包括侵害的危险）作为社会中各种犯罪现象的本质。19世纪末20世纪初，经过德国刑法学家宾丁（Binding）、李斯特（Liszt）等人的推动，法益被提升为刑法体系的基本范畴，此后，随着法益理论的贯彻，法益理论逐步获得在德国以至欧陆刑法学中的核心地位。二战前，法益理论由德国传到日本，战后获得较大发展。目前，我国大陆及台湾地区刑法学界均有学者对法益理论进行研究。② 法益即法所保护的利益，由法秩序所保护的社会生活利益，侵害或威胁这种法益就是犯罪。这一学说现在也是很有影响的学说，在我国刑法学中，不少学者也认为用法益侵害说取代社会危害性说更能科学地揭示犯罪的违法性本质，也有助于提升犯罪概念的规范属性，平衡刑法的保护机能和保障机能。③

（三）义务违反说

这是德国纳粹时代施卡富斯坦因（Friedrich Schaffstein）提出的见解，他认为犯罪的本质不是法益的侵害，而是义务的违反。④ 这种观点强调犯罪是对国家、社会共同体的危害，所以即使没有侵害各个法益，但违反了对社会共同体所负有的义务、人伦的义务的

---

① 马克昌．比较刑法原理：外国刑法学总论［M］．武汉：武汉大学出版社，2002：91.

② 董兴佩．法益——法律的中心问题［J］．北方法学，2008（3）.

③ 杨春洗，苗生明．论刑法法益［J］．北京大学学报（哲学社会科学版），1996（6）；张明楷．法益初论［M］．北京：中国政法大学出版社，2000；丁后盾．刑法法益原理［M］．北京：中国方正出版社，2000.

④ 马克昌：比较刑法原理：外国刑法学总论［M］．武汉：武汉大学出版社，2002：91.

行为，就是犯罪。① 这是当时德国处于纳粹时期国家主义观念盛行，个人权利被忽视的社会背景的一种反映，因此随着纳粹政权的崩溃而被抛弃。而且它过于模糊，与法益侵害的观念相比，缺乏具体性，不能充分发挥认识各个罪的具体性质的机能。②

（四）法益侵害+义务违反说

这种观点折中法益侵害说和义务违反说，由日本刑法学家团藤重光所提倡。这一观点首先肯定法益侵害说基本上是妥当的，并认为可以将犯罪的核心理解为法益侵害；在此基础上，它认为刑罚法规并不只是根据对法益的侵害结果来规定犯罪，许多规定同时重视了法益侵害、威胁的样态，因此作为犯罪本质的法益侵害、威胁，包含了侵害的方法与种类等，应当承认犯罪有违反义务的一面。③如盗窃罪与诈骗罪等，不纯正的身份犯中有特定身份者和无特定身份者等，虽然在法益侵害上是完全相同的，但由于侵害的样态不同，刑法上就需要区别对待。这一观点实际上是在确定是否犯罪的基础上，进一步探讨犯罪的类型问题，因此从罪与非罪的角度看，其并未完全突破法益侵害说的观点。

（五）规范违反说

这种观点起源于德国刑法学家麦耶（M. E. Mayer）的文化规范论，主要是从违法性的角度阐述犯罪的本质。他认为违法性是指“违反文化规范”“与国家承认的文化规范不相容的态度”。④ 宾丁认为，违法性是指“违反在伦理上先行于刑法法规的不成文的规范”。⑤ 这一观点传到日本以后，又得到进一步发展。团藤重光认为，违法性“从实质上说是对整体法秩序的违反，是对作为法秩序基底的社会伦理规范的违反”。⑥ 小野清一郎则指出，“刑法只

① 张明楷．外国刑法纲要［M］．北京：清华大学出版社，1999：56.

② ［日］大塚仁．犯罪论的基本问题［M］．冯军译．北京：中国政法大学出版社，1993：6-7.

③ 张明楷．外国刑法纲要［M］．北京：清华大学出版社，1999：55-57.

④ ［日］山中敬一．刑法总论［M］．成文堂．1999：383.

⑤ ［日］齐藤金作．宾丁刑法论［M］．早稻田大学法学会，1936：201.

⑥ ［日］团藤重光．刑法纲要总论［M］．创文社，1990：188.

将严重侵犯个人之间的伦理规范，而国家又不能放任的重大反道义行为作为犯罪予以处罚。"① 在这种观点中，犯罪实质是违反了法规范背后的社会伦理规范。但社会伦理本身并非刑法保护的对象，同时在现代社会中价值观是多样化的，行为违反社会伦理规范并非都被刑法规定为犯罪，因而此说也受到学者的批评。②

（六）社会危害性说

这种观点由前苏联刑法学所倡导，并逐渐成为了东欧社会主义国家及我国刑法中的主流观点。1926 年的《苏俄刑法典》在其犯罪概念中就表明犯罪是一种危害社会的行为，早在 20 世纪 30 年代后便建立了以社会危害性为中心的犯罪理论体系。正如 1935 年苏联刑法学家沃尔特夫指出的那样："在刑法中，特别是在犯罪问题上，主要的一环是社会危害性。"③ 现在俄罗斯刑法也认为："社会危害性是犯罪最重要的社会（实体）特征。"④ 受前苏联的影响，我国刑法学界也将社会危害性引入犯罪范畴，普遍认为行为具有社会危害性是犯罪最本质的特征。但社会危害性本身是一个界限模糊的概念，且政治色彩浓厚，因此近年来，学者对这一观点多有否定和批判，甚至提出将社会危害性驱逐出刑法的理论研究。⑤ 当然更多的学者主张理性看待和保留社会危害性理论。⑥

---

① 转引自［日］中山研一．刑法的基本思想［M］．姜伟等译．北京：国际文化出版社，1988：47.

② 马克昌．比较刑法原理：外国刑法学总论［M］．武汉：武汉大学出版社，2002：92.

③ 苏联刑法科学史［M］．北京：法律出版社，1980：20.

④ ［俄］H. Φ. 库兹涅佐娃，H. M. 佳日科娃．俄罗斯刑法教程·总论（上）［M］．黄道秀译．北京：法制出版社，2002：130.

⑤ 陈兴良．社会危害性理论：进一步的批判性清理［J］．中国法学，2006（4）.

⑥ 赵秉志，陈志军．社会危害性理论之当代中国命运［J］．法学家，2011（6）；储槐植，张永红．善待社会危害性观念——从我国刑法第 13 条但书说起［J］．法学研究，2002（3）.

二、概念厘清

学界关于犯罪的本质的不同的观点，因学说流派的发展和演化，“权利侵害说”发展成为了“法益侵害说”，并为后者所代替；“义务违反说”则因曾经的纳粹刑法奉行国家主义至上的实践而导致了人道主义危机，为现代人权主义刑法所不屑；后三种观点虽或对前述观点有所修正、发展或独辟蹊径，但在一些学者盛赞之余亦不乏另一些学者的鞭挞之音。

这里并不意于对不同的学说观点进行批判与反思，以定纷止争。在笔者看来，这些不同的学说观点并不存在绝对的对或错，只是由于学者在不同的意义上使用“犯罪的本质”这个概念，或者他们研究的犯罪是不同意义上的犯罪。例如，简单地从权利与义务相对来说，权利保障思想将犯罪视为对个人权利（或利益）的侵害，而这种权利（或利益）可以扩大到集体或国家拥有的权利（或利益），可以演变为特定社会特定时期的法益；而从义务违反来看，犯罪则表现为社会中个体对其应尽社会义务的违反。事实上，自犯罪的本质学说提出以后，理论上的争议就没有停止过，学者们从不同的理论基础和不同的角度出发，各自阐述自己的学说观点，在承继前人学说的同时，或加以改造，或另起炉灶，新的学说观点不断涌现。如德国著名的刑法学者雅科布斯就主张：犯罪的本质不是法益侵害，而是规范否认；刑法的机能不是保障法益，而是用刑罚否定犯罪以促成人们对规范的承认和忠诚。① 不同的观察视角，就可能形成不同的观点，而不同的观点都揭示出某种合理性的认识。

笔者认为，犯罪的概念不仅可以分为犯罪学意义上的犯罪与刑法学意义上的犯罪，而且，后者也可以进一步分为立法概念和司法概念。犯罪的立法概念是刑事立法领域中的犯罪，主要是解释犯罪的本质属性，说明某种行为之所以被规定为犯罪行为的理由，为刑

① ［德］格吕恩特·雅科布斯．行为、责任、刑法——机能性描述［M］．冯军译．北京：中国政法大学出版社，1997：1.

事立法提供确定罪与非罪的标准；犯罪的司法概念是刑事司法实践中的犯罪，主要是为刑事司法提供具体的、具有可操作性的罪与非罪的界限与标准，为正确、适当地适用刑法提供依据。只有当立法上的犯罪概念被刑事立法所采纳，在刑法中进行规定的时候，它才能变成司法上的犯罪概念，二者存在的范围不同，自然含义相异，不能等同视之。因此，首先应当明确犯罪概念是在何种意义下而言的。这里的犯罪化与非犯罪化，即某种行为在刑法上应当作为犯罪还是不应当作为犯罪处理，主要是刑事立法领域中的价值判断，表现为立法者以一定的犯罪标准对该种行为作出肯定或否定的结论；但也应当是刑事司法中的重要内容，表现为司法者以一定的刑法解释对该种行为的刑法性质予以具体认定。在犯罪的概念上，前者就是刑事立法意义上的犯罪概念，后者即刑事司法意义上的犯罪概念。在犯罪的概念上，我国也有学者提出实质和形式相混合的犯罪概念，把以社会危害性为中心的称为“实质犯罪概念”，而把以刑事违法性为主的视之为“形式犯罪概念”。① 笔者深以为然，事实上也是强调立法与司法上犯罪概念的所指所示是不尽相同的。

（一）刑事立法意义上的犯罪概念

刑事立法意义上的犯罪概念，即犯罪的立法概念，是刑事立法活动中立法者所关注的犯罪概念。在现代法治国家，某种行为是否构成犯罪，只能取决于刑事立法的规定。没有刑事立法，就没有刑法；没有刑法，就没有犯罪与刑事责任。② “法未禁止即为自由”的人权保障思想，在现代刑法中更是得到了充分的肯定——“法无明文规定不为罪”。刑事立法中对某种行为是否构成犯罪的设定意义重大，而其中的犯罪概念更是刑事立法设定的基础。刑事立法是国家创制订立刑法，从字义上看，是“立”刑法。尽管学者对何谓“刑事立法”表述不尽相同，但一般都认为应从广义上理解

---

① 杨俊．对现行犯罪概念的反思——兼论混合犯罪概念之提倡［J］．浙江学刊，2014（2）．

② 李希慧．中国刑事立法研究［M］．北京：人民日报出版社，2005：1．

这一概念，既有“立法”又有“破法”。下面的观点是可取的，即所谓刑事立法，是指由特定的主体，依据一定职权和程序，运用一定技术，制定、认可、修改、补充、废止以及解释刑事法律规范的活动。① 这其中，绝大部分内容都是对某种行为构成犯罪的规定。当然，也有少部分内容是对某些行为不构成犯罪的规定，如正当防卫、紧急避险的规定。正是因为这些犯罪与不是犯罪的刑事立法，直接决定现实中是否将某种危害社会的行为作为犯罪，是否运用刑罚处罚实施了特定行为的人，限制或剥夺其重大权利，包括生命健康、自由、财产和名誉等。

在刑事立法活动中，对某种危害社会的行为是否犯罪化，实质上是取决于对这种行为的价值判断。而所谓价值，即有用性或某种事物对社会有意义，凡是对社会或人们的生活有用、有利、有益的，能够满足人的某种需要的，都是具有价值的，反之则是无价值的。② 刑事立法犯罪的判断标准，即犯罪的概念自然也是一个社会价值判断的问题，强调某种行为对主体的有用性与恶害性。对社会、国家、集体和个人有益的行为，具有较大的价值，刑事立法不会也不可能将这些行为规定为犯罪；反之，严重危害社会、国家、集体和个人的行为，则应当被刑事立法规定为犯罪。

在此意义上，犯罪的立法概念的本质理应为社会危害性，社会危害性说将严重或极端危害社会的行为作为刑法犯罪，其观点并不存在什么问题。行为具有严重的社会危害性是犯罪最本质的特征。如果一种行为完全不会给现实社会造成什么危害，就不可能也不应该被刑事立法规定为犯罪。这种行为的社会危害性，是指行为对我国的社会主义社会关系实际造成的损害或者可能造成的损害。③ 在社会现实中，一般取决于行为对社会关系有无负面影响以及所实施行为的手段方式、性质后果、时间与地点、行为人的主观心态和某

---

① 李希慧．中国刑事立法研究［M］．北京：人民日报出版社，2005：4.

② 张文显．法理学［M］．北京：高等教育出版社，1999：208.

③ 马克昌．犯罪通论［M］．武汉：武汉大学出版社，1999：20.

些的自身情况等。如学者所言，在认识行为是否具有犯罪的社会危害性时，应当用历史的观点、全面的观点和辩证的观点来看问题。① 而且，犯罪的社会危害性必须是严重、极端等相当程度的社会危害性。没有社会危害性，就没有犯罪；危害性没有达到相当的程度，也不成其为犯罪。②

（二）刑事司法意义上的犯罪概念

法谚道："徒法不足以自行。"刑事立法中所规定的犯罪只是一种抽象的犯罪构成类型。犯罪构成是刑法规定的、反映某种行为的社会危害性及其程度而成立犯罪所必须具备的一切客观要件和主观要件的有机整体。一般认为，行为是否符合犯罪构成是区分该种行为罪与非罪的根本标准，也是唯一的标准。而作为行为成立犯罪的规格，犯罪构成是根据犯罪概念的要求，在所有的犯罪事实特征中，将某些对表明行为达到犯罪的社会危害性程度具有不可替代作用的事实特征提炼出来，进行一定的概括和抽象所确定的犯罪构成要件或要素。因此，刑事法律将社会现实中的具体危害社会的行为以这些犯罪追究刑事责任，刑事司法是不可忽视的重要环节。就刑事司法活动而言，犯罪的概念则形成了刑事司法意义上的犯罪概念（犯罪的司法概念）。

如上所述，罪刑法定主义已经得到现代法治国家的广泛肯定，现代社会，民主主义和人权主义构成了其思想基础。这一原则思想就旨在控制国家对刑罚权的运用以保障国民的自由。可谓没有罪刑法定原则，就不可能有法治。③ 在我国，罪刑法定是我国《刑法》第 3 条明文规定的基本原则，由此司法实践对某种严重危害社会的行为是否构成犯罪的判断，应且只能根据刑法明文的规定。严格意义上刑事司法中的犯罪只能来源于刑事立法中犯罪的规定；刑法没有明确将某种行为规定为犯罪，即使该种行为对社会具有极其严重

① 齐文远，刘艺兵．刑法学［M］．北京：人民法院出版社，2003：37-38.

② 齐文远，刘艺兵．刑法学［M］．北京：人民法院出版社，2003：37.

③ 转引自张明楷．刑法学［M］．北京：法律出版社，2003：50.

的危害性，在司法实践中也不能将这种行为以犯罪论处。

刑事立法中对犯罪的规定即是刑事司法中认定犯罪的前提或基础。不同于刑事立法中的犯罪概念是一种社会价值的判断，刑事司法的犯罪概念是一种法律事实的判断，因为刑事司法中的犯罪认定过程就是一种事实逻辑的判断过程，将刑事立法的规定作为大前提，将社会现实中发生的某种行为作为小前提，以此为基础进行是否合逻辑的判断。在刑事司法判断某种严重危害社会的行为是否成立犯罪时，必须严格依据刑事立法的规定，以查明的案件事实为根据，以刑法明文规定的犯罪构成为准绳来区分行为的罪与非罪问题，将符合某一犯罪构成的行为认定为犯罪，将不符合犯罪构成的行为不认定为犯罪。在此意义上，刑事司法中的犯罪，与其说是某种严重危害社会的行为，倒不如说是严重触犯规定犯罪的刑事法律的行为。既然刑法中对犯罪的已有明文规定是刑事司法中犯罪概念的最主要的要素，那么上述犯罪的本质学说中“法益侵害说”和“规范违反说”基本上应当是可取的。笔者以为，在严格贯彻罪刑法定主义刑法理论中，这两种观点实际上是或把犯罪视为严重侵害刑法法益的行为，或把犯罪视作严重违反刑法规范的行为，主要是从刑事司法的角度揭示犯罪的概念。但是二者所持的刑法立场有所不同：前者强调“法益”，是从权利保障的视角把刑法作为一种保障社会、国家、集体和个人权利的法典，侵犯刑法所保护利益的行为就是犯罪；立足于刑法的权利保障，这是与客观主义刑法理论一脉相通的。后者强调“规范”，是从法律秩序价值的角度把刑法作为一种旨在规范各种社会关系的集合体，严重触犯刑法所确立的规范的行为即是犯罪，立足于刑法的秩序维护，这与主观主义的刑法理论是息息相关的。

应该说，这两种学说都是刑事司法中犯罪概念的有机组成部分，在刑事司法中，二者应具体情况具体分析。事实上，我国刑法对犯罪的规定正是或从权利保障或从秩序维护的角度来对犯罪进行界定的。具体而言，《刑法》分则中第一章“危害国家安全罪”、第二章“危害公共安全罪”、第三章“破坏社会主义市场经济秩序罪”、第六章“妨害社会管理秩序罪”、第八章“贪污贿赂罪”、第九章“渎职罪”和第十章“军人违反职责罪”，这些犯罪规定的不少罪名即带有“秩序”“职责”等字眼，主要是从秩序维护的角度来界定犯罪。相反，第四章“侵犯公民人身权利、民主权利罪”、第五章“侵犯财产罪”和第七章“危害国防利益罪”，这些犯罪所使用的是“权利”“利益”，则主要是从权利保障的角度来给犯罪下定义的。

第二节　犯罪化与非犯罪化概念的厘清

以犯罪的概念为基础，刑事立法与司法活动对犯罪的概念的运用即形成了犯罪化与非犯罪化的概念。二者互为逻辑上的对立面，紧密相连。

一、犯罪化

犯罪化，顾名思义是将原来不是犯罪的危害社会的行为在刑事法律中作为犯罪处理。在逻辑上，从不是犯罪到犯罪，其中跨越的是刑事犯罪这一“水平杆”。或许是过于简单，不少学者在使用这一术语时，却未对何谓犯罪化进行明确的界定，似乎其含义是不言自喻的。当然，也有不少学者对此进行了较为详细的界定。如何界定犯罪化呢？学界对此已有的阐述自然是我们应当借以前进的臂膀。

（一）相关的概念界定

有关犯罪化定义的表述，归纳起来，我国刑法学界主要存在着如下几种观点：

第一种观点认为，犯罪化是指将不是犯罪的行为在法律上作为犯罪，使其成为刑事制裁的对象。犯罪化包括立法上的犯罪化和刑罚法规解释适用上的犯罪化，但在坚持罪刑法定主义原则的国家应须坚持立法上的犯罪化。①

① ［日］大谷实．犯罪化和非犯罪化［J］．黎宏译，载陈兴良主编．刑事法评论（第6卷）．北京：中国政法大学出版社，2000：418.

第二种观点认为，所谓犯罪化，是指立法上将原来没有规定为犯罪，但现在却正在严重危害社会或将要、可能对社会产生严重危害的某种行为，纳入到刑法规范之中，使之非法化，从而将其置于由刑罚处理的地位。实行犯罪化的目的，在于动用刑罚手段干预社会生活，通过规制新的犯罪形态把非罪转化为罪，从而增大刑法对某些危害行为的打击力度，使那些严重危害社会的行为得到遏制，避免其进一步蔓延、泛滥。①

第三种观点认为，犯罪化是指将不是犯罪的行为在法律上作为犯罪，使其成为刑罚制裁对象。犯罪化就是用专门规定犯罪和刑罚的刑法来调整反社会行为的一种手段，主要是通过刑事立法的方式来进行的。②

第四种观点明确提出了“司法上的犯罪化”概念，认为“司法上的犯罪化，也可谓解释适用上的犯罪化，即在适用刑法时，将迄今为止没有适用刑法作为犯罪处理的行为，通过新的解释将其作为犯罪处理”。并且，学者结合司法实践情况对司法犯罪化进行了例证，最后指出司法上的犯罪化应是将来刑法的主流趋势。③

第五种观点认为，犯罪化是指国家立法机关依据合法的职权和程序，把有刑罚处罚必要的反社会行为纳入刑法的调控范围，使之成为刑法明文规定犯罪行为的过程。④

（二）对上述概念界定的分析

在上述“犯罪化”的概念界定观点之中，犯罪化都是指从刑法上“原来不是犯罪”到“现在是犯罪”的转化，比较而言主要分歧在于，犯罪化是仅限于刑事立法之中，还是包括刑事立法和刑

① 赵瑛，滕文浩．论经济犯罪的犯罪化与非犯罪化［J］．社会科学家，2003（2）.

② 殷成洁．论犯罪化与非犯罪化的融合［J］．连云港职业技术学院学报，2005（2）.

③ 张明楷．司法上的犯罪化与非犯罪化［J］．法学家，2008（4）：66-67.

④ 孙战国．犯罪化基本问题研究［M］．北京：中国法制出版社，2013：13.

事司法都存在犯罪化的问题，其核心是应否允许刑事司法上的犯罪化？对此学者观点不一。

第一种观点是国内学者翻译的来自日本学者的犯罪化概念，这种观点将犯罪划分为“立法上的犯罪化”和“刑罚法规解释适用上的犯罪化”，即在立法犯罪化之外，明确提出了“司法犯罪化”。尽管学者指出“在坚持罪刑法定主义原则的国家应须坚持立法上的犯罪化”，但是这并不能遮蔽对司法犯罪化的深入细致探讨。对司法犯罪化，学者称之为“刑罚法规解释适用上的犯罪化”，认为是指在解释、适用刑罚法规之际，将本刑罚法规适用迄今为止没有被作为犯罪予以取缔的事实作为犯罪来处理；具体而言，司法犯罪化又包括：变更解释的情况（解释上的犯罪化）和取缔方针变更的情况（适用上的犯罪化），前者是指通过扩大刑罚法规的解释而进行的犯罪化；与之相对，后者正如在刑罚法规的适用范围内的某种事实，由于长年不对其适用刑罚，事实上等于废止了对其适用刑罚，但现在又重新对其适用刑罚，进行犯罪化的情况。①可见，司法犯罪化之于犯罪化的重要分量。

其余的四种观点都是国内学者自主地对犯罪化的概念界定。其中，第二种和第五种观点鲜明，将犯罪化仅仅界定为刑事立法活动之中，犯罪化就是指刑事立法上的犯罪化，而否定存在司法犯罪化。这种观点在我国并不鲜见，其主要源于学者对罪刑法定原则的理解——既然罪刑法定是法无明文规定不为罪，因此犯罪化只能是刑事立法上的犯罪化，非此不可。从犯罪化的实际情况来看，这种观点在一定程度上成为了人们潜意识对严重危害社会行为进行犯罪化的思维定势。诸如常见的对于某种具体的严重危害社会行为的犯罪化研究，建议增设某某犯罪、建议刑法规制等，虽然表述各异，但实质都是主张在刑事立法上将该种行为规定为犯罪，至于如何在保持原有立法不变的情况下通过刑事司法将该种行为犯罪化，则关

① ［日］大谷实．犯罪化和非犯罪化［J］．黎宏译，载陈兴良主编．刑事法评论（第6卷）．北京：中国政法大学出版社，2000：421；张明楷．司法上的犯罪化与非犯罪化［J］．法学家，2008（4）：66-67.

注较少。

与之不同，第三种观点虽然没有明确提出“司法犯罪化”，但是其实蕴含着司法犯罪化的内容。这种观点指出犯罪化“主要”是刑法立法上的犯罪化，但并未对此之外的次要（有主要就应有次要）犯罪化作出任何说明与限制，因而也就留下了非常广泛的犯罪化空间，而从刑事法律立法与司法的逻辑分类看，犯罪化除了主要的刑事立法犯罪化，还应包括或不能排除处于次要地位的司法犯罪化。这种观点也应涵盖如下内容：司法又可分为“两高”（最高人民法院和最高人民检察院的简称）司法解释和法官的具体司法活动，由此司法犯罪化实际上包括司法解释上的犯罪化和法官司法上的犯罪化。而由于一般的观点认为法官适用法律定罪量刑的过程就是法官自身解释与适用法律解释的过程，法官司法即法官适用解释的过程，因此法官司法上的犯罪化又可以被称为“适用解释上的犯罪化”。这样从司法解释的角度来看，就形成了“司法解释上的犯罪化”与“适用解释上的犯罪化”这两种司法上的犯罪化。

第四种观点，张明楷教授明确提出和论证了“司法上的犯罪化”。这是基于我国司法实践，在与“司法上的非犯罪化”相对应的意义上阐述了“司法上的犯罪化”，并强调相对于司法上的非犯罪化，司法上的犯罪化应是未来的主流趋势。

由上分析可见，目前我国学者对“司法犯罪化”这一提法还存在较大分歧。对此，一些学者在论述犯罪化时，采取了一种回避的做法，不对犯罪化作概念界定或不提及司法犯罪化这一概念；而较为传统的观点以罪刑法定原则为根据，明确否定“司法犯罪化”的说法；还有一些学者以司法实践为基础，明确肯定“司法犯罪化”的说法。应该说，相对于传统的以罪刑法定原则为根据的否定司法犯罪化观点，这种概念界定中的疑问，何尝不是一种观念上的动摇，已打破了立法犯罪化的铁板一块。进一步而言，随着时间推移和研究的不断深入，我国学者对“司法犯罪化”大致呈现出逐渐接受和肯定的趋势。在初期，学者介绍国外的犯罪化概念时，虽然提出了司法犯罪化，但是同时指出在坚持罪刑法定原则的国家应须坚持立法上的犯罪化。受此影响，一些学者在论及犯罪化时，就将犯罪化明确限定于立法上的犯罪化而否定司法上的犯罪化，或者将犯罪化主要归结为立法上的犯罪化而对司法上的犯罪化避而不谈。及至后来，有学者明确提出了“司法上的犯罪化”概念。虽然司法犯罪化仍然是“犯罪化”概念界定中的一个疑问，但这种疑问已经从初期的否定司法犯罪化转向到了肯定司法犯罪化。

（三）本文观点：司法犯罪化之提倡

从刑法理论上来看，“司法犯罪化”之正名绕不开其与罪刑法定原则的冲突与协调。对某种新出现的严重危害社会行为，在刑事立法未作变化的情况下，刑事司法能否将某种行为犯罪化呢？关键问题在于对罪刑法定原则的理解。现代社会刑法奉罪刑法定原则为圭臬，什么行为是犯罪和对这种行为处以何种刑罚，必须预先由法律明文加以规定。“没有以成文的法律预先在犯罪之前的规定，就没有犯罪也没有刑罚。”① 那么，是否罪刑法定原则即将犯罪化问题限定在刑事立法中呢？笔者认为回答应是否定的，罪刑法定原则并不排斥司法上的犯罪化。

第一，在法治社会，司法犯罪化与罪刑法定原则具有高度的本质一致性。这也是我国传统的在社会公平正义观指导下的刑事司法与源于西方社会的遵循罪刑法定原则的本质统一之所在。

众所周知，人类社会自法的产生起，法就被认为是社会公平正义的化身，即使在专制社会中，法律往往沦为专制统治的工具，人们也对法的公平正义寄予厚望。我国封建社会历史漫长，有着历史悠久的法律文化，形成并留下了许多至今影响深远的法治因素，如强调善法“立善法于天下，则天下治；立善法于一国，则一国治”；强调司法者要“清正廉洁”“光明正大”，做到“天下为公”，等等。这些思想与西方社会的法治观念，在本质上显然是一致的。不过，由于我国传统社会并没有生发出像西方社会的三权分立与制衡机制，也就没有形成严格的立法与司法之区分，但并不能因此就否定法律具有的公平正义价值追求。时至今

① 马克昌．比较刑法原理［M］．武汉：武汉大学出版社，2002：55.

日，十八届四中全会提出“全面推进依法治国”的口号，在我国，“讲法治”、切实维护和实现社会公平正义，业已成为刑事法治的重要内容，并由此形成了“中国特色社会主义法治理论”①。在此意义上，我国现代社会的刑事司法显然是以法治原则和精神为指导，也是法治建设的重要组成部分，其宗旨在于维护和实现社会的公平正义。

罪刑法定原则又被称为罪刑法定主义，通说认为源于中世纪时期英国“大宪章”的缔结②，经典表述是费尔巴哈的“法无明文规定不为罪、法无明文规定不处罚”。其思想发展至今，罪刑法定原则有形式罪刑法定原则与实质罪刑法定原则之分，罪刑法定并不能拘泥于传统严格的形式上的罪刑法定。法律主义或成文法主义，以及禁止事后法和禁止类推解释是传统的罪刑法定主义的内容，被称作“形式的侧面”。但现代刑法罪刑法定的内容并非仅仅停留于此，而是衍生出实质的侧面，即要求刑法的内容适当或正当，不符合这一要求的刑法是违反宪法的，因而是无效的。这就是所谓的“适正处罚的原则”，或称“实体的正当程序”。③ 而从罪刑法定原则最早产生于以“不成文法”为主的英美法系这一事实来看，罪刑法定原则最初就表现为实质层面的罪刑法定（这也符合一种社会制度的产生，通常是先有本质层面上价值目标追求作为指导，再根据社会现实构建具体制度，并且在此之后有所损益的一般规律）。至今，英美法系国家主张不成文法，允许法官以判例立法，即表明其渊源并非排斥刑事司法中的犯罪化。反之，17、18 世纪

① 王乐泉．坚持和发展中国特色社会主义法治理论［J］．中国法学，2015（5）：5.

② 1215 年英王约翰签署的大宪章（Magna Charta）第 39 条所确定的“正当法律程序”是罪刑法定思想的最早萌芽。参见高铭暄．刑法专论（上编）［M］．北京：高等教育出版社，2002：63；高铭暄，马克昌，赵秉志主编．刑法学［M］．北京：北京大学出版社，高等教育出版社，2000：26；张明楷．刑法学（上）［M］．北京：法律出版社，1997：39.

③ 马克昌．比较刑法原理［M］．武汉：武汉大学出版社，2002：20-21.

的启蒙思想家是基于对封建时代罪刑擅断的批判，建立起严格罪刑法定主义；而随着社会历史的变迁，罪刑法定原则所扮演的批判角色必将日渐式微，由此现代社会罪刑法定原则逐步走向了实质的侧面，而不再拘泥于绝对的形式罪刑法定主义。现代社会由于经济生活的变迁和人类认识的不断深化，自由资本主义的缺陷渐趋明显，成文法存在严重的局限性也日益成为人们的共识，因此最初那种严格的、完全不允许选择或变通的绝对罪刑法定规则越来越多地受到批判乃至否定，取而代之的是具有一定灵活性和开放性并允许司法者在适当范围内行使自由裁量权的相对的罪刑法定原则。① 而主导和促进这种变化的因素显然是法治理念及对社会公平正义的实质追求。在这种意义上，我国法治社会中刑事司法上的犯罪化与罪刑法定原则的实质追求，具有高度的本质一致性，都是现代社会法治及公平正义的要求。

第二，司法犯罪化是刑事司法将“纸面上的法律”转变为“行动中的法律”的必然内容。现实社会生活是纷繁复杂的且随着社会的发展处于快速变化之中，这使得立法上的犯罪规定与现实社会的具体情况是不尽相同的，刑事司法从“纸面上的法律”到“行动中的法律”，将立法上的罪名付诸具体的某种严重危害社会行为之上，显然离不开司法上的犯罪化。

由于法律文本的静态性，其天然就具有滞后性，自制定之日起就已经滞后于现实社会发展，因此需要司法活动对立法条文有所损益而加以弥补。诚如，“只有那些以某种具体和妥协的方式将刚性与灵活性完美结合在一起的法律制度，才是真正伟大的法律制度”。② 在刑法中，罪刑法定原则也并不意味着刑事司法只能处于被动地位和充当单纯的犯罪识别机器，否则，以过去之立法规定来

---

① 高铭暄．刑法专论（上编）［M］．北京：高等教育出版社，2002：66-67.

② ［美］E. 博登海默．法理学、法律哲学与法律方法［M］．邓正来译．北京：中国政法大学出版社，2004：424.

界定现在或将来的危害社会行为，总会产生一种“是符合还是不符合”的疑虑而导致难下定论。从立法反映现实社会生活来看①，“一部法典的制定，在很大程度上只是对现有犯罪现象的总结和归纳，或者是对犯罪现象之趋势非常有限的预示”。② 因此，司法实践一定是先于立法的规定——对某种严重危害社会的行为，基于维持社会共同体秩序和实现社会公平正义等的需要，必然先有司法实践对这种行为的严厉处罚，后有这种规制模式被刑事立法所吸收和规定为立法中的犯罪，即“纸面上的法律”，最后在立法之后依法将“纸面上的法律”付诸于“行动中的法律”。刑事立法中的犯罪规定来源于司法实践，只不过，遵循罪刑法定原则的要求，一般表现为：当现实社会中出现了某种新型的严重危害社会行为，司法机关根据现有立法规定难以将该种行为作为犯罪来处理，于是就通过犯罪化的民间呼声、专家立法建议及至立法机关的采纳产生新的犯罪立法规定，司法机关再将此新的犯罪立法付诸司法实践之中。可见，罪刑法定原则对司法实践就新出现的严重危害社会行为犯罪化，作出了一定程度限制；并且，这种限制是为了保障国民的自由权利避免受到国家强大司法权力的侵犯，而非否定对严重危害社会行为的犯罪化。

而在这种“从司法到立法，再由立法到司法”的往返之中，司法实践事实上是有可能扮演“犯罪决定者角色”的。一方面，“徒法不足以自行”，刑事司法离不开具体司法人员对法律条文的理解适用以将刑法中的犯罪规定付诸实践，而在这个过程中，司法活动难免会受到司法人员自身生活经验和价值观念等众多因素的影响，尤其是在一些疑难的罪与非罪界限模糊的情形之中，司法人员的判断就对行为是否构成犯罪具有决定意义。另一方面，一个重要

① 一般来说，我国社会主义立法首要的原则就是“实事求是，一切从实际出发的原则”，该原则强调“必须从我国的国情出发”制定法律。详见沈宗灵．法理学［M］．北京：北京大学出版社，2003：260-261．同时，我国刑法典第一条明确规定：我国刑法是“根据宪法，结合我国同犯罪作斗争的具体经验及实际情况，制定本法”。

② 刘雪梅．罪刑法定论［M］．北京：中国方正出版社，2005：187.

的原因是我国刑事立法普遍采取对行为“定性”与“定量”相结合的犯罪规定模式。“在我国刑事立法中，犯罪概念既定性又定量。”① “犯罪的成立应当具有定量因素，这应当是现代刑法的通例。”② 刑事立法对某种严重危害社会的行为，是因其“质”与“量”的不断积累而被明文规定为犯罪；由此刑事司法在认定行为构成犯罪时，既要认定行为的性质（表现为行为符合犯罪构成），又要考察行为对社会的危害性程度是否达到了刑法上的“量”的标准。据此，且不论司法人员在认定行为性质时，因对法条表述的不同理解而可能存在犯罪化情形，就司法实践对行为危害社会的程度“量”的判断而言，显然不乏司法犯罪化。典型的如：随着社会发展或在一定历史时期，出于社会治乱形势及刑事政策的需要，司法实践将某种“原来并不作为犯罪处理的行为”因罪“量”的降低而作为犯罪处理。从以上分析可见，司法犯罪化是刑事司法活动中不容忽视的一种现实存在。

第三，司法犯罪化是刑事立法的抽象性在具体司法实践活动中的一种可能选择。由于刑事立法的抽象性，对某种随着社会发展而新出现的严重危害社会的行为，在刑事立法未发生变化的情况下，司法实践是采取消极的做法以“法无明文规定”而不作为犯罪处理，还是采取积极能动的做法，通过适当的司法解释而将这种新行为纳入刑法规制的范围呢？虽然囿于现实社会司法实践的复杂情况，难免得出不同的答案，但是在这两种做法中，哪一种是司法人员首要和主要的考察路径呢？值得思考。这反映着司法人员对刑事司法中疑难案件的司法哲学和采取的不同策略。在条文没有明文规定时，有的司法人员显得保守，拘泥于刑事立法条文的规定而拒绝将这种行为作为犯罪来处理；有的司法人员则积极借助司法解释和推理进行能动性司法而将这种行为作为犯罪

---

① 储槐植，汪永乐．再论我国刑法中犯罪概念的定量因素［J］．法学研究，2000（2）：34.

② 王政勋．定量因素在犯罪成立条件中的地位［J］．政法论坛，2007（4）：154.

来处理。应该说，前一种司法人员是严格遵循形式的罪刑法定主义，强调对实施危害社会行为人的人权保障；而后一种司法人员是进行能动和创造性司法实践，强调刑事司法结合现实社会来维护和实现社会公平正义，以弥补法条中对犯罪规定的疏漏，实质是重视社会秩序的安宁和对善良人的权利保障。显然，现代法治社会应当在这两者之间构建合理的平衡，绝对肯定一方而否定另一方的做法都是不恰当的。

抽象概括的刑事立法，势必会影响到对罪刑法定原则中“刑法的明文规定”的理解。事实上，这里的“明文规定”不仅存在着明文规定的“有无”之不同情况，而且还存在着明文规定的“程度”之不同情况。在我国，罪刑法定原则作为司法实践认定行为构成犯罪所必须遵循的基本原则，其用语表述是法律有“明文规定”。① 而且，“明确性原则”已经成为罪刑法定原则的重要内容，20 世纪以来，美国就确立了“由于不明确而无效的理论”，这一理论也得到了德日等国判例的基本承认。② 由此对某种严重危害社会的行为，如果确实没有刑法的明文规定，刑事司法就不可能将此行为作为犯罪来处理。然而，从哲学角度看，语义的模糊性是绝对的，而明确性则是相对的。③ 因此，“以成文法作为主要法律渊源的刑法规范也就自然具有明确性与模糊性”。④ 如学者所言，尽管近现代刑法极力追求刑法规范的明确性，但是模糊性与明确性一样，是刑法规范的基本属性之一，并且明确性是相对的，模糊性是绝对的。由此决定了犯罪构成既有“明确性犯罪构成”，也有“模

---

① 刑法典第三条是我国刑法对罪刑法定原则的集中规定，该条的表述为：“法律明文规定为犯罪行为的，依照法律定罪处刑；法律没有明文规定为犯罪行为的，不得定罪处罚。”

② 张明楷．外国刑法纲要［M］．北京：清华大学出版社，1999：20-21.

③ 吴振国．汉语模糊语义研究［M］．武汉：华中师范大学出版社，2003：54.

④ 付玉明，陈树斌．刑法规范的明确性与模糊性——诠释学视野下的刑法解释应用［M］．法律科学，2013（6）：141.

糊性犯罪构成”。① 刑事立法作为一种抽象的立法活动，所制定的刑法必然具有抽象性和普遍性，而且也只有这样，刑法才能对社会的全体成员都普遍具有法律效力和成为人们行为的基本准则。

据此分析，刑事立法犯罪化所规定的犯罪，即使规定得最明确，也不会是社会现实中各种具体犯罪或这些犯罪的简单复原。因为社会情况是千差万别的，现实具体的犯罪因不同的情况而表现各异，刑事立法所规定的犯罪实际上是剥离了诸多与罪质特征无关或影响不大的因素而形成的某一类的犯罪定型。即便对于常见的备受关注的重要犯罪“故意杀人罪”，刑法立法也不可能穷尽所有的具体故意杀人行为，而只是在《刑法》第 232 条概括抽象地规定为“故意杀人的”。这就是对故意杀人罪所作的犯罪定型，紧扣着故意杀人罪“故意非法剥夺他人生命”的罪质特征，而剥离了现实中各种具体故意杀人罪中的犯罪动机，犯罪工具，作案手段、时间、地点，犯罪人与被害人身份、地位等诸多因素。何况还存在着如上述学者所提的“模糊性犯罪构成”情形。刑法规定与社会现实犯罪之间一一对应的明文规定实际上是不现实的，也是不可能的。即使遵循罪刑法定原则，刑事司法也需要而且必须对刑法的规定进行恰当的解释，以对现实具体的犯罪行为犯罪化。而由于立法的局限性，不可能制定出一部尽善尽美的刑法来，刑法不可能穷尽一切犯罪行为，也不可能在刑法各种制度的设计上做到完美无缺。② 因此，刑事司法通过合理解释将行为犯罪化是一种可能的选择。

刑法是专门规定犯罪及其刑事责任的法律，将某种严重危害社会的行为作为犯罪处理即犯罪化，显然是其成为刑法的首要环节，

① 有学者提出“明确性犯罪构成”与“模糊性犯罪构成”之分，认为一般而言，对于常见多发且与社会安全关系密切的犯罪以及外在特征不像传统刑事犯罪那样明确的犯罪，采用“明确性犯罪构成”，不厌其详地描述其构成特征；而对于复杂多变、难以采用明确性构成要件且社会危害性较为严重的犯罪采用“模糊性犯罪构成”。详见杨书文．刑法规范的模糊性与明确性及其整合机制［M］．中国法学，2001（3）：173.

② 刘雪梅．罪刑法定论［M］．北京：中国方正出版社，2005：140.

因为没有对行为的犯罪化，也就无所谓刑法。正是因为某种行为对社会共同体的严重危害而被人们作为犯罪，并施以严厉的惩罚，刑法遂得以产生。然而很不幸，人类社会在其产生之后即进入了漫长的封建专制社会时期，刑法被异化为维护专制统治的工具，成为了罪刑擅断和严刑峻法的代名词，在此期间，犯罪化是刑法的主旋律。在我国封建社会，即使封建王朝都有规定犯罪的刑事法典，但是犯罪化也并不仅限于刑事法典的立法规定，在司法实践中，统治者往往出于某种统治的需要而将行为予以犯罪化。及至近代社会西方权力分立学说主张立法权与司法权、行政权相分离，罪刑法定原则的确立，当今社会权利保障、民主法治观念已经深入人心。人们对刑法的观念，也越来越从过去的统治工具论或“刀把子论”，转变成为“善良人和犯罪人的大宪章”观念，刑罚是一种不得已的恶。由此，刑法应当审慎而不能动辄就进行犯罪化，一般认为，犯罪化仅限于刑事立法犯罪化，刑事司法只能严格根据刑事立法的规定进行，并旨在以此与封建社会专制刑法划清界限。应该说，这种观点是有其合理性的。不过，我们不能忽视犯罪在从“纸面上的法律”到“行动中的法律”这一实践过程，现实社会生活是纷繁复杂的，刑事司法将某种行为作为犯罪处理并非仅仅是刑事立法的一蹴而就，而是因具体情况不同对刑事立法的各有损益而成。司法自有其犯罪化的智慧，我们应当重视刑事司法上的犯罪化。

（四）司法犯罪化的实践考察

就刑事实践中的司法犯罪化而言，有学者将其归结为以下四种典型情形：一是刑事司法通过放宽对情节严重的认定标准和降低数额标准，实现犯罪化；二是对没有规定具体行为方式的犯罪行为，刑事司法将原来没有当犯罪处理的行为以犯罪论处；三是刑事司法对具有解释空间的行为予以犯罪化；四是刑事司法改变态度，对原来未能以犯罪论处的犯罪行为予以犯罪化。并详细举例加以论述。① 有的学者只是单纯地举例加以证明，该例证是 2003 年 9 月 4

① 张明楷．司法上的犯罪化与非犯罪化［J］．法学家，2008（4）：66-67.

日最高人民法院和最高人民检察院发布的《关于办理非法制造、买卖、运输、储存毒鼠强等禁用剧毒化学品刑事案件具体应用法律若干问题的解释》，将“毒鼠强等禁用剧毒化学品”认定为刑法中的有“毒害性”物质。① 学者的例证充分肯定了司法上的犯罪化情形。

这里主要就司法解释和刑法修正的情况来阐述司法实践中的犯罪化。从司法实践来看，刑法典显然是刑事司法实践所凭依的刑法“根本大法”，现行 97 刑法实行至今已有近 20 年时间，经过这么多年的司法实践，其所规定的犯罪及基本原则也已经得到了司法实践的充分接受和认可并习以为常。而与社会快速发展中的新型犯罪活动紧密相连的，自然就是刑法司法解释和刑法修正案。在我国，这二者的产生往往是为了适应规制社会上新出现的严重危害社会行为的需要，并且，都是在刑法典的基础上对刑法典的规定加以“解释”和“修改”而成的，即刑法典是刑事司法实践的“根本大法”，司法解释和刑法修正案则是刑法典应司法实践变迁衍生的产物。因此，司法犯罪化作为与现实社会变迁紧密相连的刑法存在，主要应从司法解释和刑法修正案的情况加以考察。其中，司法解释中的犯罪化属于典型的和主要的司法犯罪化；对于刑法修正案而言，虽然刑法修正案属于刑事立法的范畴，刑法修正案中的犯罪化属于立法中的犯罪化，但是从我国刑法修正案出台的具体情况来看，其中也蕴含着司法犯罪化的前导及刑法修正案对其的辩证接受。详述如下：

1. 司法解释中的犯罪化

一般而言，司法的过程就是司法解释和司法人员适用司法解释

① 该解释第一条规定：“非法制造、买卖、运输、储存毒鼠强等禁用剧毒化学品，危害公共安全，具有下列情形之一的，依据刑法第一百二十五条的规定，以非法制造、买卖、运输、储存危险物质罪，处三年以上十年以下有期徒刑：（一）非法制造、买卖、运输、储存原粉、原液、制剂 50 克以上，或者饵料 2 千克以上的；（二）在非法制造、买卖、运输、储存过程中致人重伤、死亡或者造成公私财产损失 10 万元以上的。”该例证详见孙战国．犯罪化基本问题研究［M］．北京：中国法制出版社，2013：26-27.

的过程，因此，司法犯罪化就是司法解释中的犯罪化。肯定司法犯罪化的学者都是在我国的司法解释活动及文件中论述司法犯罪化。

从司法实践来看，尽管刑事司法应以立法规定为根据，但由于法律的稳定性（不可能频繁地变动）及其滞后性，当立法上的犯罪规定不能及时对社会快速发展中新出现的严重危害社会行为作出反应时，司法解释中的犯罪化就成为了一种重要的便宜行事的方式及至权力。这在我国初期的刑事法治建设中，尤为突出。对某种严重危害社会的行为，就可能因为政治和经济等原因而被司法实践解释为犯罪。改革开放之后，随着经济体制从计划经济走向市场经济，我国经济领域中产生了新的严重危害社会的行为，对此也是司法解释实践首先将它们纳入了刑法的规制之中。较为典型的是我国刑法对单位（法人）犯罪的犯罪化。我国1979年颁布的《刑法》对单位犯罪持否定态度，但随着我国法人或单位制度的确立，社会中出现了由单位或法人实施（表现为以单位名义且为了单位的利益）的犯罪活动，并愈演愈烈。为此，1985年“两高”就作出《关于当前办理经济犯罪案件中具体应用法律若干问题的解答（试行）》，对法人犯行贿、受贿、投机倒把、经济合同诈骗罪进行了规定，同时也规定由法人的自然人成员承担法人的刑事责任，明确肯定了法人的犯罪能力。① 即在刑事立法未作变化之前，“两高”就以司法解释形式将法人实施的严重危害社会的行为予以了犯罪化。

此外，在我国“严打”刑事政策的司法实践之中，也不乏将某种严重危害社会行为的犯罪化。② 可以想象的是，在“严”的思维习惯中，一些本来不应当定罪或事实上不以犯罪处理的行为被作为犯罪严惩。这从在全国范围内开展的“治理自行车被盗问题专项行动”中可见一斑。2007年3月至7月，由公安部、中

---

① 魏东．现代刑法的犯罪化根据［M］．北京：中国民主法制出版社，2004：81.

② “严打”即依法从重从快严厉打击，虽然颇受学界非议，但至今仍在司法实践中占有一席之地。

央综治办、建设部、商务部、国家工商行政管理总局、国家质量监督检验检疫总局联合开展的治理自行车被盗问题专项行动在全国范围内展开，地方各级司法部门纷纷从严打击盗窃自行车的违法犯罪行为。河南省公安厅《关于治理自行车被盗问题专项行动中有关法律适用问题的通知》就明确规定：被盗自行车价值 800 元以上或一年内入室盗窃自行车 3 次以上的，根据《刑法》第 264 条的规定，以盗窃罪立案查处。从司法实践看，虽然一段时间以来，自行车被盗问题越来越严重影响广大人民群众的正常工作、生活和安全感，但是往往作为一般或重大的治安问题而几乎不诉诸刑事法律，即事实上已经非犯罪化了。这一专项行动依法严厉打击盗窃自行车的违法犯罪活动，达到相应定罪起点的盗窃自行车行为势必就会被司法机关定罪量刑，就排斥了《刑法》第 13 条但书出罪可能。实际上，司法实践即将过去通常是作为治安处罚的一部分盗窃自行车行为，予以了犯罪化。又如“两高”和公安部严厉打击“双抢犯罪”，有的地方以往将盗窃、抢夺罪的数额较大的标准确定为2 000元，后来由于“两抢”等犯罪发案率高，将盗窃、抢夺罪的数额较大标准降低为1 000元或 500 元，从而使以往仅受治安管理处罚的行为成为犯罪行为。在刑事立法未作任何变化的情况下，司法实践就将以往不是犯罪的行为作为犯罪处理，显然属于司法上的犯罪化。而司法实践中的严厉打击往往通过“情节严重”“数额较大”“严重危害社会”等的解释空间，降低入罪条件，将原来不以犯罪论处的行为作为犯罪处理。

2. 从司法犯罪化到刑法修正案

对于某种新的严重危害社会行为，在刑事立法未作变化之前，司法实践就根据“司法解释”或“政策”而将其作为犯罪处理。这或许含有我国早期刑事法制建设中的司法权僭越立法权成分，一度受到批判。因此，自 97 刑法实施之后，犯罪化由单纯的司法犯罪化逐渐走向了刑法修正案这一立法犯罪化，并且使立法犯罪化与司法犯罪化呈现出步步亦趋的紧密联系。从刑法修正案来看，虽然这些刑法修正案增设了很多新的罪名，是一种地地道道的刑事立法上的犯罪化，但是从我国刑事司法实践来看这些新增加的犯罪，不难发现其中存在的司法犯罪化踪迹。较为典型的有：

一是《刑法修正案（八）》（2011 年 2 月 25 日通过，2011 年 5 月 1 日起施行）增设的“组织出卖人体器官罪”。① 该罪将“组织他人出卖人体器官的行为”予以了犯罪化。从司法实践来看，在《刑法修正案（八）》对其犯罪化之前，由于现实社会中非法买卖人体器官活动猖獗，表现出严重的社会危害性，人民群众反应强烈，刑事司法就将其以“非法经营罪”进行了论罪处罚。如 2009 年事发北京海淀区的“我国人体器官买卖第一案”，② 犯罪嫌疑人刘某曾因父亲生病急需钱而卖掉自己的部分肝脏，尝到甜头之后，他便找来同学和朋友，在网上办起了组织出卖人体器官的中介公司，该案于 2010 年 9 月 15 日被北京市海淀区法院审判构成了“非法经营罪”。无独有偶，其他地方也有与之相似的判例。显然在严格意义上，将“组织他人出卖人体器官的行为”定性为非法经营罪是存在问题的，但不能否定非法买卖人体器官也是一种“未经许可经营其他限制买卖的物品”或“从事其他非法经营活动”的行为，由此刑事司法将组织他人出卖人体器官的行为，解释为非法经营罪。当然，这种将组织他人出卖人体器官的行为解释为非法经营罪，着实考虑到了非法人体器官买卖涉及巨大经济犯罪数额，但却并不能涵盖所买卖的是人体器官而必然包含着对人的生命健康权利的保护之意，因此是不完整的。而随着司法实践对此理性认识的不断深入，刑事立法迅速跟进并加以完善，表现为《刑法修正案（八）》专门增设了“组织他人出卖人体器官罪”。

二是《刑法修正案（九）》（2015 年 8 月 29 日通过，2015 年

① 详见《刑法修正案（八）》第 37 条第 1 款的规定，该罪的立法规定为：“组织他人出卖人体器官的，处五年以下有期徒刑，并处罚金；情节严重的，处五年以上有期徒刑，并处罚金或者没收财产。”

② 丁一鹤，李钦鹏．人体器官买卖第一案［J］．检察风云，2010（10）.

11 月 1 日起施行）对“医闹入刑”的犯罪化规定。① 该刑事立法明确规定将“医闹”（通常表现为在医疗机构焚烧纸钱、摆放花圈、违规停尸等聚众滋事，严重扰乱医疗秩序的行为）予以了犯罪化。但事实上在此刑事立法犯罪化之前，由于近年来一些地方医疗矛盾纠纷问题突出，频繁出现在医疗机构聚众滋事，扰乱医疗秩序的行为，甚至还出现了专门的职业“医闹人员”，刑事司法实践已经通过司法解释将相关行为予以了犯罪化。其中，2012 年 4 月 30 日卫生部联合公安部发布了《关于维护医疗机构秩序的通告》，第 7 条第 1 项和第 7 项规定在医疗机构焚烧纸钱、摆设灵堂、摆放花圈、违规停尸、聚众滋事以及其他扰乱医疗机构正常秩序的行为，由公安机关依据《中华人民共和国治安管理处罚法》予以处罚；构成犯罪的，依法追究刑事责任。2014 年 4 月 22 日，最高人民法院、最高人民检察院、公安部、司法部、国家卫生和计划生育委员会又联合发布《关于依法惩处涉医违法犯罪维护正常医疗秩序的意见》，重申要严格依法惩处涉医违法犯罪，其第 2 条第 2 项规定，聚众在医疗机构私设灵堂、摆放花圈、焚烧纸钱、悬挂横幅、堵塞大门或者以其他方式扰乱医疗秩序，造成严重损失或者扰乱其他公共秩序情节严重，构成寻衅滋事罪、聚众扰乱社会秩序罪、聚众扰乱公共场所秩序、交通秩序罪的，依照刑法的有关规定定罪处罚。即在《刑法修正案（九）》对“医闹”进行立法上的犯罪化之前，司法实践已经将其中严重的医闹行为予以了犯罪化。②

---

① 详见《刑法修正案（九）》第 31 条，该条规定，将刑法第 290 条第 1 款修改为：“聚众扰乱社会秩序，情节严重，致使工作、生产、营业和教学、科研、医疗无法进行，造成严重损失的，对首要分子，处三年以上七年以下有期徒刑；对其他积极参加的，处三年以下有期徒刑、拘役、管制或者剥夺政治权利。”即在原来的“致使工作、生产、营业和教学、科研无法进行”的表述中明确增加了“医疗”二字。

② 虽然在严格意义上，很难将“医疗”归入原来刑法典第 290 条“聚众扰乱社会秩序罪”中的“工作、生产、营业、教学和科研”等内容，以致在聚众扰乱医疗秩序上存在立法空白，但是对这种司法上的犯罪化，应该说并不存在什么问题。

从司法犯罪化到刑法修正案这一立法犯罪化，反映出我国刑事法治建设的不断进步。在初期，刑法上的犯罪化因受社会政治和经济等因素的影响，主要表现为单纯的司法犯罪化，在司法犯罪化之后，一般并无刑事立法的及时跟进，即借司法实践实现犯罪化。而随着我国法治建设的不断完善，司法犯罪化（主要表现为司法解释形式）逐渐转向了立法犯罪化（主要表现为刑法修正案），在司法实践对某种新的严重危害社会行为犯罪化之后，连锁性地触发刑事立法中的犯罪化，并由立法犯罪化实现对司法犯罪化的肯定或修正，前者如“医闹入刑”，后者如对于非法买卖人体器官的行为，修正案（八）以“组织出卖人体器官罪”修正了之前司法实践的“非法经营罪”。

3. 司法犯罪化的限度问题

司法犯罪化客观存在，认识司法犯罪化旨在为司法犯罪化定规立矩，因为历史的司法经验足以说明，司法活动中的犯罪化难免存在犯罪化权力滥用的问题。即司法犯罪化首先应明确其在刑事犯罪化中的价值定位，并严格遵循一定的理性界限的限制，通过这些限制使司法犯罪化充分发挥其联系实践、灵活多样的优势，而避免刑事司法对立法活动的僭越问题。具体而言，我国司法犯罪化应注意如下几点：

一是协调刑事司法犯罪化与罪刑法定原则的统一。现代社会刑事司法犯罪化不能回避的一个难题，就是刑事司法犯罪化与罪刑法定原则之间可能存在的相互抵牾。毕竟从字面来看，罪刑法定原则要求，刑事立法对犯罪的规定是司法实践认定犯罪的基础和前提。但如前所述，司法犯罪化并不必然违背罪刑法定原则。换言之，司法犯罪化既可能违背罪刑法定原则，也可能并不违背罪刑法定原则。其中，一类是对罪刑法定原则的违背情形，指在现行立法没有作出明确规定之前，司法实践将某种新的危害社会行为作为犯罪处理，这无疑就是对罪刑法定原则的公然违背。例如，我国刑法并没有规定“拐卖成年男性公民”构成“拐卖妇女儿童罪”，而刑事司法将拐卖成年男性的行为作为“拐卖妇女儿童罪”处理。虽然从行为所表现出来的严重社会危害性之实质来看，是值得科处刑罚的，但是在刑法没有明确规定之前，是绝对不能以“拐卖妇女儿童罪”来处理的。另一类则并不违背罪刑法定原则，即虽然同样是刑事立法没有作出明确规定，但是对某种新的严重危害社会行为，刑事司法通过合理的解释，将其作为相应的犯罪来处理，从而实现刑事司法上的犯罪化。前文所述的“医闹入刑”就是适例，同样，对于拐卖成年男性的行为，尽管不可能构成“拐卖妇女儿童罪”，但是也可以视其情况构成故意伤害、非法拘禁或侮辱罪等对人身自由及人格尊严的犯罪，而并非认为不构成拐卖妇女儿童罪，就不构成任何犯罪。这种犯罪化，就涉及刑事司法人员对刑法条文规定的解释能力。在此意义上，这涉及刑法解释的限度问题，尽管学者对刑法解释的正当性存在争议，但可以肯定的是，现代社会类推解释因其超出了刑法的立法规定，是应当禁止的，除此之外的扩大或缩小解释等，并不违反罪刑法定原则。因此，刑事司法犯罪化应当坚决反对类推解释，反对超出刑法文字“含义射程”的解释，从而实现司法犯罪化与罪刑法定原则的统一。

二是刑事司法犯罪化应当具备刑事政策的正当性。刑事司法就是刑事司法人员解释和适用法律的过程，在否定类推解释之后，也并不意味着其他的解释方法得出的司法解释就是合理的，这其中还应密切与刑事政策（社会实际情况）的联系，使司法犯罪化具备刑事政策上的正当性。毕竟从刑事立法到刑事司法，是将抽象的法律规定与纷繁复杂的现实社会生活对接，不能忽视现实社会生活的复杂性。在我国刑事司法中，这就集中表现为一定时期的刑事政策价值取向与具体内容。我国古代社会就有刑法“世轻世重”的原则，对今天仍具有深远的影响力。新中国成立之后，我国也十分重视刑事政策对刑事司法的指导意义，并积极顺应社会的发展重视刑事政策的建设与完善，实现了我国刑事政策从“严打”到“宽严相济相济”的转变。事实已经充分地证明，在我国刑事司法实践中，刑事政策对司法犯罪化具有十分重大的决定意义。上述的“严打盗窃自行车犯罪”的刑事政策，在近年来的“打黑除恶”和“反腐风暴”中，对黑恶势力、贪腐犯罪的严厉打击，其中就包含着严打相应犯罪的刑事政策。而正是这些刑事政策的指导，在刑事立法并没有作出调整的同时，在刑事司法实践中开展了轰轰烈烈的扫黑除恶和反腐运动。在此意义上，刑事司法犯罪化应当注意考虑刑事政策的正当性，即在刑事政策的指导下，通过合理的刑法解释（或扩大或缩小），将相应的危害社会行为作为犯罪处理。

三是刑事司法犯罪化应当谨守司法的角色，并注意与刑事立法的衔接。刑事司法犯罪化是通过刑事司法活动，将某种现实社会中的严重危害社会行为作为犯罪来处理，显然并不能肆意而为之，而应当受制于刑事立法的规定。毕竟在现代社会，刑事司法与刑事立法相分，已经深入人心，这种权力分立所蕴含的是对国民自由和权利的保障，由立法权来制约司法权的行使；同时这也是现代社会法律分工的需要，刑事立法是由立法机关（全国人大及其常委会）制定颁布刑事法律的活动，而刑事司法是由专门的司法机关将刑事立法付诸实践的活动。在法治社会，刑事司法必须遵循刑事立法的限制，并注意与刑事立法的衔接。如前所述的《刑法修正案（八）》对“组织他人出卖人体器官罪”的修正，在此之前，对于现实社会中性质恶劣、情节严重的组织他人出卖人体器官行为，司法实践是以“非法经营罪”来论罪处罚的。应该说，这是对具有严重社会危害性的买卖人体器官行为，采取的一种不得已的犯罪化。事实上，随着《刑法修正案（八）》的颁布实施，刑事立法增设了“组织他人出卖人体器官罪”，将相应的行为予以了立法犯罪化。对此，刑事司法就应当及时调整其犯罪化举措，使之与刑事立法保持一致。当然，刑事立法与刑事司法之间的这种适应关系也是相互的。司法犯罪化，本身就是产生于刑事立法的不明确或不完善，一般表现为随着现实社会的发展而产生了一种新型的严重危害社会的行为，虽然现行刑法的立法原意对此缺乏明确的规定，但是可以通过司法解释将其作为犯罪处理。这犹如前述的司法实践以“非法经营罪”将非法买卖人体器官行为予以犯罪化。对此，刑事立法应当适时根据司法犯罪化的情况作出相应的调整。在此意义上，现代社会刑事立法与司法本已形成了一定界限，刑事司法犯罪化应当谨守司法被动和谦抑的特点，审慎进行犯罪化，以避免刑事司法权对立法权的僭越。

相对于刑法条文中罪与非罪的静止形态，相关条文将某种行为规定为犯罪即为犯罪化而言，刑事司法作为一项系统而复杂的活动，原则上应以刑事立法的规定决定某种行为的罪与非罪。但是囿于司法实践中具体复杂的情况，难免有所突破和损益而为之，何况，刑法的真实含义是在社会生活事实中不断发现的，司法上的犯罪化，并不必然违反罪刑法定原则。① 如上所述，一些原本未被刑事立法规定为犯罪的行为，在司法实践中被予以了犯罪化；一些本身规定得较为模糊的行为，司法实践通过相应的解释将其予以了犯罪化。刑事犯罪化除刑事立法中的犯罪化，还应包括刑事司法中的犯罪化。在现代刑法罪刑法定主义的理念下，前者显然是犯罪化的主要形式，后者则是其有益的补充。正所谓"徒法不足以自行"，二者是在不同层次上的犯罪化，前者是立法静态上的犯罪化，后者则是司法动态上的犯罪化，前者最终需要借助后者得以实现。因此，我们应当重视具体司法实践中对新的严重危害社会行为的犯罪化，承认这一点并非意味着对罪刑法定原则的否定，也并非要为刑事司法的不完善寻求理由，而是让我们更加冷静和理智地看待司法上的犯罪化。

因此，笔者认为，犯罪化在字面上或形式逻辑上，依据刑事立法和刑事司法之分，也可分为刑事立法犯罪化与刑事司法犯罪化；除刑事立法中的犯罪化之外，还应包括刑事司法中的犯罪化。但应当明确的是，在现代刑法罪刑法定主义的理念下，刑事立法犯罪化显然是犯罪化的主要形式，刑事司法犯罪化则是其有益的补充。刑事立法犯罪化与刑事司法犯罪化又是在不同层次上的犯罪化，前者是立法静态上的犯罪化，因法律文本的明确、公开透明，其犯罪化正当性问题从来不乏关注者，而后者是司法动态上的犯罪化，因审判活动的相对复杂、隐晦多变，我们理应投以更多的注意力。我们应当重视具体刑事司法活动中对行为的犯罪化，而不能因为罪刑法定主义对此视而不见或一律加以指责和批判。

---

① 张明楷．司法上的犯罪化与非犯罪化［J］．法学家，2008（4）．

二、非犯罪化

不同于犯罪化概念界定中的纷繁复杂和分歧的争论不休，非犯罪化的概念界定可谓波澜不惊。对于非犯罪化，虽然论者们在表述用语上不尽相同，但是这些观点都围绕着“从是犯罪到不是犯罪”这一核心内涵，也都明确地将“非犯罪化”分为立法上的非犯罪化和司法上的非犯罪化，学者们的观点基本上不存在较大的分歧和争论问题。

何谓非犯罪化？日本刑法学者大谷实教授认为，非犯罪化是指将原来作为犯罪施以刑罚的行为不再作为犯罪处理，并不再适用处罚；非犯罪化可分为取缔上的非犯罪化（即事实上的非犯罪化）、审判上的非犯罪化（即司法上的非犯罪化）和立法上的非犯罪化三种情况。① 大谷实教授主要是以刑法规范的犯罪为判断标准，以刑法规范上的某种行为“原来是犯罪”到“现在不是犯罪”来阐述非犯罪化的界定。

关于非犯罪化的概念界定，我国台湾地区学者林山田教授是在“去犯罪化”的表述下加以阐述的，他认为刑事政策中的“去犯罪化”有五种方法：其一是除罪化，除罪化是指通过刑事立法手段，对于刑事实体法明定的犯罪行为，自刑法规范中加以删除。具体可分为三种情况：一是单纯的除罪化，即不另设替代性的制裁，单纯将某特定犯罪行为加以除罪化，删除其在刑事实体法中的制裁规定，使其从刑事制裁法体系中消失；二是改成民事不法的除罪化，即以民事制裁替代原先的刑事制裁，亦即对于罪责轻微的微罪，以惩罚性的损害赔偿替代刑罚的法律效果，将刑事不法行为改成民事不法行为，而予以除罪化；三是改成行政不法的除罪化，即以行政制裁替代原先的刑事制裁，而将某特定犯罪行为加以除罪化，即删除制裁特定犯罪行为的刑法条款，并将该行为的制裁规定改行规定于秩序违反法之中，赋予秩序罚的法律效果，将该犯罪行为除罪化，而由刑事不法行为改成行政不法行为。其二是除刑化，除刑化

① ［日］大谷实．刑事政策学［M］．黎宏译．北京：法律出版社，2000：88.

是通过刑事立法免除犯罪人的刑事责任承担，即虽然犯罪人的行为构成犯罪但是对其不予刑罚处罚或免于刑罚处罚。其三是缓刑，这包括对犯罪人在刑罚宣告上暂缓和在刑罚执行上的暂缓两种。其四是增设追诉要件，指通过刑事立法对某种行为构成犯罪增加规定相应的要件，使犯罪入罪的门槛增高，从而变相达到对不具有较高追诉条件行为予以非犯罪化的目的。其五是不予追诉，这是刑事程序法由于出现特定的情形，对犯罪行为或犯罪分子不予追诉的情形，包括舍弃追诉或停止程序和暂时舍弃追诉与暂停程序。① 可见，林山田教授的非犯罪化界定内容丰富，具有广泛的外延，将非犯罪化的方法概括为除罪化、除刑化、缓刑、增设追诉条件和不予追诉五种，又在除罪化方法中将其分为单纯的除罪化即完全彻底地除罪、改成民事违法和改成行政违法三种情况，这就构建了一个内容丰富的庞大非犯罪化体系。

上述两种观点在逻辑上，前者将非犯罪化的概念严格限制于行为不构成刑法中的犯罪之意思；后者则显得宽松，不仅包括前者中的非犯罪化，还包括行为仍然构成犯罪但不使用刑罚、缓刑或在刑事程序上不予追诉等情形。相对于前者，后者的非犯罪化概念内容更加广泛。在此意义上，前者大谷实教授的非犯罪化概念是狭义的非犯罪化概念，而后者林山田教授的非犯罪化概念是广义的非犯罪化概念。这种广义的非犯罪化概念即把“有罪但免刑的情况”也视为非犯罪化，虽然这种观点可能不够严谨②，但是其之所以存

---

① 林山田．刑法的革新［M］．台湾：学林文化事业有限公司，2001：133.

② 值得注意的是，对此种定罪但免刑的情况，因为原来行为的刑法性质并没有发生变化、仍然构成犯罪，所以从字面的严格意义来看，这并不是非犯罪化。对此，学者们通常冠之以另一个概念“非刑罚化”，并且由于其与“非犯罪化”紧密相连，都属于现代刑法谦抑性原则的要求，共同反映了现代刑法轻缓化的人权保障价值理念等，学者们也常常将二者并连使用，合称为刑法的“非犯罪化、非刑罚化”。事实上如学者所指出：“非犯罪化和非刑罚化作为当代世界性刑法改革运动的两大主题，是作为现代刑法基本刑事政策的刑法谦抑原则的直接要求。”参见梁根林．非刑化——当代刑法改革的主题［J］．现代法学，2000（6）：47. 相关的论文还有：刘守芬，韩永初．非犯罪化、非刑罚化之理性分析——报应刑刑事政策视角的观察［J］．现代法学，2004（3）：98.

在，笔者认为还是有一定原因的：主要是因为在一般的社会民众观念之中，行为成立犯罪与追究其刑事责任（施以刑罚处罚）往往表现为直观的一一对应关系，犯罪即意味着牢狱生活；而对某种行为不再处以刑罚或暂缓刑罚，以至于最终并未对该种行为动用刑罚处罚，这在一般的社会民众看来，事实上就与将该种行为不再作为犯罪的情形是没有什么大的差别的；行为人也因为免除了牢狱之苦，可能不会把这种行为当做是严重危害社会的犯罪。当然众所周知，在严格的刑法理论中，“罪”即什么构成犯罪，“刑”即对犯罪行为施以刑罚处罚，这是两个在内容上迥异的刑法基础概念。正如我们在定罪上将某种行为不作为犯罪处理，并不能够简单地将其等同于量刑上不动用刑罚处罚；反之，我们也不能将免除刑罚处罚的行为视为行为不成立犯罪。

狭义的非犯罪化概念，是基于刑法理论上严格区分犯罪与刑罚而主张的非犯罪化概念，这种观点也是国际性组织欧洲委员会对非犯罪化所持的观点。在欧洲委员会的《非犯罪化报告》中，非犯罪化被分为“法律上的非犯罪化”和“事实上的非犯罪化”。前者是通过刑事立法对原来法律规定的犯罪加以修订来实现非犯罪化，包括使原来构成刑法犯罪的行为完全合法化，或虽未使之完全合法但法律的态度和立场变得宽容，或使用其他非刑罚处罚的方法（主要是行政处罚措施）来进行规制。后者是指尽管刑法对某种行为构成犯罪的规定并没有发生任何改变，但是刑事司法人员基于特定的合理理由而在事实上减少了对该种行为构成犯罪的认定。这种事实上非犯罪化的主要途径包括：将实施较轻微犯罪行为的人交给刑事司法机关之外的部门来处理，由检察人员自由决定不予起诉，由审判人员判处较轻刑罚或者象征性刑罚，等等。① 该报告就是从刑法中犯罪的层面将“非犯罪化”限定在对某种行为以“作为非罪处理”来代替“作为犯罪处理”。

① European Committee on Crime Problems Report on Decrime in a lisation [R]. Strasbourg, 1980.

一般而言，我国刑法理论界亦是以狭义的非犯罪化观点为基础，来阐述非犯罪化的概念，而且在非犯罪化的研究初期，学者对非犯罪化的研究突出对其作宏观整体把握。如有的学者认为，非犯罪化是指将原本刑法规定的犯罪行为，通过刑事立法或法律解释，将其排除在定罪和刑罚处罚之外；或者虽然刑法的正式规定未发生实质的改变，但是司法实践对特定情况下的特定行为减少构成犯罪的认定。① 有的学者认为，非犯罪化是指立法机关或者司法机关通过立法或者司法活动，将一直以来作为犯罪处理的行为不作为犯罪规定或者处理的制度或过程。非犯罪化可分为法律上的非犯罪化和事实上的非犯罪化，法律上的非犯罪化又分为合法化、行政违法化、民事违法化和国家态度中立四种情况；事实上的非犯罪化又可分为追诉上的非犯罪化和审判上的非犯罪化。②

随着相关研究的不断深入，学者开始强调对非犯罪化的一种情形作细致的研究。如有的学者专注于司法上的非犯罪化问题，学者虽然主张非犯罪化是通过刑事立法和司法两个层面进行的，但是主要阐述了司法上的非犯罪化及其中国实践。在学者看来，对司法上的非犯罪化含义的正确理解，离不开具体的法制环境。司法上的非犯罪化一般含义是指，刑法关于具体犯罪的罪刑规范没有发生变化，但司法机关通过刑事法律适用活动，不将该行为以犯罪论处。在我国，司法上的非犯罪化可分为追诉上的非犯罪化和审判上的非犯罪化。前者是指追诉机关根据刑事诉讼法的相关规定，对依刑法规定构成犯罪的行为，不以犯罪追诉，如公安机关对犯罪事实显著轻微的案件不予立案和检察机关对犯罪情节轻微的案件不提起公诉。后者是指审判机关通过对犯罪构成要件的重新解释，将原本认定为犯罪的行为，不再作为犯罪认定和处理，如最高人民法院提高

① 梁根林．刑事政策视野中的安乐死出罪机制［J］．政法论坛，2000（4）；张爱艳．非犯罪化与安乐死——以违法性阻却事由和期待可能性理论为视角［J］．政法论丛，2005（2）．

② 贾学胜．非犯罪化的概念界定［J］．暨南学报（哲学社会科学版），2007（1）．

数额犯成立犯罪的数额标准，从而实现部分犯罪行为的“非犯罪化”①。

与之相反，有的学者则着重研究了立法上的非犯罪化。在学者看来，一般可把域外非犯罪化的实现模式概括为“立法上的、司法上的以及事实上的三种途径”，在此基础之上，论者主要阐述了立法上的非犯罪化，将立法上非犯罪化的具体途径划分为“完全的非犯罪化”与“部分的非犯罪化”。其中，前者是指修改或废除某一类行为的犯罪性，使之彻底合法化；后者是指在刑法中规定某一类行为排除犯罪性，使一部分情节轻微的、社会危害性较小的行为不作为犯罪处理。至于立法上非犯罪化的具体表现，学者认为主要有：无法益侵害性犯罪的废除、轻微法益侵害犯罪的行政化处理、责任阻却事由的特殊规定、处罚阻却事由的设置等四种情况。②

应该说，上述观点对非犯罪化的界定并不存在什么严重的分歧，学者们都是根据行为在刑法中的性质，由“构成犯罪”到“不构成犯罪”的转变来界定非犯罪化的概念。这种狭义的非犯罪化概念界定是可取的：一方面，非犯罪化字面上意指行为在“是否构成犯罪”的判断上的一种变化，即某种原来是犯罪的行为转化为不再是犯罪，在这种变化之中，行为的定性所跨越的是刑法中的“犯罪”这一概念，非犯罪化本身就是指犯罪论意义上的“不再构成犯罪”。而广义的非犯罪化概念，事实上是将刑罚适用中的相关免除处罚、暂缓处罚或转处等情形，也吸纳入了非犯罪化的界

---

①　之所以强调司法上的非犯罪化，学者认为虽然立法上的非犯罪化是非犯罪化的理想形式，但由于刑事立法保持稳定性的要求及其不可避免地存在一定的滞后性问题，使得司法上的非犯罪化成为了实现将某种刑法中犯罪行为予以非犯罪化的便宜途径。贾学胜．司法上的非犯罪化及其中国实践［J］．云南社会科学，2013（6）：124-125.

②　该学者认为，“立法上的非犯罪化无疑是非犯罪化的最重要手段。它不仅具有确定性，而且更能反映出立法的价值取向，体现出立法的宽和、文明”。刘凌梅．域外非犯罪化的立法途径及启示［J］．国家检察官学院学报，2015（6）：97-98.

定之中。这与刑法理论及实践中定罪量刑的一般逻辑秩序是不相融的，也势必会混淆定罪与量刑这两个不同的刑法基础性概念。因为在刑法意义上，一般认为，所谓定罪，即指犯罪的认定，是司法机关依照刑法的规定，确认某一行为是否构成犯罪、构成什么犯罪以及重罪还是轻罪的一种刑事司法活动。① 根据我国的刑法理论，对行为将要定某种犯罪的犯罪构成是刑事司法活动定罪的唯一合法且有效的根据。而所谓量刑，理论上存在着广义和狭义之分，狭义的量刑是指人民法院对具体的犯罪分子依法裁量，决定特定的刑罚的审判活动。广义的量刑是指人民法院选择决定给予犯罪分子以特定的刑罚或免予刑罚的整个过程，它除了包括狭义的量刑外，还包括免刑和缓刑的裁量。② 无论是狭义的量刑，还是广义的量刑，都观点鲜明地指出：量刑的对象是犯罪人，即已经被刑事司法活动认定为有罪的人，量刑的内容是对犯罪人依法决定适用何种刑罚及其刑罚幅度大小（广义的量刑还包括免除刑罚处罚和缓刑的情形）。可见，定罪与量刑其概念内涵与外延有着天壤之别。虽然在某种程度上，我们可以将刑法中的所有问题都归结为犯罪问题，即围绕着对“犯罪”的认定与处罚这一问题，刑罚也并不例外，因为它是严重危害社会行为构成犯罪的必然结果，可以被视为对犯罪行为的惩罚问题，但是笔者认为任意地扩大非犯罪化的概念，可能会使这一概念泛化成为“无所不包”的庞大理论和实践的体系，并不利于真正指导行为非犯罪化问题的解决。而且，“非犯罪化”一词的泛化使用，也可能导致人们更多地停留在概念所倡导和昭示的符号意义上，因为难以形成或缺乏相应配套的细致措施和保障制度而被搁置或虚化，最终沦为一种口号。另一方面，非犯罪化是与犯罪化相对应的一个概念，在逻辑上，二者相辅相成又相互对应，虽然二者在基本含义上相对相左，但是它们所立足的基础应该是相同的和相互

① 陈兴良．定罪之研究［J］．河南省政法管理干部学院学报，2000（1）：11.

② 胡学相．量刑的基本理论问题研究［M］．武汉：武汉大学出版社，1998：4.

衔接的。由此来分析，既然犯罪化是指将原来不是犯罪的行为在法律上作为犯罪来处理，使其成为刑事制裁的对象，那么非犯罪化就应当与之相对应，即将原本法律规定的犯罪行为，通过刑事立法和司法等活动使其不再作为犯罪来处理，排除在刑法规制的范围。并且，这是使非犯罪化概念名副其实的应有要求，也是其全部内容之所在，一般而言只需要将原来是犯罪的行为不再作为犯罪处理，就构成了非犯罪化。

第三节　相关概念的辨析

在刑法理论中，准确地界定犯罪化与非犯罪化的概念，还需要进一步明确它们与相关概念的联系和区别。值得注意的是除罪化和非刑罚化，二者经常见诸于有关犯罪化与非犯罪化的论著之中，与非犯罪化的概念尤为紧密相连。

一、除罪化

除罪化是我国台湾地区刑法学者广泛使用的一个概念，然而，学者对除罪化这一概念的理解却不尽相同。

如上所述，林山田教授是在阐述“去犯罪化”中使用“除罪化”这一概念，他把“除罪化”作为“去犯罪化”的五种方法中的首要方法，认为除罪化是指通过刑事立法手段，对于刑事实体法明定的犯罪行为，自刑法规范中加以删除，具体又可分单纯的除罪化、改成民事不法的除罪化和改成行政不法的除罪化三种情况。① 在其用语表述中，除罪化特指刑事立法活动中的将原来规定为犯罪的行为从刑法规范中废除，而刑法对这一行为废除犯罪的规定，并不仅仅意味着该行为的完全合法化，还可能构成民事法和行政法意义上的违法行为。许福生教授则在其所著《刑事政策学》中指出：目前台湾地区的刑法理论通常将“非犯罪化”和“非刑罚化”合

① 林山田．刑法的革新［M］．台湾：学林文化事业有限公司，2001：133.

在一起统称为“除罪化”，用来泛指将原来刑事法律规定的犯罪行为，通过刑事立法和刑事司法实践的方式将这些犯罪行为排除在刑罚处罚之外。① 即将除罪化视为非犯罪化和非刑罚化的上位概念，除罪化概念几乎无所不包。

基于不同的理论基础和观察视角，论者们所形成的认识可谓大相径庭。前一种观点除罪化概念界定较为狭义，仅限于刑事立法不再将某种行为规定为犯罪；后一种观点则无比宽泛，除罪化包括广义的非犯罪化与广义的非刑罚化，其中，所谓非犯罪化与非刑罚化，主要是参考日本学者森下忠所著的《刑事政策各论》（1994年）而加以界定的。在他看来，对于刑事法律中的“非犯罪化”，国际社会目前并没有达成统一的见解，归纳起来大致上可分为广义与狭义的非犯罪化这两种观点：（1）狭义的非犯罪化，是对行为彻底完全地非犯罪化，非犯罪化不仅意味着对原来的某种构成犯罪的行为不再以刑事犯罪论处，而且也不认为其是构成违法的，从而完全变成一种值得肯定的合法行为。（2）广义的非犯罪化，非犯罪化泛指对原来的某种犯罪行为不再以刑事犯罪论处，而不论这种行为是否是违法的，即除了狭义的非犯罪化概念，还包括行为不再是犯罪但仍然是构成行政法意义上违法的情形。同时，他还对非刑罚化的概念进行了阐述，也将非刑罚化分为狭义与广义的非刑罚化概念：（1）狭义的非刑罚化，是指对于犯罪行为原来采取定罪量刑的处罚措施，非刑罚化则以刑罚之外的惩罚手段来代替刑罚，即对相应的行为虽然仍然构成犯罪，但不再用严厉的刑罚这一手段来加以处罚，取而代之的往往是各种社会保安处分措施。（2）广义的非刑罚化，除了狭义的非刑罚化，还包括将一些轻微犯罪行为从刑事法律中删除出去，不再适用犯罪的规定，自然是非刑罚化。②可见，这里的广义非犯罪化，即泛指只要是不再将行为作为刑事犯罪处理的情况；广义的非刑罚化实际上与广义的非犯罪化大致相

---

① 许福生．刑事政策学［M］．台湾：中国民主法制出版社，2005：73.

② 森下忠．刑事政策各论［M］．成文堂，1994：230；转引自许福生．刑事政策学［M］．北京：中国民主法制出版社，2006：73.

同，只不过是从刑罚适用的角度来加以说明，因为狭义的非刑罚化是指行为仍是犯罪但不科处刑罚的情况，而广义的非刑罚化则泛指所有的对犯罪行为不再科处刑罚或改用刑罚替代措施的情况，即这种犯罪行为既可能被非犯罪化，也可能仍是犯罪行为。综上所述，后一种观点中的除罪化是一种内含丰富的广义概念，除罪化既可能是犯罪论上将某种原来为犯罪的行为不再作为犯罪处理，也可能是从刑罚论上对某种行为由原来科处刑罚改为不再科处刑罚，而以刑罚替代措施代之，不必考虑这种行为是否仍是犯罪行为。

笔者认为，对同一概念不同的理解既反映了论者不同的视角和立足点，也反映了相关研究有待深入形成统一的观点，而这种不统一的认识局面要求我们应当根据具体情况来分析相关问题，从而探讨“对话”建立在同一层面之上。当然，既然这些概念是同一概念，它们必然有其共通之处即共性。尽管学者们的理解不同，但除罪化都含有“将原来为刑法规定的犯罪行为转化成不是犯罪的行为”之意，这也是其与非犯罪化的概念完全相同的内容。而且，二者在对行为转化结果的处理上也是相同的，包括将该种行为完全合法化，不再构成刑法中的犯罪也不是其他法律中的违法行为；或将该种行为不再作为刑法中的犯罪行为但转作为民法中的不法行为，实施这种行为的人要承担相应的民事责任；或将该种行为不再作为刑法中的犯罪行为但转作为行政法律中的不法行为，以行政处罚或行政处分的方式追究实施该种行为的人的法律责任。

然而，除罪化是一个不同于非犯罪化的概念，二者在概念的外延上存在着较大的差别。在前一种观点中，除罪化是通过刑事立法手段将某种行为不再作为犯罪，表现为刑事立法删除了对某种犯罪的规定；而非犯罪化则不仅包括这一刑事立法上的非犯罪化，还包括刑事司法上的非犯罪化，在刑事司法活动中，通过适当的刑法解释或因社会情势的变化某种行为的社会危害性显著轻微而不再以犯罪论处等，都属于刑事司法中的非犯罪化。换言之，除罪化与非犯罪化表现为逻辑上的种属关系，非犯罪化是属概念或上位概念，而除罪化是作为种概念或下位概念而存在的。而后一种观点则与之相反，论者将除罪化与非犯罪化的关系描述为逻辑上的属种关系，除罪化是属概念或上位概念，而除罪化是种概念或下位概念，简而言之，是因为除罪化被视作非犯罪化与非刑罚化的统称而存在。在这里，笔者倾向于前一种观点，即林山田教授狭义的除罪化概念，至于那种将除罪化概念宽泛化，使之包罗万象的做法，必然会导致除罪化概念与非犯罪化、非刑罚化等概念相互交叉、融合、重叠和覆盖，不够科学严谨。

二、非刑罚化

非刑罚化，也是一个与非犯罪化存在紧密联系的概念，在它的产生与发展中，都离不开非犯罪化的内容及其推动。从历史渊源来看，非刑罚化和非犯罪化都诞生于第二次世界大战之后刑事法学理论中的“社会防卫运动”。第二次世界大战给人类社会造成了巨大的损失：数以千万计的人死于残酷的战争，人们流离失所，经济损失空前严重。因此第二次世界大战结束之后，国际社会掀起了轰轰烈烈的人权保障运动和人道主义思潮。学者们在反思刑事实证学派理论被纳粹法西斯所利用而歪曲为种族优劣论，给人类带来巨大灾难的过程中，深刻地认识到预防犯罪的理论如果被无制约的人性所利用，就可能存在法治与人权保障方面的致命缺陷。两次世界大战的恶果，迫使人们呼唤民主与人道，保卫社会与保障人权是一辆马车的同向双轮，缺一不可。①“社会防卫运动”强调反思传统的严厉打击犯罪的报复性和惩罚性的刑法制度，并逐渐形成了西方影响深远的“非犯罪化、非刑罚化运动”。时至今日，非犯罪化和非刑罚化是当代世界刑法改革运动的两大主题。②在此意义上，我国学者也往往将“非刑罚化”与“非犯罪化”并列使用，并将它们视为我国刑事立法改革和完善中的重要内容。事实上，二者是紧密联系但又存在显著差别的。

非刑罚化是现代社会刑法不断走向文明和理性的产物。尤其是

---

① 李卫红．刑事政策学［M］．北京：北京大学出版社，2009：35.

② 梁根林．非刑罚化——当代刑法改革的主题［J］．现代法学，2000(6)：47.

伴随着刑事实证学派对犯罪原因的深入研究，人们清醒地认识到人之所以犯罪并非完全是行为人自由意志的选择，而是特定社会的政治、经济、文化乃至自然环境等因素综合作用的产物。与之相对应，法律不能一味强调对实施严重危害社会行为的人的苛求，还要全面考察导致行为人实施严重危害社会行为的客观社会环境因素。由此，近现代社会以来刑法理念不断走向理性化，从 20 世纪中叶开始，西方国家在刑事政策的实践中就出现了“两极化”的刑事政策倾向，即“轻轻重重”的刑事政策。在刑罚意义上，所谓的“轻轻”，即对罪行轻微的犯罪和一些中等程度的犯罪，在刑罚内部来说是采取宽和的刑罚，如削减刑罚中的重刑比重，设置比较轻缓的刑罚；在刑罚外部寻求一些非刑罚的犯罪制裁措施，这就是“非刑罚化”。① 非刑罚化是行为人实施并不十分严重的犯罪行为，对其不动用刑罚而使用一些非刑罚的犯罪制裁措施。我国也有学者将非刑罚化同非犯罪化联系在一起，认为它们二者共同构成了现代刑法所应遵循的刑法谦抑原则。“刑法谦抑原则还要求严格收缩法定刑罚圈，广泛适用刑罚替代措施。所谓严格收缩法定刑罚圈，是指尽管行为构成了犯罪，依法应当追究刑事责任，但在决定对犯罪行为的反应方式时，严格控制对犯罪行为适用刑罚的条件，在能不适用刑罚、采用其他非刑罚处理手段也能达到预防和控制犯罪的目的时，即排除刑罚的适用，改用非刑罚处理手段。这就是当代刑法改革运动中非刑罚化运动的主要内容。”②

可见，非刑罚化这一概念是刑法发展到现代社会的产物，通常被用作泛指现代社会刑法对传统刑罚处罚的改革。我国刑法学者一般在此意义上阐述非刑罚化的概念。例如，有的学者认为，所谓非刑罚化就是免除刑法所规定的对某种原来是犯罪行为的刑罚处罚，其行为虽仍然被刑法认为构成了犯罪，但是对其犯罪行为不再使用

① 严励，董砺欧．“非刑罚化”与“刑罚化”——论刑罚的退守与进攻［J］．政治与法律，2004（3）：74.

② 梁根林．非刑罚化——当代刑法改革的主题［J］．现代法学，2000（6）：47.

传统的刑罚处罚方式。① 还有的学者明确指出，非刑罚化就是超越传统刑罚方法范围的新刑的刑事责任方法；所谓非刑罚化，是指对某些犯罪或某些犯罪分子不用传统监禁刑的刑罚方法而用非监禁刑的方法来感化改造罪犯。因为，尽管就广义而言，一些非监禁性的刑事责任方法（如罚金、管制等）也属于刑罚的范畴，但这里的刑罚仅指传统的监禁性刑罚，换言之，非刑罚化并不排除罚金等非监禁性的刑罚方法。② 在这一观点中，非刑罚化实际上是非传统意义上的刑罚，因为在一些学者看来，只有生命刑、自由刑等是刑罚，如果对犯罪行为不采取这些传统意义上的刑罚，就是非刑罚化。③ 还有的学者将非刑罚划分为广义和狭义的概念。广义的非刑罚化是指刑事立法取消某些罪名，在司法过程中不追究某些轻微犯罪的刑事责任；对应该承担刑事责任或有人身危险性的犯罪人处以刑罚之外的方法；在行刑过程中用非监禁措施代替剥夺自由的刑罚等，即广义的非刑罚化包括非犯罪化、狭义的非刑罚化和非监禁化三个方面的内容。狭义的非刑罚化是指对应该承担刑事责任或有人身危险性的犯罪人，以刑罚之外的刑事制裁方法实现刑法防卫社会的目的。④

这些观点都从不同的视角对非刑罚化的概念作了揭示。笔者认为，可以明确的是，非刑罚化就是指不再对犯罪行为科处严厉的刑罚，非刑罚化或表现为最直接的字面理解即免除刑罚处罚，或虑于刑事司法实践而隐晦为严格收缩法定刑罚圈。但是在严格意义上，这都是对现代社会刑法非刑罚化所作的静态理解。如果从非刑罚化的历史动态发展来看，非刑罚化则表现为不再对犯罪行为科处同以前一样严厉的刑罚。这是因为，刑罚也是一个历史的范畴或概念。

---

① 刘守芬，韩永初．非犯罪化、非刑罚化之理性分析——报应刑刑事政策视角的观察［M］．现代法学，2004（3）．

② 孙国祥．论非刑罚化的理论基础及其途径［J］．法学论坛，2003（4）．

③ 刘守芬，韩永初．非犯罪化、非刑罚化之理性分析——报应刑刑事政策视角的观察［M］．现代法学，2004（3）．

④ 杜雪晶．中国非刑罚化的涵义探解［J］．河北法学，2007（4）：94.

什么是刑罚？其内涵和外延是随着人类社会历史时代的变迁而不断发展变化的。从我国古代的刑罚制度演变来看，在早期人类社会即奴隶社会，刑罚以肉刑和生命刑为主，“奴隶制五刑”在夏商时期就基本成型，其刑制就有所谓的“墨、劓、刖、宫、大辟”五刑。西周统治者沿用并加以完备，周朝中期，周穆王命司寇吕侯制定《吕刑》，将五刑统一为“墨罚之属千，劓罚之属千，剕罚之属五百，宫罚之属三百，大辟之罚其属二百，五刑之属三千”的体系。历史发展到封建社会时期，古代社会的刑罚由野蛮阶段进入到比较文明的阶段。至西汉初年“文景之治”，汉文帝、汉景帝废除了肉刑，后虽几经反复，但刑罚整体上趋缓。隋唐时期形成了具有代表性的“封建制五刑”，即“笞、杖、徒、流、死”，并一直延续到清朝。近代社会以来，清末沈家本修律，借鉴西方刑罚制度，废除了封建社会诸如凌迟、枭首、戮尸、缘坐和刺字等酷刑，基本形成了以自由刑为主的刑罚体系。及至现代社会，我国刑罚制度分为主刑和附加刑两大类，主刑有管制、拘役、有期徒刑和无期徒刑和死刑，附加刑有罚金、没收财产和剥夺政治权利等。我国现行的刑罚结构是以自由刑为中心，其目的在于预防和改造犯罪。而且，理论上一直存在废除死刑的呼声，《刑法修正案（八）》又明确提出了社会矫正，规定对被判处管制的、被宣告缓刑的、被暂予监外执行的、被裁定假释的以及被剥夺政治权利并在社会上服刑的应当依法实行社区矫正，将罪犯置于社区而非传统封闭的监狱场所进行教育和改造。纵观我国社会历史的发展，所谓的刑罚显然并非是一成不变的，往往表现为旧的刑罚种类被废除而新的刑罚种类应运而生①，并且，在这一过程中，刑罚总体上呈现出轻缓化，即从早期的野蛮残酷血腥的重在威慑的刑罚，不断走向现代社会文明理性人道的旨在教育改造的刑罚。

这种刑罚从重刑到轻刑的演变，显然是人类社会法治文明进步的彰显，也是随着人类社会的历史发展，社会民众权利解放与发展

① 一般而言，人类社会刑罚的发展明显呈现出生命刑和肉刑的废除与限制，自由刑和财产刑的日益发展壮大之趋势。

的必然结果。在人类早期的奴隶制社会，作为被统治者的奴隶是没有人身自由、没有财产权利、也没有正常社会权利的，奴隶主可以自由买卖奴隶乃至杀死奴隶；加之人类早期社会人的认识局限、理性不足，受社会上残存的野蛮风气之影响，因此，奴隶制国家刑罚表现为剥夺生命和戕害身体的生命刑和肉刑，除此之外的惩罚或施加的痛苦都还称不上刑罚之名。在封建社会里，地主阶段与农民阶级之间的矛盾是其主要矛盾，地主阶级掌握土地，通过对使用土地的农民榨取地租、放高利贷等手段剥削被统治阶级。但相对于奴隶社会，作为被统治者的农民已具有相当的自由，因此国家的刑罚不再专注于野蛮的肉刑和生命刑，相对轻缓的自由刑和财产刑等适时而生。更不待说，现代社会随着个人自由、权利等思想深入人心，刑罚进一步走向轻缓。在此过程中，每一次刑罚由之前的严刑苛罚走向相对轻缓，每一种野蛮残酷的刑罚走向废除，又何尝不是一种非刑罚化？现代刑法采用罚金、管制、社区服务等对犯罪分子的开放性刑事处罚取代传统的生命刑、肉刑及自由刑等，同样也体现着刑罚轻缓化、刑罚谦抑等现代刑法理念，这与非刑罚化的观念基础是完全一致的。在此意义上，今日的非刑罚化即非传统意义上的生命刑、肉刑及自由刑，代之以开放性的刑事处罚。

非刑罚化与非犯罪化正是分别从刑事处罚和犯罪认定两个方面，对现代社会刑法人权保障理念的践行。这是二者之间的紧密联系，但同时它们之间也存在较大的差异。非刑罚化是就刑罚处罚而言，行为人所实施的某种行为仍然是刑法中的犯罪行为，但无需运用刑罚处罚；而非犯罪化是就犯罪定性而言，是将某种行为完全不再作为刑法中的犯罪来处理。由于在刑法中，犯罪是与刑罚相对应的，行为构成犯罪是对实施这一行为的犯罪分子科处刑罚的前提条件，因此，对某种行为非犯罪化当然就是对该种行为非刑罚化。而且即使这种行为并未非犯罪化，但不运用刑罚处罚，也属于非刑罚化的内容。在此意义上，非刑罚化是一个比非犯罪化具有更广外延的概念。

第三章　犯罪化与非犯罪化的刑法根据

在对某种行为的犯罪化与非犯罪化中，犯罪、犯罪化与非犯罪化的相关概念是据以判断的重要标准。在理论上，就社会现实中的某种行为而言，如果这种新出现的行为社会危害性极其严重，符合刑事立法上的犯罪概念（即相当严重程度的社会危害性），就应当启动刑事立法程序及时将该种行为予以犯罪化；或者当这种新出现的行为对现行刑法所保护的法益造成了重大的侵害或威胁，就应当在不违背刑法基本原则及精神的情况下，通过刑事司法解释及时将该种行为予以犯罪化。同理，原来是刑法中规定的犯罪行为，但是随着社会历史的发展变化，这种行为对社会的危害程度已经大为减轻，或者不再具有社会危害性，甚至反而有益于促进社会的发展，即并不再符合刑事立法上的犯罪概念，刑事立法就应当及时将这种犯罪行为自刑法规范中删除，使其非犯罪化。而如果刑事立法由于维护法律稳定性的原因以及立法过程的复杂性，还没有来得及对这种行为作出立法上的非犯罪化，就应当由刑事司法通过合理的法律解释将该种行为予以非犯罪化。

相关的概念，为现实社会行为犯罪化与非犯罪化的判断奠定了坚实的基础，但由概念进行的判断只是说明了问题的一个方面，确切地说，这只是行为犯罪化与非犯罪化的前提或序幕揭开。何况，在认识论上，概念是作为对现存事物现象的高度抽象与概括而形成的“最小公分母”，以现存的犯罪概念去衡量社会中新出现的行为而将其纳入犯罪之中，显然是存在一定的问题的，势必导致罪刑条文的虚无。在此意义上，既然一般认为刑法学是研究犯罪、刑事责任与刑罚的科学，那么对某种行为犯罪化与非犯罪化的判断就应当从这三个方面进行全面、合理的评价，以求得一个犯罪化与非犯罪化边际的契合点，或者叫最满意点。

第一节　“犯罪化与非犯罪化”与对犯罪功能的认识

依据一般社会观点，一种行为因其对社会具有严重的危害性，被刑事立法规定为犯罪而予以严厉的惩罚。由这种观点所形成的基本论题是犯罪行为即严重危害社会的行为，除了对社会的严重危害，犯罪行为并没有任何意义。因此，除恶务尽、彻底消灭犯罪，曾经是一段时期刑事政策的唯一选择。在此影响之下，加之我国刑法初创之期有关对犯罪行为的立法过于匮乏，对行为进行犯罪化便是刑事立法的主要内容。但事实上经过多年的实践检验，这种观点是存在着一定问题的，并没有辩证地认识社会上的犯罪行为。因为，随着我国社会的发展，以及刑事新派犯罪理论的评介，人们逐渐接受了犯罪饱和定律①。有的观点还试着从社会矛盾运动的不可避免性、对社会有益性方面揭示了犯罪行为不仅仅是“罪”或“恶”，还可能孕育着社会新的发展动力。在这种思想下，非犯罪化思想应运而生。即犯罪化与非犯罪化之争源于学者对犯罪现象、犯罪规律的理性认识。因此，刑事立法在对严重危害社会的行为予以犯罪化的同时，应当全面地从正反两个方面辩证地权衡犯罪化行为对社会的利弊，尤其是对那些如果规定为犯罪并以刑罚处罚就可能会禁止对社会有重大利益的行为网开一面，予以非犯罪化。典型

① 这意味着在一定的社会历史时期或条件下，社会中总存在着一定数量的犯罪，人类社会犯罪是难以被彻底消灭的。这种思想背景及社会中犯罪的现实情况，就使我国在犯罪应对上，从最初理想化的消灭犯罪目标，趋于现实化的减少和控制犯罪目标。在20世纪80年代之前，我国刑事法律理论与实践的口号是“净化社会，减少犯罪，最终消灭犯罪”，但社会中犯罪的实际情况与此相反，犯罪率居高不下，大案要案持续上升。到20世纪80年代中期，我国的口号已由原来的“最终消灭犯罪”改为“最终控制犯罪”。参见邵宗日，董阎礼．荀子对法制的三大贡献［J］．法律与生活，2007（4）：54.

的是高新科技领域、生物医学克隆技术应用等方面，其相关行为往往是利弊交织在一起①，行为犯罪化与非犯罪化就应当结合社会现实、权衡利弊以作出合理判定。这是我们对某一种行为犯罪化与非犯罪化时应加以注意的。

一、犯罪功能论——对犯罪的理性辩证认识

在我国刑法中，犯罪是“一切危害国家主权、领土完整和安全，分裂国家、颠覆人民民主专政的政权和推翻社会主义制度，破坏社会秩序和经济秩序，侵犯国有财产或者劳动群众集体所有的财产，侵犯公民私人所有的财产，侵犯公民的人身权利、民主权利和其他权利，以及其他严重危害社会，依照法律应当受刑罚处罚的行为”。对照此条文规定，学者一般认为这是我国《刑法》对犯罪的概念，在先进行形式上的界定之后再作实质上的界定，是形式概念与实质概念的有机统一。一言以蔽之，犯罪就是符合刑法规定的具有严重社会危害性的行为，犯罪首要的落脚点还是行为具有严重的社会危害性，如果行为的社会危害性未达到严重的程度，就属于情节显著、危害不大的，不是犯罪。这里所谓严重的社会危害性，是指对行为根据主流社会的价值判断，具有严重侵害现实社会正常的生产生活关系的性质，具体表现为《刑法》第 13 条以列举的方式所提到的各种危害。② 社会危害性是最本质和最具有决定意义的内容，除此内容规定，犯罪本身是没有什么价值的。在此意义上，对严重危害社会的行为犯罪化是刑事政策的主要取向。但在理论研究中，不少学者对这种思想提出了不同的看法，广征博引，有关犯罪的社会功能的阐述屡见不鲜。

（一）关于犯罪功能论的学说

随着哲学辩证法思维方式的不断发展以及人们对社会中犯罪现

① 众所周知，科学技术是一把双刃剑，在造福人类社会生活的同时有着其副作用，并且，科学技术改善人民生活、造福社会的作用越大，对于社会可能造成的危害也越大。参见徐明．论生命科技的挑战与立法应对［J］．科技进步与对策，2013（5）：106.

② 齐文远．刑法学［M］．北京：北京大学出版社，2011：46.

象研究的不断深入，犯罪对于社会的功能问题引起了学界的广泛关注，传统的犯罪“社会无价值论”正面临着前所未有的挑战，而犯罪也具有特定的价值正日益成为学界的通说。应该说，虽然犯罪的本质特征是社会危害性，主要功能是负面的、反面的，也因此在法律上、政治上受到人们的否定评价，在伦理上被视为一种恶而招致否定的道德评价。但“除此之外，犯罪也有特定的、积极的作用。犯罪作为一种‘恶’有其存在的必然性和合理性”。①

犯罪对社会是有一定价值的，不可抹灭其具有的重大社会功能。这种从正反两面看待犯罪善恶的辩证思想源远流长。18 世纪初，著名的荷兰经济学家贝尔纳德·孟德维尔在其所著的《蜜蜂的寓言》中就表达了这样一种思想：“我们在这个世界上称之为恶的东西，不论道德上的恶，还是身体上的恶，都是使我们成为社会生物的伟大原则，是毫无例外的一切职业和事业的中间基础、生命力和支柱，我们应当在这里寻找一切艺术和科学的真正源泉，一旦不再有恶，社会即使不完全毁灭，也一定要衰落。”② 即在他看来，一切职业都具有生产性。此后，著名的德国辩证法哲学大师黑格尔对善恶的关系又作了精彩的阐述，黑格尔把人的“自由意志”看做是“恶”的，同时又认为它是人类社会精神和历史进步的动力，较“善”而言，“恶”是前进的一个步骤和环节。如其所言：“人如果没有‘罪恶意识’就绝对不会有道德完善和自我超越的动力和要求。”③ 黑格尔以其辩证法认识到了“恶”的价值，由此，马

① 许发民，于志刚．论犯罪的价值及其刑事政策意义［J］．中国人民大学学报，1999（5）：88.

② 转引自张庆旭，陈海燕．再为马克思辩护——“犯罪功能说”质疑［J］．西南政法大学学报，2003（6）：53.

③ 黑格尔认为：“恶”是人类精神中首先出现的意思，也是人之为人的标志，即推动人走出自然的动力，而走出自然是“每个人所不断重演的历史”，正所谓“恶”是人类发展的动力，即“恶动力”的思想。详见［德］黑格尔．小逻辑［M］．北京：商务印书馆，1983：90；转引自许发民，于志刚．论犯罪的价值及其刑事政策意义［J］．中国人民大学学报，1999（5）：88.

克思、恩格斯又以唯物主义辩证法对"恶"作了新的认识，对于"恶"，恩格斯坚持辩证唯物主义一分为二的观点，他认为："卑劣的贪欲是文明时代从它存在的第一日起直至今日的动力；财富，财富，第三还是财富……就是文明时代唯一的，具有决定意义的目的。"① 可见在大师们看来，人间的善与恶也并非绝对的对立，有一种"恶"本身是代表新的进步因素，是对腐朽陈旧东西的侵犯、叛逆，这种恶是站在腐朽东西的立场而言的，实质应当是善，恶是新生力量摧毁腐朽力量的手段。对于犯罪这种恶，马克思虽然深恶痛绝，但是也辩证地详细论述了犯罪的社会功能问题，② 即犯罪也是一个重要的社会生产部门，能够促进社会生产力的发展。

关于犯罪的功能价值，著名的法国社会学家迪尔凯姆也认为：从犯罪行为的产生来看，犯罪是正常的，……社会要保持一定的灵活性，要适应新的变革，就必然会出现违反社会规范的现象。③ 他

① 马克思恩格斯全集（第 21 卷）［M］. 北京：人民出版社，1957：201.

② 马克思的《剩余价值理论》（第一册）附录的一篇标题为《关于一切职业都具有生产性的辩护论见解》的文中有这样的阐述："罪犯生产罪行。如果我们仔细考察一下最后这个生产部门（指犯罪）同整个社会的关系，那就可以摆脱许多偏见。……犯罪使侵夺财产的手段不断翻新，从而也使保护财产的手段日益更新，这就像罢工推动机器的发明一样，促进了生产。罪犯不仅生产罪行，而且生产刑法，因而还生产讲授刑法的教授，以及这个教授用来把自己的讲课作为商品搬到一般商品市场上去的必不可少的讲授提纲。……其次，罪犯生产全体警察和全部刑事司法、侦探、法官、刽子手、陪审官等。……罪犯生产印象，有时是道德上有教益的印象，有时是悲惨的印象，看情况而定；而且在唤起公众的道德感和审判感这个意义上也提供一种服务。……因此，他就推动了生产力。"详见马克思恩格斯全集（第 21 卷）［M］. 北京：人民出版社，1957：415-416. 不过也有学者认为：这并非马克思的观点，马克思并没有提到"犯罪有促进社会发展的作用"，相反，他将其放在附录中，所要反映的是马克思对持这种观点的资产阶级庸俗经济学家的批判。参见张庆旭，陈海燕. 再为马克思辩护——"犯罪功能说"质疑［J］. 西南政法大学学报，2003（6）：50.

③ 刘易斯·A. 科瑟. 社会学思想名家［M］. 北京：中国社会科学出版社，1990：160.

指出，在某种意义上，犯罪是个人的独创精神的体现，犯罪为必要的社会改革开辟广阔的道路……①这些阐述都充分肯定了犯罪之于社会进步发展的重要推动意义，犯罪是一种与社会常态相冲突的行为，这是社会发展过程中的矛盾运动，而正是在这种反社会常态的行为中孕育了推动社会前进的力量。我国的儒家经典著作《礼记·中庸》也有类似的观点，如“破则立，从则平”，意指只有敢于打破旧的不适应社会时局发展的东西，才能创造新的气象以适应推动社会发展的需要，而如果我们只是一味地盲从、墨守成规，那么社会就会停滞不前。此所谓“破则立，不破不立”，对于社会中日积月累形成的既存的常态常规，犯罪扮演着“破”的急先锋角色，而这种“破”又是“立”的重要前提。因此，在他看来，“当犯罪率下降到明显低于一般水平时，那不但不是一件值得庆贺的事，而且可以肯定，与这种表面的进步同时出现并密切相关的是某种社会紊乱”。② 这些观点视角独特，见解深刻，对犯罪之于社会的促进作用作了有力的论述，发人深省。

近现代社会以来，国外不少的学者名家都对犯罪的社会功能作了肯定的积极评价，犯罪虽是一种“恶”，但对人类社会的进步具有重要的意义。对这一观点，我国理论界有不少学者予以赞同，在犯罪是一种严重危害社会的行为，对社会是一种恶的基础上，又详细阐述了犯罪对社会的积极功能。③ 有学者系统地归纳了刑法学中

① ［法］迪尔凯姆．社会学方法的准则［M］．北京：商务印书馆，1995：88.

② ［法］迪尔凯姆．社会学方法的准则［M］．北京：商务印书馆，1995：88.

③ 有的学者将犯罪的价值主要概括为：1. 犯罪行为是恶的极端表现，其与代表善的道德、法律秩序的斗争构成了社会发展的动力之一；2. 犯罪在特定意义上能够促进生产力的发展，是社会保持必要张力和多样性的标示；3. 犯罪作为社会有机体新陈代谢的表现，具有排污的功能，也是社会进步应该付出的必要代价；4. 犯罪作为道德行为、非犯罪行为的对立面，对道德进化和守法行为具有促进、激励作用。因此不能回避它，而要大胆地承认它，充分地利用它，反面教员的价值是正面教员所无法替代的。详见许发民，于志刚．论犯罪的价值及其刑事政策意义［J］．中国人民大学学报，1999（4）：88-91.

“犯罪助动社会变革和历史进步”的学说：1. 违反旧的社会体制或价值观念的“犯罪”，往往成为社会变革的先兆；2. 犯罪是不遵从越轨、创造性越轨，有些犯罪甚至可以成为社会行为的先导。① 有的学者认为，自然犯罪存在的合理性，主要在于它是社会新陈代谢的具体表现形式之一。其理由在于，社会同任何有机体一样也需要新陈代谢，社会有机体的新陈代谢是社会有机体内部基本矛盾运动的结果，犯罪源于社会有机体内部的基本矛盾运动，是其新陈代谢的一种表现形式，犯罪就好比有机体的排泄物，当其被排除于体外并得到适当处治后，社会肌体就会获得新的生命而健康发展。② 有的学者从“世界充满着矛盾”这一辩证原理论述了犯罪存在的绝对性和相对性，并具体阐述了政治犯罪的积极功能、市场经济犯罪的积极功能、职务犯罪的积极功能、智能型犯罪的积极功能以及其他特殊类型犯罪的积极功能，这些不同类型的犯罪都或多或少、或直接或间接地对社会的发展起到了积极的推动作用。③ 还有的学者专门就经济犯罪领域，阐述了经济犯罪的价值及其对刑事政策的影响，指出经济犯罪现象也有其自身的存在价值即促进了经济的发展，并以我国的市场经济体制改革中经济发展与犯罪率的关系加以例证，由此论者认为当前我们的现实选择只能是正视经济犯罪并尽力将其操控在社会可予耐受的最小范围内。④ 当然，学者们并不是要否定犯罪的严重社会危害性而鼓吹犯罪有益社会，只是提出应当

① 值得注意的是，这是论者对国内刑法学界“犯罪有益论”和“相对主义犯罪观”等思想观点的概括总结，论者对这些思想观点是持质疑和批判的态度。参见于志刚．关于“犯罪助动社会变革和历史进步”论的批判——“犯罪有益论”和“相对主义犯罪观”质疑［J］．中国人民公安大学学报（社会科学版），2007（5）：64.

② 梁根林．从绝对主义到相对主义——犯罪功能别议［J］．刑事法学，2001（7）：18.

③ 甘莉．从绝对到相对论犯罪的价值［J］．广西政法管理干部学院学报，2003（3）：41.

④ 章惠萍．论经济犯罪的存在价值及其对刑事政策的影响［J］．民族论坛，2008（1）：40-41.

理性辩证地看待犯罪行为的社会价值意义，不能忽视犯罪所蕴含的有益社会发展的功能，从而指导构建科学合理的犯罪应对策略。

（二）对犯罪功能论的认识

依据传统的思维方式，既然犯罪是一种严重危害社会的行为，是与代表着善的道德、法律严重相背离的对立面，犯罪是一种恶，即所谓“罪恶”，那么，人们往往将实施犯罪行为的人视为社会发展的破坏者，罪犯是与正常的社会生活秩序不相协调的不安定分子，在政治、法律和伦理等方面都予以强烈的否定评价，希望通过严厉的刑罚惩罚来彻底消灭犯罪。由此，刑事立法中对严重危害社会的行为不遗余力予以犯罪化，刑事法规不断扩容，刑罚处罚的范围不断宽泛。总体而言，随着人类社会的历史发展，刑事法网日趋严密，与刑事立法条文增多相一致的，自然是越来越多的严重危害社会的行为被予以犯罪化。这从当下社会法律实践中人们常说的“立法膨胀论”① “诉讼爆炸” 和 “监狱人满为患” 等现象即可见一斑。但是，社会现实中的犯罪防控效果却不尽如人意，与刑事司法资源投入的日益庞大相比，犯罪形势并没有明显的好转。相反，由于社会历史的发展、人们生产活动的领域不断扩大，社会关系日益复杂化，各种新型的犯罪不断涌现，一些传统形式的犯罪也借助现代科技而呈现出愈演愈烈之势。

犯罪及社会对犯罪以刑法规制的历史实践充分地说明：传统的将犯罪完全视为严重危害社会的行为，试图通过刑罚处罚来消灭社会中犯罪现象的思想是存在一定问题的。这是因为社会现实中存在着犯罪是有其自身原因的，从导致犯罪产生的因果关系来看，只要社会中导致犯罪产生的原因还存在或者不可消灭，那么社会上存在

---

① 在20世纪末，随着我国开始着力推进法制建设，中央和地方掀起了大规模的立法活动，诸多法律规章制度如雨后春笋般不断涌现。由此，有学者提出了“立法膨胀论”，将我国立法膨胀性的表现主要概括为五个方面：1. 法律数量不断增多；2. 法的调控范围不断扩大；3. 行政规章升格为法律；4. 法律成为一种广泛的强制推行国家命令的手段；5. 立法追求速度。杨解君．立法膨胀论［J］．法学，1996（3）：43.

犯罪将是无法避免的事情。① 对社会的发展，犯罪不具有任何积极功能即犯罪无价值论的观点也是值得商榷的。事实上，凡是存在的都是合理的，犯罪作为一种难以彻底消灭的社会存在现象，有一定的社会根据也有其合理性。辩证唯物主义告诉我们，世界充满着矛盾，矛盾又是对立和统一的。② 这表明对立面有互相贯通的性质，有内在的同一性。将这种思想运用于对犯罪的分析中，不难发现，犯罪行为与守法行为等非犯罪行为性质相左的表现，也是整个社会矛盾运动中的一种重要矛盾运动形式，它们之间也遵循着矛盾对立与统一的辩证规律，互为存在的条件，没有犯罪行为，也就无所谓非犯罪行为，反之亦然。二者之间互相联结、互相依存、互相渗透、互相贯通，在一定条件下，对立面可以互相转化，本来不是犯罪的行为可能因为行为的程度、特定的情形而构成刑法中的犯罪行为，而本来是刑法中的犯罪行为也可能因为法律的变迁、情势的更迭而不以犯罪论处。

因此，我们对犯罪行为功能的认识理应坚持辩证唯物主义的观点，犯罪虽是一种严重危害社会的“恶”，但它也对社会的发展具有重要的积极作用：犯罪是对既存社会秩序的严重侵犯，但在侵犯之中蕴含的是对陈规的不再墨守与突破；犯罪严重侵害或威胁着他人的合法权利，但因此间接地促进了人们权利保障意识的觉醒与保障权利手段的不断发展；犯罪也是社会这一宏大而复杂的有机体自身疾病的征兆，犯罪使相应的社会疾患得以充分地暴露，人们能够

---

① 在犯罪原则上，有学者提出了终极意义上的一元的犯罪原因的概念，“所谓终极意义上的一元的犯罪原因是指社会生产力和生产关系、经济基础和上层建筑的矛盾，在一定的时空条件下，作用于特定的行为人主体的反映”。……“归根结蒂是人类社会的生产力方式决定了犯罪的产生。”详见张绍彦．刑罚实现与行刑变革［M］．北京：法律出版社，1999：46.

② 辩证唯物主义思想认为，同一性和斗争性是辩证矛盾的基本属性；矛盾的同一性或统一性，就是指矛盾着的对立面在一定条件下的互相联结、互相依存、互相渗透、互相贯通的性质，矛盾的双方互为存在的条件，失去一方，另一方就不复存在，在一定条件下，对立面可以互相转化，事物的转化总是向着自己的他者、即自己的对立面转化。

得以警觉，对此进行深入的剖析并对症下药，以便药到病除。笔者赞同上述关于犯罪功能论的观点，应该说，犯罪对社会发展的积极功能是不能因为其出身成分的“恶”而被不合时宜地抹杀的。

当然，对于“犯罪功能论”“犯罪助动社会变革和历史进步”、犯罪有益于社会等“相对主义犯罪”论断，我国理论界也不乏质疑之声，不少学者还就此进行了严厉的批判。当这种思想在我国理论界才露尖尖角时，有的学者即旗帜鲜明地提出了质疑。① 有的学者加以了系统的反思和批判，提出犯罪层次观和方法观的分析武器，主张确立正确的犯罪层次观，坚持以同一价值评判标准研究同一问题，并清晰地区分以历史大视野和现实标准研究同一问题的差异化问题。在论者看来，犯罪与法律存在于同样的历史环境中，不能以现代法律观评价历史上的犯罪。犯罪的固有危害性，并不因社会的进步而有所变化，变化的只是评价标准，这些观点就是混淆历史尺度与现实尺度的错误理论倾向。② 批评者的声音，或许是出于现实社会的治安形势还不容乐观，存在着少数罪大恶极、民愤强烈的重特大犯罪事件；或许是出于对社会上一些人道德钝化，是非曲直观念淡薄，不恰当地同情罪犯的担忧。但这并不能掩盖犯罪这一“生产部门”所生产的积极社会功能。从理论基础上看，肯定犯罪的有益性是在犯罪这一社会现象中贯彻马克思辩证唯物主义的必然要求。辩证唯物主义理论告诉我们，对事物的评判要坚持辩证地一分为二的原则，矛盾是对立面的统一，同一性和斗争性是辩证矛盾的基本属性。犯罪这种社会的价值评判，自然应以辩证地一分为二的原则为指导。而且，辩证唯物主义作为一种指导人们更加全面、理性地评判事物的原则，并不存在什么适用的具体语境限制（包括区别历史和现实的语境而辩证）。就实践的客观来看，犯罪对社会的积极功能，前述论者已经归纳总结得较为全面、详细了，不再

① 苏明月．质疑“犯罪有益”——从 E. 迪尔凯姆说起［M］．北京：中国政法大学出版社，2004：22.

② 于志刚．关于“犯罪助动社会变革和历史进步”论的批判［J］．中国人民公安大学学报（社会科学版），2007（5）：65.

累述，连批判“犯罪有益论”“相对主义犯罪观”的学者也不得不承认这一点。只不过论者认为应坚持以同一价值评判标准研究同一问题，不能以现代法律观评析历史上的犯罪，对社会发展有益的过去的“犯罪”在现代法律中已经不再是犯罪，故不能说“犯罪有益论”。① 即使有必要区别历史上的犯罪和现代的法律观问题，但试问，如果说过去的犯罪完全不具有积极的社会功能，那么它又何以在现代法律观中被非犯罪化？需要加以说明的是，我们肯定犯罪对社会的积极功能并非主张同情犯罪，予以褒奖，而是强调要全面、理性地认识社会中的犯罪现象，引导社会对这些现象作出理性的评判。

二、犯罪的边际问题——犯罪化与非犯罪化的前提性根据

虽然犯罪是一种严重危害社会的行为，在政治、法律及社会伦理上招致种种的谴责和否定评价，但是它或直接或间接、或多或少具有助推社会发展的一些功能，并非一无是处。犯罪自有其存在的根据，是现实社会生活中的有机组成部分，每一种社会形态每一种社会时期都容纳着一定的犯罪量。著名的新派理论创始人菲利将这一思想概括为“犯罪饱和法则”，他指出：“每一个社会都有其应有的犯罪，这些犯罪的产生是由自然及社会条件引起，其质和量是与每一个社会集体的发展相适应的。”② 这一学说引起刑法理论界的特别重视，也应当受到刑事立法和司法实践的特别关注。

犯罪具有积极的社会功能，其存在在现代社会是一种必然的现象。在此意义上，我们应当反思传统的除恶务尽式刑事立法，试图将一切严重危害社会的行为都犯罪化予以严厉打击。一方面，犯罪具有一定的积极社会功能，某些种类的犯罪对社会发展的助推作用

---

① 于志刚．关于“犯罪助动社会变革和历史进步”论的批判［J］．中国人民公安大学学报（社会科学版），2007（5）：70.

② 转引自马克昌．近代西方刑法学说史略［M］．北京：中国检察出版社，1996：170.

还十分显著，尤其体现在法定犯之中。① 一般而言，这类犯罪行为本身并无罪恶性，而是由于违反行政法规中的禁止性规范，并由行政法规中的刑事罚则（即附属刑法）予以规定的现代型犯罪，如非法吸收公众存款罪。② 就法定犯而言，将某种行为规定为犯罪是源于行政法规的规定，虽后被刑事立法所吸收，但其中遗传的是行政法规范“法随时转”的基因。由于社会情势的更迭，行政法中的相关规范可能发生变更，违法禁令被解禁。③ 有些原来规定为违法犯罪的行为在司法实践中，随着其社会危害性程度的下降而可能

---

① 所谓法定犯，是指侵害或者威胁法益但没有明显违反社会伦理的现代型犯罪（张明楷．刑法学［M］．北京：法律出版社，2003：116.）。由此，法定犯并不是像人类社会自古以来就属于犯罪的“故意杀人、抢劫和强奸等犯罪行为”，因为行为的“本身恶”成为犯罪，是由于法律（往往是行政管理法律法规）的“禁止恶”，当这种“恶”达到严重危害社会的程度，性质恶劣、情节严重时即成为了刑法意义上的犯罪。

② 齐文远．刑法学［M］．北京：人民法院出版社，2003：40.

③ 例如：近年来，我国《公司法》修订导致刑法中“两虚一逃”犯罪（即刑法第158条的虚报注册资本罪和第159条的虚假出资、抽逃出资罪）出现了虚化现象。现行刑法中的“两虚一逃”罪名，是根据1993年《公司法》的相关规定作出的，其罪质是行为人在注册成立公司时，通过虚报注册资本、虚假出资和抽逃出资行为，逃避缴纳一定额度的注册资本。然而，2013年12月全国人大常委会通过的《关于修改〈中华人民共和国公司法〉的决定》，及其后2014年2月国务院印发的《注册资本登记制度改革方案》，对公司成立注册资本进行了重大改革，规定除27类金融公司之外，将“注册资本制”改为“授权资本制”，将“实缴资本”改为“认缴资本”，并且，取消了原来成立公司规定的最低注册资本的出资限额，即不再要求最低注册资本，这显然就是在一定程度上实际取消了刑法“两虚一逃”犯罪成立的诸多前提条件。因此，2014年4月全国人大常委会出台立法解释，规定“两虚一逃”犯罪“只适用于依法实行注册资本实缴登记制的公司”，即除27类金融公司外，“两虚一逃”犯罪对实行注册资本“认缴登记制”的公司不再适用，而刑事司法实践中，基本没有金融公司涉嫌“两虚一逃”犯罪的案例，从而使“两虚一逃”犯罪成为虚置。参见焦武峰，武广彪．对注册资本类犯罪的刑法规制原则及其重构——兼论“两虚一逃”犯罪规定不宜一废了之［J］．宿州学院学报，2015（9）：37；熊君婷．刑法中“两虚一逃”罪名存废问题研究［D］．华东政法大学硕士学位论文，2015：7.

形成“法不责众”的局面。这主要是由于法定犯本身并无罪恶性或罪恶性较小，有些行政违法犯罪行为之所以被称作违法犯罪还存在着行政法“恶法”的问题。另一方面，犯罪是一种必然的社会固有的现象，是社会有机体自身新陈代谢的一种特殊表现形式，由此，那种试图通过刑事立法和司法来完全消灭社会中的犯罪，毕其功于一役的做法，显然是不切实际的幻想。有的学者在分析犯罪的社会性时就把研究犯罪的学问称之为“社会医学”，他认为：“社会医学与人体医学和动物医学比较，人体医学是研究为人治病的医学，动物医学是研究为动物治病的医学，社会医学则是研究为社会治病的医学。……根据社会学理论，犯罪是一种常见的也是较为严重的社会疾病。这种社会疾病对社会机体构成的组织造成的功能障碍和紊乱是相当严重的……社会就要采取各种措施对其进行治疗。”① 即犯罪现象之于社会，犹如人体和动物由于某种致病因素而感染疾病，是因为不良社会环境导致社会机体出现病态现象。犯罪作为社会病态的反映，事实上源于社会有机体内部的基本矛盾运动，执行着社会有机体的新陈代谢功能。要保证社会经济的发展，就应当在一定限度和范围内容忍存在犯罪，并使之发挥积极的社会新陈代谢功能，问题的关键在于如何将犯罪控制在一个社会能够容忍的范围之内。②

在此意义上，我们就要将行为的社会边际效用作为衡量是否将其犯罪化与非犯罪化的一个重要指标。在现实生活中，人们的行为之间存在着广泛的联系。一个人所实施的追求自身利益的行为往往同时伴随着他人利益的丧失，只是程度轻微，人们常常不去关注甚至被认为是对社会发展有利的行为。这种情况之下，行为的边际效用较大。但随着行为程度的不断趋于严重，人们对那些过分追求自身利益而置他人利益于不顾的行为就会深恶痛绝，在这一程度上，

---

① 宋浩波．论社会医学及犯罪学学科性质同其关系［J］．中国人民公安大学学报，2005（2）：136.

② 梁根林．刑事政策：立场与范畴［M］．北京：法律出版社，2005：23.

其行为对社会的边际效用便为零，即每一个这种行为对社会的价值是零价值。这种程度的行为就是应当被犯罪化的行为，反之，就是应当被非犯罪化的行为，这一程度即犯罪化与非犯罪化的边际临界点。因为，立法也是有一定的社会成本的，立法禁令本身也可能成为违反它的强烈诱因。早在两个世纪之前，贝卡利亚在其《论犯罪与刑罚》中就以走私罪的犯罪化立法为例作过精辟的阐述："走私罪也是法律自身的产物。因为关税越高，渔利也就越多。随着警戒范围的扩大，随着违禁商品体积的缩小，人们更热衷于品尝走私，实施这种犯罪也更便利。"① 在我国古代社会丰富的政治法律思想中，也不难发现相同的见解，道家思想认为"法令愈彰，而盗贼多有"。② 在字面上，即统治者制定的法令科条越多越严苛，盗贼歹徒也越多，所蕴含的思想是对于社会中纷繁复杂的犯罪情况，刑事法律并非是万能的、放之四海而皆准的法则。何况，人类的社会生活是极其复杂的，不可能规定每个人的行动都要符合某种标准。而且，法令是人为制定的，必须有许多漏洞，它必然会导致更多的人钻法律的空子，犯法的事情自然也就多了起来。③ 相似的观点还有："圣人君子威人以道与德，不以筋力刑罚也。不乐为善，德劣者反欲以刑罚威惊以助治，犹见去也。"④ 意思是，圣人、君子以道德使人信服，不用武力和刑罚；不喜欢行善、道德低劣的人反而想用刑罚威力来帮助治理，结果还是失败。也就是如学者所言的，刑事立法对某种行为作出的禁止性规定本身就可能成为犯罪人违反这一规定的理由，反而诱发了犯罪分子去实施违反它的犯罪行为。并且，随着法律禁止的力度加大，在风险越大收益越大的诱惑下，行为人实施此类行为的动机也更为强烈。⑤ 这些思想都清楚

---

① ［意］贝卡利亚．论犯罪与刑罚［M］．黄风译．北京：中国大百科全书出版社，1993：80.

② 老子·第五十七章.

③ 王进杰．"法令滋彰，盗贼多有"法律思想的哲学解释［J］．文史博览（理论），2007（1）.

④ 太平经·案书明刑德法（卷四十四）.

⑤ 张远煌．犯罪学原理［M］．北京：法律出版社，2008：418-419.

地表明：刑事立法是有一定成本的，在国家刑事法律将某种行为予以犯罪化的过程中可能导致的潜在的社会成本，或诱发刺激犯罪是不容小觑的。

第二节　“犯罪化与非犯罪化”与对刑事责任归责论的认识

将某种行为犯罪化与非犯罪化，即意味着这种行为的实施者是否要承担一定的刑事责任，犯罪化与非犯罪化同刑事责任的有无是紧密联系在一起的，因此，有关刑事责任归责的认识理应成为犯罪化与非犯罪化的重要根据。究竟是根据行为人所实施的行为对社会的现实危害或危害可能性，还是根据行为人主观上的反社会性，对行为人追究刑事责任？这是刑事责任归责的基本理论根据问题。前者又称行为主义，是刑事古典学派刑法客观主义的基本立场；后者又称行为人主义，是刑事近代学派刑法主观主义的基本思路，二者之间的争讼成就了刑法学说史上的学派之争，至今仍是刑法理论以及刑事立法、司法实践中至关重要的问题。在将某种行为进行犯罪化或非犯罪化时，是基于客观主义还是立足主观主义的刑法立场？二者如何协调？就是一个十分重要的问题，例如：在我国刑事立法中，对于危害国家安全的行为，尚处于阴谋实施阶段的就被完全犯罪化成立犯罪既遂；对于危害公共安全的行为，要求行为足以严重危害社会的（对社会具有一定的危险性）才成立犯罪既遂；而对于一般普通的危害社会的行为，更要求出现一定的危害结果，才成立犯罪既遂。在我国刑法理论中，根据行为由主观外化为客观的阶段不同，素有阴谋犯、行为犯、危险犯、结果犯等概念。这些都表明在将某种行为进行犯罪化与非犯罪化时，要结合刑法主客观主义作出合理的分析与判断。

一、刑事责任归责论——对犯罪主客观标准的认识

从行为的客观方面，还是行为的主观方面出发追究行为人的刑事责任，历来是刑事责任归责中的一个核心问题，并形成了刑法客

观主义与刑法主观主义的争讼。在刑法学说上，刑事古典学派认为刑事责任的有无及大小决定于行为人所实施的行为的客观方面，关注的是行为；而刑事近代学派主张刑事责任的有无及大小应取决于行为人的主观方面，关注的是实施了特定行为的行为人。

（一）犯罪上主观主义与客观主义

以学说产生的先后时间为序，最早成型的是客观主义学说，因此主张客观主义刑法理论的学者又被称为刑事古典学派、旧派；主观主义学说是在批判客观主义的过程中建立起来的新学说，因此相对于前者，主张主观主义学说的学者被称为刑事近代学派、新派。两种学说思想在19世纪中叶至20世纪初展开了激烈的论争，这一过程中二者也不断吸收对方的长处弥补自身的不足，走向折中与调和。新古典学派、并合主义以及折中主义的刑法理论就是二者折中与调和的产物。但如学者所言，“所谓的折中主义只是主客观主义理论的变形，本身并不是一种独立的理论形态，其实质仍然是主观主义或者客观主义”。①在此意义上，为方便论述，下面就客观主义与主观主义的犯罪观展开论述。

1. 客观主义思想

客观主义诞生于西方伟大的18世纪启蒙运动之中。面对着黑暗的中世纪欧洲的封建专制主义统治，主观归罪，生杀予夺出于统治阶级之好恶；封建的刑法制度同法与宗教不可分，罪刑擅断主义盛行，刑罚极为残酷。启蒙思想家们一致反对对思想定罪量刑，认为只有行为才可能构成犯罪，只有对犯罪行为才能科处刑罚。②如启蒙运动的代表人物孟德斯鸠指出：“思想应该和某种行动连结起来”，“法律的责任只是惩罚外部的行动”。③这样，客观主义“注重形诸于外的犯罪行为及其结果，既是反对罪刑擅断的逻辑起点，

① 聂立泽．刑法中的主客观相统一原则研究［M］．北京：法律出版社，2004：3.

② 马克昌．近代西方刑法学说史略［M］．北京：中国检察出版社，1996：4.

③ 转引自马克昌．近代西方刑法学说史略［M］．北京：中国检察出版社，1996：4.

也为罪刑法定原则产生奠定了基础”。①

在犯罪问题上，客观主义认为犯罪是有自由意志的人所进行的违反理性要求的行为，犯罪的本质在于客观的行为及其后果。刑事古典学派的创始人贝卡利亚就指出，犯罪对社会的危害是衡量犯罪的真正标尺，而不能用犯罪人的意图、被害人的身份以及宗教罪孽的因素来进行衡量。② 费尔巴哈则主张应该严格区分法与道德，认为犯罪的本质是对权利的侵害，而非对伦理的违反。③ 这一观点将道德与人的内心观念紧密相连，指出法律的调整范围与之不同，实际上也表达了犯罪的客观主义思想。在客观主义者看来，刑事责任的基础在于也仅在于表现于外部的犯罪人的行为。对此，马克思曾有过精辟的阐述：“我只是由于表现自己，只是由于踏入现实的领域，我才进入受立法者支配的范围。对于法律来说，除了我的行为以外，我是根本不存在的，我根本不是法律的对象。”并且，“凡是不以行为本身而以当事人的思想方式作为主要标准的法律，无非是对非法行为的公开认可”。④

在现代刑法中，客观主义理论得到了普遍的承认。一般认为，犯罪是行为人实施的严重危害社会利益的行为，某种行为之所以被社会当做犯罪，实质在于这种行为对社会利益或法律所保护的利益（或称“法益”）造成了严重的现实危害或危险。而且，犯罪行为人是因为他现实实施行为构成犯罪才受到处罚的，进而，决定犯罪行为人应受到怎样的惩罚及衡量其程度的指标，也只能是他所实施的行为的性质和危害程度。当然，这种思想也不反对对行为人主观因素的考虑，事实上，客观的犯罪行为并非脱离主观因素单纯的肢体动作，不能忽视行为人主观方面因素的定罪和量刑意义。因为心

① 聂立泽．刑法中的主客观相统一原则研究［M］．北京：法律出版社，2004：8.

② 吴宗宪．西方犯罪学［M］．北京：法律出版社，2006：40.

③ 赵秉志．外国刑法原理．大陆法系［M］．北京：中国人民大学出版社，2000：11.

④ 马克思恩格斯全集（第1卷）［M］．北京：人民出版社，2006：16-17.

理学知识告诉我们，人的客观行为实际上是行为人主观心理的外化，是心理活动的外在表现。反其道而行之，犯罪的主观方面是通过表现于外部的客观犯罪行为揭示出来的，在司法实践中，是随着司法人员对客观犯罪行为的掌握和认识的不断深入而逐步走向清晰和明朗的。如张明楷教授所言，客观主义行为论中含蕴的基本思想是：第一，只有行为才是法律规范的对象，法律不惩罚思想，法律规定的犯罪只能是行为；第二，只有通过行为及危害事实判定或推测主观罪过、目的等心理态度，才能使主观与客观统一起来。①

依此思想，在犯罪成立的标准上，刑法只能根据客观的行为及其危害，法律只惩罚表现于外部的行为，未实施任何行为尚处于主观意识阶段的所谓思想犯是不能惩罚的，而且也不能超过行为的客观危害而给予过分严苛的惩罚。这样，将某种行为犯罪化或非犯罪化的界限就是这种行为是否已经开始实施，由主观上的隐没转化为客观上的外化。如果这种行为还仅仅处于行为人的主观意识之中并未被实施，那么充其量只是行为人思想上的问题、道德伦理上的罪恶，就不能将此作为犯罪看待；反之，才有可能被犯罪化。

2. 主观主义思想

应该说，古典学派客观主义的刑法理论在当时急剧增长的犯罪面前无能为力，迫切需要人们转换观念采取新的对策，这就直接催生了近代学派新的犯罪观。② 正因为此，立意与原来的客观主义思想截然不同的主观主义的犯罪思想横空面世。同时，基于当时自然科学的发展，自然科学方法论、进化论、精神病学等一大批新兴学科的兴起与发展，也为主观主义的学说奠定了科学的基础。如龙勃罗梭这位近代学派的创始人和主要代表人物，本身就是一名精神病科医生，他借助精神病学方面的观察与研究，提出了著名的“天生犯罪人论”，率先将行为人的因素放到了研究犯罪的首要位置，以代替客观主义关注行为的传统定势。在刑法理论上，首先依据一

---

① 张明楷．刑法格言的展开［M］．北京：法律出版社，1999：126.

② 马克昌．近代西方刑法学说史略［M］．北京：中国检察出版社，1996：140.

定的标准对犯罪人进行分类，提出犯罪人类型论，接着分析各种类型犯罪人的犯罪表现及原因，最后在此基础上针对不同类型的犯罪人提出犯罪对策论，这也成为了近代学派主观主义刑法理论一贯思考的路径。

刑法主观主义思想是以实证主义为其方法论的。主观主义是以具体的犯罪人为研究对象，认为对于具有危险性格的人，出于社会防卫的需要，可以使其承受强制性矫正手段的责任。即所谓的社会责任论，对犯罪人追究刑事责任是为了防卫社会或维护社会秩序的需要。在行为构成犯罪的问题上，刑法主观主义思想强调的是行为人的主观恶性和人身危险性的判断。在司法实践中，行为人在实施犯罪行为时的主观心态及其性格等因素，是决定其行为是否构成犯罪和承担刑事责任的最重要标准。龙勃罗梭就认为，任何犯罪都是由行为人各自不同的生理心理的特征因素所造成的，因此应根据不同行为人的人身危险性大小程度来决定对犯罪人的刑罚之轻重情况。后来的李斯特则将刑罚的根据主要归结于犯罪人身上，主张应当根据不同犯罪人的性格、恶性和反社会性等因素，实行刑罚个别化处理。① 他主张在适用刑罚时，更值得注意的应当是实施犯罪的人，而非犯罪行为，进而提出了“应被处罚的不是行为而是行为人”的著名论断。②

在这种学说中，犯罪人及其危险性格是核心的、根本的范畴，它是追究行为人刑事责任的根本标准。无论行为人是否实施了特定的危害行为，只要他具有社会危险的性格，就是对社会的一种威胁，社会就可以对其采取强制措施以进行防卫。依此观点，像思想犯这类并非客观主义刑法中的犯罪，同样属于极其严重的犯罪，因为，主观思想上的犯罪同样表明行为人严重的社会危险性格，对正常的社会生活安宁是一种潜在的极大威胁。这样，一种行为就其从主观方面到客观方面的生成过程而言，行为犯罪化的起点就大为提

① 马克昌．近代西方刑法学说史略［M］．北京：中国检察出版社，1996：143.

② 吴宗宪．西方犯罪学［M］．北京：法律出版社，2006：163.

前，一种行为即使尚处于主观上的阶段，也可以被犯罪化。众所周知，防卫社会免受不法行为的侵害，显然是国家和社会的措施越早介入效果越好。现代刑法普遍将行为没有着手实施或者虽着手实施但未对社会造成严重后果的预备阶段和未遂阶段纳入犯罪的领域，部分行为还处于主观上的组织、谋划的阴谋阶段，这些都是主观主义犯罪思想的体现。

（二）对主客观主义的认识

客观主义与主观主义孰是孰非，或者孰优孰劣，已经历了长达一个多世纪的论争，不乏学家大师们的名言名句。可以说，通过学者们针锋相对的论争，人们已经清晰地意识到主观主义和客观主义理论实际上都有各自的优缺点，各有千秋。客观主义具有明确具体、便于司法实践的优点，但忽视了对行为人个人情况的考虑，没有考虑犯罪中的主观动机、目的等特殊情节，而对这些因素不加区别予以对待，必然导致刑法适用中的不公平。主观主义突出了行为人的主观恶性及人身危险性，有利于国家对犯罪的预防和控制，但忽视了客观上的危害行为与结果，其结果往往是留给司法人员莫大的自由裁量权，为刑罚权的滥用打开了方便之门，尤其是在法治还不甚发达的国家或地区，其中潜在的道德风险令人担忧。

在现代刑法理论中，问题的关键并不是主观主义和客观主义中的一种思想代替另一种思想，而是二者之间如何走向折中与调和。事实上，两派的折中调和已经不再是一个理论问题，在不少国家的刑法立法当中，已经调和了这两派的某些观点。① 新古典学派理论就以刑事古典学派理论为基础吸收了近代学派的部分思想，认为刑罚是对犯人的行为及与此行为相一致的思想所给予的报应，由于人有自由意思，所以刑罚不仅可以惩治已实施的犯罪，而且可以预防将来的犯罪。② 即在客观主义的犯罪思想上有所修正，为处罚行为

① 聂立泽．刑法中的主客观相统一原则研究［M］．北京：法律出版社，2004：32-33.

② 转引自聂立泽．刑法中的主客观相统一原则研究［M］．北京：法律出版社，2004：31.

早期的阴谋、预备和未遂阶段提供了理论依据。为了避免借防卫社会为名的刑罚权过早介入而发生人道主义的危机，主观主义理论也借鉴吸收了客观主义理论的部分观点，提出了"犯罪征表主义"，认为本来犯罪人的性格和内部的人身危险性才是刑罚的对象。但囿于现代科学水平的滞后以致难以对行为人隐藏在内心的邪恶思想作出准确的判断，因此只能退而求其次，即当行为人内部的危险性表现于外部行为时，才能认识其内部危险性，也才能对之科处刑罚。① 主观主义在坚持主观犯罪的基础之上，也将行为犯罪化的起点推后至在客观上得以征表时，思想犯被非犯罪化。但这是在现代社会人类对行为主观方面的认识有限的情况下，为避免以往主观主义的道德风险，而不得已的一种妥协。

总之，在沉甸甸的历史积累之下，现代主观主义和客观主义的刑法理论在诸多方面已经走向融合，趋向一致与统一。诚如学者所言，主客观主义刑法观并非水火不容，客观主义只不过是从行为推导主观罪过；主观主义只是从犯罪人的主观人格构造分析犯罪行为的恶害。② 赵秉志教授也曾指出："客观主义与主观主义两种学说，在方法论上并没有什么本质的区别，严格地说，它们只有视角上的不同。因为无论是客观主义的学说，还是主观主义的学说，都主张主客观统一的犯罪观，即都主张主观罪过与客观行为事实的统一，是犯罪成立的依据，都反对客观归罪或主观归罪。换言之，在认识论上，坚持犯罪成立条件上的主客观统一原则，是大陆法系刑法理论与我国刑法理论的共同之处。"③ 现在，客观主义与主观主义各自借鉴吸收对方的有益成分，从而走向折中与调和。如前所述，关键是在明确主客观主义的理论及脉络的基础之上，合理地进行折中与调和，以在主观主义与客观主义之间形成合理的张力。这

① ［日］藤本英雄．刑法的争论点［M］．有斐阁，1984：7.

② 陈兴良．刑法法评论（第2卷）［M］．北京：中国政法大学出版社，1998：148-149.

③ 聂立泽．刑法中的主客观相统一原则研究［M］．北京：法律出版社，2004：1-2.

是将某种行为犯罪化或非犯罪化时必须予以全面考虑的重要标准问题。

二、犯罪的边际问题——犯罪化与非犯罪化的主客观标准性根据

将某种行为犯罪化或非犯罪化，客观主义与主观主义的犯罪观，由于各自视角的不同，所形成的相关犯罪化（或非犯罪化）标准是不尽相同的。客观主义关注现实客观的行为，以危害行为及危害结果的发生为处罚的前提条件和根据；主观主义关注的是各种类型的造成严重社会危害后果的犯罪人，即犯罪实际上是行为人对社会具有严重的主观恶性及人身危险性。比较之下，对于行为的犯罪化与非犯罪化，客观主义的介入显然晚于主观主义，因为其要待行为被完全客观化之后才可能被犯罪化。这是主客观主义犯罪观在行为犯罪化与非犯罪化上的差别与对立。而依据现代刑法理论，科学合理的做法是将这两种不同的观点加以折中与调和，即由对立到统一。如上所述，唯物辩证法的根本规律之一“矛盾对立统一规律”就揭示出，自然界、人类社会和人类思维等领域的任何事物都包含着内在的矛盾性，事物内部矛盾推动事物发展；同一和斗争是矛盾双方所固有的两种属性，同一性表现为对立面之间具有相互依存、相互渗透、相互贯通的性质；同一是对立面双方的同一，而斗争的结果导致双方相互转化、相互过渡。由此，对行为犯罪化与非犯罪化的主客观标准的分析与确定，就要在主客观主义的对立斗争之中寻求二者之间的最佳契合点，此又一犯罪标准上的边际问题。

如何确定行为犯罪化与非犯罪化的主客观边际呢？众所周知，人的行为是主观意识不断外化的过程。刑法理论中的行为理论，无论是19世纪以来的因果行为论，还是现代的目的行为论、社会行为论，无一例外都将行为理解为在犯罪主观心理态度支配之下的客观外在表现。① 日本刑法学者泷川幸辰就曾指出：“刑法上的行为应当解释为包含由决心经过意志表现以至于结果发生

① 马克昌．犯罪通论［M］．武汉：武汉大学出版社，1999：151-153.

的所有现象。”① 逻辑上，这里的“客观外在表现”“所有现象”依据行为生成的先后顺序就至少包括：行为中的谋划行为、准备行为、开始实施（着手）行为、实施行为、结束行为与结果发生行为。考虑行为人的主观心理活动历程，还有产生行为需要形成行为动机以及明确行为目的的阶段，这些不同的阶段构成了一个完整的行为发生、发展的进程。犯罪化与非犯罪化就应当在纷繁芜杂的行为进程中确定合理的边际。

经过上述分析，首先，将某种行为犯罪化与非犯罪化应当意识到任何一种行为都是一个从主观方面到客观方面不断发生、发展、变化的过程，被予以犯罪化或非犯罪化的行为只是其中的某一或某几个阶段。其次，犯罪化与非犯罪化应当坚持一项基本的原则：只有当行为由主观阶段转化为客观阶段时才能被犯罪化，即被犯罪化的是客观阶段的行为，行为尚处于主观阶段不能被犯罪化。因为，如上所述，现代刑法理论中主客观主义不断趋于折中与调和，一致主张犯罪是行为人在主观心理活动支配之下客观外化的行为。这一基本原则进一步而言，一方面，犯罪化的行为是现实社会中的客观行为，强调行为的客观性。也就是说，这种行为是人们能够看得见、直接感受得到，不以任何人的主观意志为转移的现实存在。如果某种行为尚处于主观心理过程之中，就不能将其犯罪化；已经被犯罪化的，则应当非犯罪化。在这一方面，需要注意的是刑法中所谓思想犯、迷信犯、阴谋犯及言论犯罪的犯罪化与非犯罪化。不同的历史时期不同的刑法立场，对它们的罪与非罪的看法是不尽相同的。如我国古代社会为了维护封建专制统治的需要，就曾广泛地处罚思想犯罪，先有“腹诽罪”，后有“文字狱”。现代社会随着人权、法治、自由等观念的深入人心，思想犯罪更多的主题是非犯罪化。另一方面，犯罪化的行为是在行为人主观心理意识支配之下所实施的行为，强调行为的主观支配性。现代刑法中，尽管犯罪是严重损害社会的客观行为，但是并不是所有严重损害社会的客观行为

---

① 转引自马克昌．犯罪通论［M］．武汉：武汉大学出版社，1999：150.

都是犯罪行为。某些因不能预见不可抗力导致的行为，如生理条件反射行为，睡梦中的行为等，客观上都可能对社会造成严重的危害后果，但即使如此，也不能被犯罪化。最后，具体行为犯罪化与非犯罪化的主客观边际还应结合行为的特殊性进行具体分析。即一律将某一时刻上的行为形态作为罪与非罪的临界点，在此之后的应被犯罪化，先于此的应被非犯罪化，以此形成整齐划一的主客观边际的做法是有欠妥当的。且不论这一临界点的确定本身并非易事，社会实践中的具体情况是极其复杂的，在行为罪与非罪这一定性而非定量问题上，任何绝对的观点都难免有失偏颇。面对社会中复杂的犯罪现象，现代刑法广泛地区分举动犯、行为犯、危险性与结果犯，又对某些严重的犯罪还将预备行为、未遂行为与中止行为予以犯罪化，提出修正的犯罪构成的理论。应该说，这其中的犯罪化与非犯罪化的主客观边际显然是因情而异的。这就要求在坚持主观恶性（人身危险性）已经转化为客观行为之后才能犯罪化这一原则的同时，还应当具体情况具体分析，以作出合理公正的判断。

第三节　“犯罪化与非犯罪化”与对刑罚目的的认识

既然一般认为刑法是规定犯罪、刑事责任和刑罚的法律，① 刑罚在刑法典中占据极其重要的地位，有关刑罚规定的篇幅几近一半，以至于刑法素有“刑罚法规”之称，那么，将某种行为犯罪化与非犯罪化就不能忽视对刑罚，尤其是刑罚目的的考虑。因为，“刑罚本身并无目的可言，但是国家在制定运用刑罚时是有目的的。”② 刑事立法与司法中的犯罪化与非犯罪化都离不开对刑罚目的的考虑。关注对刑罚目的的考虑，还是因为从犯罪人的角度来看，犯罪人实施犯罪行为所忌惮的正是且仅仅是刑罚，总是希望在

---

① 高铭暄，马克昌．刑法学［M］．北京：北京大学出版社，2000：9.

② 曲新久．刑法的精神与范畴［M］．北京：中国政法大学出版社，2003：319.

犯罪后能够逃避刑罚的制裁。在此意义上，刑罚是实施犯罪行为后不可避免的结果。至于对刑罚目的的认识，将某种行为犯罪化，需要考虑的是对实施了该种行为的人动用刑罚的目的是什么，其正当性根据何在。将某种行为非犯罪化，就需要考虑对实施了该种行为的人是否值得动用刑罚，对之动用刑罚是否有利于刑罚目的的实现。下面就刑罚目的的理论对行为犯罪化与非犯罪化进行分析。

一、刑罚目的论——对刑罚正当性的认识

刑罚，从形式上看，是国家为了防止犯罪行为对法益的侵犯，由人民法院根据刑事立法，对犯罪人适用的限制或剥夺其某种权益的强制性制裁措施。其本质属性是强制性和惩罚性，受刑罚处罚就意味着遭受一定的损失和痛苦，但国家为什么却广泛地制定与适用刑罚呢？此即刑罚的目的。它是指国家制定、适用、执行刑罚的目的，即国家的刑事立法采用刑罚作为对付犯罪现象的强制措施及其具体适用和执行所预期实现的效果。① 刑罚目的论是整个刑罚论的核心，自然也是整个刑法重要的有机组成部分。将某种行为的犯罪化与非犯罪化，并不能忽视对刑罚目的的合理认识。

（一）关于刑罚目的的学说

在刑法学中，刑罚的目的是一个古老而又常新的话题。学说史上关于刑罚目的的理论可谓纷繁复杂，学者们长期争论，众说纷纭，先后提出了威吓主义、报应主义、预防主义、教育主义和综合主义等刑罚目的的理论。这些理论之间或有所承继和发展或互为辩驳，从体系上看，主要表现为两种基本思想即报应与预防的博弈。现在为多数学者所认同的综合主义刑罚目的就是二者相互博弈的结果。

1. 报应主义

报应主义是一种源远流长的刑罚目的理论，它源于原始社会朴素的“同态复仇”观念，犯罪人实施了怎样的犯罪，就应对之施加怎样的刑罚处罚。“以命偿命”“以眼还眼，以牙还牙，以手还

① 齐文远．刑法学［M］．北京：北京大学出版社，2007：252.

手”等，试图通过对犯罪人施以同害的刑罚来恢复社会的公平正义观念。历经历史的嬗变，现在报应主义已经发展成为了一种重要的、内涵丰富的刑罚目的理论。在这一理论内部，依据研究的视角不同又分支出神意报应论、道义报应论和法律报应论的学说观点。

这种理论认为，刑罚没有特别希冀达到的目的，刑罚的意义就在于报应犯罪行为的害恶，给犯罪人以惩罚，以其痛苦来均衡犯罪人的罪责，从而实现正义的理念。① 其中，神意报应论将神视为正义的化身，犯罪是违反神意的行为，对之施加刑罚就是神的意思。在社会生活中，由于国家是神的代理者，神授予国家以刑罚权，因此国家对犯罪的刑罚是根据正义的神意而实施的报应。这种观点有利于人们形成对刑法的信仰，但是神意是虚幻的，难以说明世俗世界的刑罚制度。将此拉回到现实世界的是道义报应论：刑罚的目的在于社会一般正义的道德观念，犯罪是违反社会道德的行为，刑罚是根据道德观念对犯罪的报应。道义报应论之集大成者康德认为，人就是现实创造的最终目的，评价犯罪人的犯罪行为、给予其社会谴责只能从其本身的犯罪行为寻找根据，而不能是为了实现其他目的而把犯罪人当做一种手段对待，否则就是否定了人作为目的的价值。他指出：“法院的惩罚绝对不能仅仅作为促进另一种善的手段，不论是对犯罪者本人或者对公民社会。”② 法律报应论是由著名的德国哲学家黑格尔所提出的一种刑罚目的观。黑格尔在哲学研究中提出了辩证法思想并以此彪炳于世，当他将辩证法中的否定之否定规律运用到犯罪和刑罚关系的分析中时，以理性为基础的法律报应论就此而形成。“犯罪的扬弃是报复，因为从概念说，报复是对侵害的侵害，又按定在说，犯罪具有在质和量上的一定范围，从而犯罪的否定，作为定在，也同样具有在质和量上的一定范围。”③

① 赵秉志．刑罚总论问题探索［M］．北京：法律出版社，2002：10.

② 康德．法的形而上学原理——权利的科学［M］．沈叔平译．北京：商务印书馆，1991：164.

③ 黑格尔．法哲学原理［M］．范扬，张企泰译．北京：商务印书馆，1982：95.

可见，国家对犯罪行为进行惩罚就是对否定法的犯罪的再否定，刑罚作为否定之否定，最终是重新确认了法律秩序。这就是法律报应论的主要观点，它认为犯罪是违反法律的行为，刑罚则是对犯罪的法律的报应，是理性上的当然要求。概而言之，报应主义都主张刑罚是对犯罪行为的报应，其目的就在于犯罪人已经实施的已然犯罪之中。

2. 预防主义

预防主义是一种立意与报应主义截然不同的理论，与报应主义的回顾过去相反，该理论立足于面向未来，主张刑罚的意义在于通过对犯罪人的惩罚预防犯罪，保卫社会，而不是惩罚罪犯，满足于抽象的社会正义观念。① 由于对犯罪人的刑罚惩罚并不是为了惩罚而惩罚，而是具有一定的防卫社会的目的，因此，这种观点也被称为“目的刑论”。在学说史上，预防主义的思想同样源远流长，可以追溯到古希腊时期柏拉图的阐释，对于刑罚惩罚的目的，古希腊伟大的哲学家柏拉图作了以下精辟的论述：“没有一个聪明的人惩罚别人是因为他犯过错误，而是为了他今后不再犯错误。”② 刑罚惩罚就旨在预防犯罪分子再次实施犯罪行为，后来历经启蒙思想家们的丰富与发展以及近现代学者的分析与论述，这一理论也不断分支演化，形成内容庞大的思想体系。依据侧重点的不同，有关刑罚目的的理论大致可以分为：一是双面预防论，包括一般预防论和特殊预防论两个方面；二是一般预防论，强调适用刑罚对一般社会民众尤其是具有犯罪倾向的潜在犯罪人的预防，这主要是通过发挥刑罚的威慑作用；三是特殊预防论，强调适用刑罚对实施犯罪行为的人再次实施犯罪行为的预防，是预防犯罪分子自己再次实施犯罪；四是教育刑论，强调适用刑罚是对犯罪分子的教育改造。

“刑法之父”贝卡利亚在抨击传统刑法奉行的残酷报应思想基础上，态度鲜明地强调刑罚的目的不是报应，不是对犯罪人无意义

① 赵秉志．刑罚总论问题探索［M］．北京：法律出版社，2002：11.

② 转引自马克昌．近代西方刑法学说史略［M］．北京：中国检察出版社，1996：4-5.

的摧残和折磨，而仅仅在于预防和阻止犯罪人再次实施犯罪，或者劝诫其他的社会民众不要实施犯罪。① 此即双面预防论，主张刑罚目的在于一般预防和特殊预防。当然，在刑罚双重目的之下，学者之间在一般预防与特殊预防的关系上认识并不一致，或主张一般预防为主，特殊预防为辅；或主张特殊预防为主，一般预防为辅；或主张两者并重。但这并不妨碍其对后世的重大影响，双面预防论正是我国刑罚目的理论中的通说。② 一般预防论是由德国刑法学家费尔巴哈所倡导的一种刑罚目的学说，从“心理强制说”的角度，他指出刑罚的目的在于威慑，在法律中规定刑罚的目的，在于警告可能成为犯罪者的社会上的人不要实施犯罪行为。③ 不同于一般预防论关注社会上一般的人，特殊预防论关注的是已经实施了犯罪行为的人，这一观点由实证学派的代表人物龙勃罗梭、菲利、李斯特等人所倡导。在这种观点看来，既然刑罚是对犯罪人科处的，所以刑罚的目的不是预防社会上一般人犯罪，而是预防特定的犯罪人即被科刑的犯罪人将来再行犯罪。④ 可以说，一般预防论与特殊预防论各执一端，都难免以偏概全，失之片面。教育刑论是随着学者们对产生犯罪的原因作深入认识而形成的一种刑罚目的学说，它首次强调对犯罪人的教育，被誉为使刑罚的目的发生了质的升华。⑤ 通过大量的实证研究，学者们意识到犯罪既非犯罪人自由意志选择的结果，也不是天生固有的现象，而是生活于其中的不良社会环境的产物，犯罪人只是不良社会环境的牺牲品。因此他们提出教育刑论，将刑罚的目的界定为矫正、教育和改造，认为矫正、教育、改造犯罪人，以保卫社会，才应当是刑罚的目的；国家不应该惩罚作

---

① ［意］贝卡利亚．论犯罪与刑罚［M］．黄风译．北京：中国大百科全书出版社，1993：42.

② 在我国，绝大多数的刑法学教材都将刑罚的目的界定为特殊预防与一般预防。

③ 马克昌．近代西方刑法学说史略［M］．北京：中国检察出版社，1996：93.

④ 赵秉志．刑罚总论问题探索［M］．北京：法律出版社，2002：11.

⑤ 赵秉志．刑罚总论问题探索［M］．北京：法律出版社，2002：12.

为社会环境牺牲品的犯罪人，而应当用刑罚来教育改造他们，使其尽快回归社会。在关注人权保障的现代社会，这一理论显然具有很大的积极意义，但刑罚毕竟是一种严厉的强制措施，不能忽视其惩罚的本质属性。

(二) 对刑罚目的的认识

在理论中，报应主义与预防主义可谓是两种最基本的刑罚目的理论，二者之间相互折中与协调就形成了折中主义的刑罚目的。应该说，由报应主义与预防主义而形成折中主义，是对刑罚目的理论的探讨不断深入趋于完善的必然选择。

报应主义，无论是神意报应、道义报应，还是法律报应，都将关注的目光投向已经发生的现实犯罪，所遵循的是社会中朴实的“因果报应”的一般正义观念。这是人类私力报复（即复仇）本能的产物，认为刑罚对于损害是本能的反动，被害人把他自己能力所办得到的惩罚加在犯罪者身上，或者把他自己受害的感觉所暗示的一种惩罚施于犯罪者身上。① 如学者所言，我国原始复仇习俗与国家刑罚存在密切的血缘关系。② 这样，公众手中的刑罚是就是私人复仇的替代物。这就使报应主义的刑罚目的理论满足了社会民众一般的价值期待，报应主义也由此被称为“正义的理论”。但是，绝对的报应主义将刑罚视作行为人实施犯罪行为之后应得的惩罚后果，毫无疑问使刑罚的适用陷入被动、消极的境地，难以发挥刑罚的应有功能。而且，报应主义还有一个自身无法克服的难题：怎样才能实现公平、合理的报应？即对什么样的行为才值得动用严厉的刑罚进行报应？刑罚报应的量度又应如何确定？何况现代社会中人们的价值观念、标准日益多元化。即使学说史上有“等量报应”与“等价报应”之说，在具体的社会实践中也还没有形成明确的结论。

---

① ［美］齐林．犯罪学及刑罚学［M］．查良鉴译．北京：中国政法大学出版社，2003：308.

② 邱兴隆．刑罚理性导论——刑罚的正当性原论［M］．北京：中国政法大学出版社，1988：7.

预防主义的理论，包括双面预防论、一般预防论、特殊预防论及教育刑论，关注的都是将来可能会发生的潜在犯罪，刑罚的旨趣在于预防这些犯罪行为的发生以保卫社会。“犯罪已成为过去，向后看是难以得到什么的。一个更为重要的问题是：需要适用何种程度的刑罚才能取得建设性的结果？”① 因此，“刑罚本身并非目的，而另有其他之目的。刑罚之目的，并非对于犯罪者之报复，而重于将来犯罪之预防，刑罚不过为保护社会利益之手段”。② 可见之中张扬的是功利主义的刑罚色彩。在功利主义之集大成者边沁看来：“任何惩罚都是伤害，所有的惩罚都是罪恶。根据功利原理，如果惩罚被认为确有必要，那仅仅是认为这可以起到保证排除更大的罪恶。”③ 预防主义形成了“刑罚是一种恶”的意识，并把“增进最大多数人的最大幸福”作为刑罚的正当性根据。这在现代社会资源相对匮乏、讲究经济效益的观念日益盛行的情况下，自然具有难以辩驳的合理性。事实上，刑罚自身就存在不容忽视的负价值，主要表现形式为：耗费人力物力、危及公民权利与留下情感阴影三个方面。④ 如据学者的研究，在刑罚实践中，监禁刑作为一种最为普通的刑罚方法被普遍接受……但是监狱却是一个异常昂贵的机构——修建、维持和运作需要花费大量财富。⑤ 无论如何，承受如此之重的刑罚并不仅仅是为了惩罚而惩罚。而且，随着犯罪主要是出于社会原因的论断深入人心，“教育刑论”提出，犯罪人并不应当是处罚的对象而应当是被教育的、值得同情的对象。客观而言，尽管这一论断或多或少脱离了社会的现实情况，但是重视对犯罪人

---

① [美] 理查德·霍金斯．美国监狱制度——刑罚与正义 [M]．北京：中国人民公安大学出版社，1991：96.

② 高仰止．刑法总则之理论与实用 [M]．台湾：台湾五南图书出版公司，1986：43.

③ 转引自西方法律思想史资料选编 [M]．北京：北京大学出版社，1982：493.

④ 赵秉志．刑罚总论问题探索 [M]．北京：法律出版社，2002：23.

⑤ 转引自赵秉志．刑罚总论问题探索 [M]．北京：法律出版社，2002：25.

的教育具有重大意义。上述即预防主义刑罚目的值得肯定的方面，但这并不能掩盖其与生俱来的缺陷：以功利主义原则为理论基础，这是一种以实际功效或利益作为道德标准的伦理学说，强调结果而不管动因，所以欠全面；所谓的“最大多数人的最大幸福”很难确定具体的大小、范围，容易导致不公，而且因为立场的不同，对利益的看法不一致，最大多数人普遍同意产生最大价值的行为也可能导致对少数人的不公正的伤害。

报应主义与预防主义各有一定的道理，也存在着不尽如人意之处。折中主义就是意图调和二者的结果，刑罚是对犯罪的报应，同时承认刑罚的目的是预防犯罪或防卫社会。由于“报应刑与目的刑之争的实质，在于正义与秩序两种观念的对立”,① 折中主义的理论融正义观念与秩序保障目的于一体，一般认为用报应主义限制纯粹的目的主义或功利主义，在罪刑相当的基础上谋求刑罚的功利或目的；在目的主义、功利主义的前提下容纳报应主义，在刑罚的轻重取向上强调报应观念，在刑罚的效应上则强调功利观念。② 理想的刑罚目的思想从上述分析来看，应当是集报应主义与预防主义的优点于一体而有效地摒弃其缺陷之处。

二、犯罪的边际问题——犯罪化与非犯罪化的必要性根据

立足于什么样的刑罚目的，对将某种行为犯罪化与非犯罪化的认识是不尽相同的。分析起来，尽管折中主义是理论中的通说，但是其基本内涵仍是报应主义与预防主义思想，因此，如何认识并合理地协调二者是行为的犯罪化与非犯罪化中的关键问题。

报应主义都主张刑罚是对犯罪行为的报应，其目的就在于犯罪人已经实施的已然犯罪之中。因果报应法则“有因必有果，有果必有因”可谓这一思想的基础。依此观点，只要行为人实施的某

① 叶高峰．中国暴力犯罪对策研究［M］．北京：法律出版社，1998：258.

② 高铭暄，马克昌．刑法学［M］．北京：北京大学出版社，2000：232.

种行为对社会造成了严重的危害，社会就可以将其犯罪化，施以刑罚的处罚。但是，这里面存在着一个是否有必要进行报应的问题。因为，报应刑早期遵循的是等害报应，后又演变成为了等量报应，现在一般则认为是等价报应，刑罚与犯罪的概念同一性"不是侵害行为特种性状的等同，而是侵害行为自在地存在的性状的等同，即价值的等同"。① 在等价报应的观念之下，刑事立法与司法对某种行为是否动用刑罚就要考虑其是否与这种行为对社会造成的危害性相等价。从人类社会的历史来看，在早期社会，社会生产极其匮乏，人们之间的社会关系表现为紧密的人身依附性，一般被统治者除了自己的身体与生命之外并没有什么财产也无人身自由，由此对实施了犯罪行为的人的报应只能选择现在看来过于残酷的肉刑与死刑，对自由和财产的剥夺和限制并没有太大的惩罚意义。而随着社会历史的发展和变迁，人们不断获得了一定的自由和财产权益，在现代社会，限制和剥夺人的自由和财产也日益成为一种严厉的惩罚，这样，对于一些社会危害性不大的犯罪行为，所采取的报应刑就没有必要再是肉刑和死刑，而是相应的自由刑和财产刑。时至现代社会，刑罚作为对犯罪行为的报应显然已经不是简单的"以牙还牙，以眼还眼"，而更多的是价值相当的判断。这就要求在将某种行为犯罪化与非犯罪化时，应考虑到如果对这种行为处以刑罚是否具有价值上的相当性。至于相当性的判断是一个历史的、主观的判断，并且需要结合其他刑事立法的情况作出结论。

预防主义反对为了惩罚而惩罚，否定刑罚的目的在于报应，而把目光投向未然犯罪，或主张通过刑罚威慑社会上的一般人，或主张通过惩罚、教育和改造犯罪人，以达到预防犯罪、防卫社会的目的。依此思想，将某种行为犯罪化与非犯罪化，关键在于对实施这种行为的人动用刑罚能否达到预防社会上再次发生该种行为的效果。如果实践中能起到良好地预防发生某种行为的效果，就应当将其犯罪化以进行刑罚处罚，反之，则应当非犯罪化。这具有一定的

① 黑格尔．法哲学原理［M］．范扬，张企泰译．北京：商务印书馆，1982：45.

道理，有助于禁止一些不必要的、无意义的、多余的惩罚，但是却难掩其在适用中可能会产生严重的偏差，具体而言：

一方面，即使是轻微的危害社会的行为，如果对之施以刑罚能够起到良好的预防作用，刑事立法与司法就可能将其犯罪化处以刑罚。在这种犯罪化的思想下，很可能导致的就是步入重刑主义刑罚的覆辙。历史上，我国古代法家可谓是重刑主义鼻祖，重要的法家代表人物商鞅就公开主张“禁奸止过，莫若重刑”。受其思想的影响，除个别开明的年代，历朝历代的封建刑法都非常严苛，动辄有“莫须有”的罪名，罪刑擅断之风盛行；刑罚也十分残酷，断肢断头、凌迟处死等酷刑不绝于史书。我国是一个重刑主义历史悠久的国家，其中的经验教训值得注意。

另一方面，即使是严重的危害社会的行为，如果对之施用的刑罚并不能起良好的预防作用，刑事立法与司法就可能将其非犯罪化。一种情况是无论是否施用刑罚，行为人都不会再次实施相同的行为，即所适用的刑罚对于预防行为人再次实施同样的行为并不起到任何作用。典型的情况如行为人出于义愤而实施的杀人行为，在现代刑法中，这属于故意杀人，无论什么情况都是严重的犯罪行为，必须施以严厉的刑罚处罚，但是刑罚处罚的预防作用可谓微乎其微，因为行为人是基于义愤而杀人，主观恶性较小，在认识到自己行为的错误之后就可能不会再去实施相同的行为。与之相对的是另一种情况，即使施用刑罚，行为人仍然可能再次实施相同的行为，也就是，刑罚本身并不能也无力预防某种行为的再次发生。典型的情况是过失的犯罪行为，过失是由于行为人对行为的危害结果疏忽大意，没有预见或者虽然已经有所预见但轻信能够避免而实施了该种行为的情形。对于过失的犯罪行为，刑罚的处罚恐怕难以起到有效的预防作用，因为过失并不是行为人有意而为，主观上恶性较小，且现实的实践表明人难免会犯一些过失的错误。然而，就此将这两种情况的行为予以非犯罪化显然又是让人难以信服的。

不难发现，单纯以报应主义或预防主义为主旨的刑罚目的思想，对于将某种行为犯罪化与非犯罪化，往往要么陷入被动消极的盲目报应，将现代社会中不必要的行为犯罪化；要么因为片面追求预防犯罪或防卫社会的目的而在行为的犯罪化与非犯罪化上有失偏差。适当的做法是在二者之间进行有机的协调：将某种行为犯罪化与非犯罪化，既要考虑到报应主义天生的、一般的社会公平正义的观念，又要关注动用刑罚预防犯罪或防卫社会的积极意义。由此来分析，对于一般的危害社会的行为，应当既考虑动用刑罚的等价性，又要考虑预防的必要性需要。因为其相对于其他严重危害社会的行为位价序列较低，而且从预防上看，禁绝这类行为的再次发生威慑或教育的力度较小，非犯罪化就应当是其主要的刑事立法或司法选择。反之，则应当犯罪化。

综上，从刑法上看，犯罪化与非犯罪化需要考虑对犯罪的功能、刑事责任的归责以及刑罚目的的合理认识，而且，三者之间表现为层层递进的关系。其中，对犯罪的认识是行为犯罪化与非犯罪化的开端；在此基础之上，通过对刑事责任归责论的认识，具体确定行为犯罪化与非犯罪化在行为发生过程中的起点或终点；最后，通过对刑罚目的的考虑确定具体的犯罪化与非犯罪化路径。

第四章　犯罪化与非犯罪化的刑事政策根据

要从宏观的刑事政策上深入剖析犯罪化与非犯罪化，首先就必须把握刑事政策的内涵。从发生学来看，“刑事政策”对我国来说，还是一个舶来物，最早刑事政策是由德国学者费尔巴哈在其1803年著的刑法教科书中提及，随后由亨克和李斯特等学者推而广之。① 李斯特通过对犯罪与刑罚的产生及变迁的实证研究，提出了“最好的社会政策，也就是最好的刑事政策”的著名论断。② 近代西方刑事政策的理论以新派学说为根据，形成了新型的犯罪原因论、预防犯罪论、教育刑论和刑罚个别化等理论，可谓影响深远。

在我国，刑事政策自20世纪末以来日益成为一个备受关注的概念。关于刑事政策的定义，学者们众说纷纭，不尽相同。早期的研究刑事政策的专著《中国刑事政策学》（马克昌主编）认为，刑事政策是指我们党和国家为了预防犯罪、减少犯罪和消灭犯罪，在马列主义和毛泽东思想的指导下，根据国情和社会形势而制定的与犯罪作斗争的指导方针和对策。③ 这一定义政治色彩浓厚，个别用语如“消灭犯罪”还过于绝对，但曾是当时的主流观点。后来，由肖扬主编的《中国刑事政策和策略问题》，将刑事政策与刑事策略紧密联系在一起，并未作明确区分，并认为刑事政策是指国家在运用刑罚和其他制度方法来抑制、预防犯罪时，形成的方针、准

---

① 杨春洗．刑事政策学［M］．北京：北京大学出版社，1993：7.

② 吴宗宪．西方犯罪学［M］．北京：法律出版社，2006：165.

③ 马克昌．中国刑事政策学［M］．武汉：武汉大学出版社，1992：5.

则、决策和方法等。① 也有的观点简单地对刑事政策进行界定，譬如："我国的刑事政策应该定义为：国家专门同犯罪做斗争而制定和运用的策略和手段。"② "刑事政策是运用刑法武器同犯罪做斗争的策略、方针、原则，是我国刑事立法和刑事司法的灵魂。"③《刑事法学大辞书》认为："刑事政策是指根据犯罪变化运用刑罚制度及有关制度，有效同犯罪作斗争，以期实现抑制和预防犯罪之目的的策略、方针、措施和原则。"④就分析而言，这些定义无论是较复杂的界定，还是简单的表述，事实上在我国的语境之内，无不是立足于国家政治的视角，所蕴含之义是刑罚是国家或人民民主专政的武器，刑事政策就是动用这一武器的方针与策略，因此，"斗争"是频繁使用的词汇。不难看出，我国的刑事政策与近代西方"最好的社会政策是最好的刑事政策"意义上的刑事政策概念是不尽相同的。

在理论上，我们一般可以将刑事政策分为狭义与广义的刑事政策两种。狭义刑事政策特指国家提出以预防犯罪为直接目的的刑事意义上的政策，如"严打"和"宽严相济"刑事政策等；而广义刑事政策是泛指国家提出的一切与预防犯罪有关的社会政策，除了狭义刑事政策，还包括诸如改善居住条件、发展教育事业，等等。⑤ 西方的刑事政策是广义的刑事政策概念，我国的刑事政策则主要是从狭义上理解。如同卢建平教授所指出，我国理论界和实务部门对刑事政策的理解大多持狭义观，即视刑事政策为我们党和国家专门为了惩罚犯罪和保护人民，而提出的刑法意义上的政策和策

① 肖扬．中国刑事政策和策略问题［M］．北京：法律出版社，1996：2-3.

② 王学沛．刑事政策刍议［J］．法学季刊，1984（4）.

③ 高铭暄，王作富．新中国刑法的理论与实践［M］．石家庄：河北人民出版社，1987：67.

④ 杨春洗，高铭暄，马克昌，余叔通．刑事法学大辞书［M］：南京：南京大学出版社，1990：578.

⑤ 肖扬．中国刑事政策和策略问题［M］．北京：法律出版社，1996：3.

略，这是党和国家用以应对犯罪和处罚罪犯的重要政策措施；而国外的刑事法理论研究往往是从广义的层面上来理解和使用刑事政策概念的，即在国外，普遍的观点认为刑事政策是“观察的科学”和“反犯罪斗争的方法战略或艺术”，而且，国外对刑事政策的研究相对比较深入，以至于刑事政策逐渐发展成一门新兴的独立学科。① 应该说，区别广义与狭义的刑事政策概念简单明了，即是否限于刑事法范畴，但是笔者以为意义重大，由狭义的刑事政策到广义的刑事政策，这显示了不同的刑事立法司法指导思想。狭义的刑事政策限定于刑事法范畴，将刑罚作为对付犯罪的唯一手段；而广义的刑事政策对付犯罪的手段是多种多样的，是社会性的。前者多是针对犯罪的惩罚性规定，而后者在惩罚的同时运用多种手段措施来预防犯罪的发生，这无疑是适应现代社会人权保障的需要。国内也有许多学者主张以广义的刑事政策观代替狭义的刑事政策观。曲新久教授认为，“刑事政策是国家基于预防犯罪、控制犯罪以保障自由、维持秩序、实现正义的目的而制定、实施的战略、策略、方针、准则、计划以及具体措施的总称。”② 梁根林教授认为，刑事政策是“国家和社会整体以合理而有效地组织对犯罪的反应为目标而提出的有组织地反犯罪斗争的战略、方针、策略、方法以及行动的艺术、谋略和智能的系统的整体”。③

在现代社会里，刑罚并不是预防犯罪的唯一手段，因此刑事政策显然不能再拘泥于传统的刑事法领域。刑事政策可谓对犯罪的有组织、有目的的反应方式。如上述学者所言，刑事政策应当是一种包含诸多因素的系统的战略、策略，或者说，是有一定艺术性的概念。而现代刑事政策的价值目标就应当完整地定位于“合理而有

---

① ［法］米海依尔·戴尔玛斯-马蒂著．刑事政策的主要体系（译序）［M］．卢建平译．北京：法律出版社，2000：2.

② 曲新久．论刑事政策［J］．载陈兴良主编．中国刑事政策检讨——以“严打”刑事政策为视角．中国检察出版社，2004：111.

③ 梁根林．刑事政策解读［J］．载陈兴良主编．中国刑事政策检讨——以“严打”刑事政策为视角．中国检察出版社，2004：53.

效地组织对犯罪的反应”。① 由此，我国传统的“严打”刑事政策嬗变为“宽严相济”的刑事政策。下面就围绕我国刑事政策对犯罪化与非犯罪化进行探讨。其中，宽的刑事政策即包含非犯罪化的内容，而严的刑事政策即包含着犯罪化的内容。

第一节　犯罪化与我国“严打”刑事政策

犯罪化是将原来没有作为犯罪的行为升格为犯罪的行为，严厉打击是这一过程中的主要特点。从应对的方针政策上看，这就是在我国备受关注的“严打”刑事政策，或者说“宽严相济”刑事政策“严”的一面。当然，“严打”或“严的一面”并非仅在于将行为犯罪化，但是它们为将行为犯罪化提供了坚实的刑事政策基础，并且，相伴随的直接结果往往就是将某种行为予以犯罪化。在此意义上，犯罪化与我国“严打”刑事政策紧密相连，应当随着我国“严打”刑事政策的发展与变迁而不断调整与完善。

一、我国“严打”刑事政策概述

毋庸置疑，“严打”刑事政策是我国最为重要的刑事政策之一。学术界对“刑事政策”的关注与研究，很大程度上都源于对这一刑事政策的争论与探究。下面首先对我国“严打”刑事政策的基本情况加以概述。

在中华人民共和国成立后，我国的首次“严打”刑事政策出现在改革开放初期的 1983 年 8 月，这与我国社会当时严峻的犯罪态势紧密相连。20 世纪 80 年代，“文革”的弊习尚未完全清除，又面临着改革开放的急剧社会变动，犯罪率特别是暴力犯罪发案率大幅度上升，当时的社会治安形势恶化异常严峻。在这种情况之下，时任中共中央顾问委员会主任的邓小平同志在 1983 年 7 月同公安部负责人的谈话中提出了“严打”，即“解决刑事犯罪问题，

① 梁根林．刑事政策：立场与范畴［M］．北京：法律出版社，2005：22.

是长期的斗争，需要从各方面做工作，现在是非常状态，必须依法从重从快集中打击，严才能治住”。① 在这一“严打”思想的指导下，同年 8 月，党中央、全国人大常委会等迅速做出反应，先后出台了《关于严厉打击刑事犯罪活动的决定》《关于严惩严重危害社会治安的犯罪分子的决定》和《关于迅速审判严重危害社会治安的犯罪分子的决定》，由此开启了我国持续三年的第一次“严打”。

从当时的社会治乱情况来看，虽然在“严打”过程中，公安司法机关对社会中突出的违法犯罪行为予以了“从重从快严厉打击”，一时间对维护良好的社会治安形势起到了立竿见影的效果，使得社会生活中犯罪率大幅度减少，但是不能忽视的是，随着“严打”行动的告一段落，现实社会中的犯罪率又呈现出快速反弹。有统计数据显示：在 1988 年至 1991 年这四年间，全国的犯罪数量逐年大幅度地上升，分别是 82.7 万起、197.1 万起、221.6 万起和 236.5 万起。在短短的三四年内，全国的犯罪数量陡然上升 3 倍，这是新中国成立以来从未有过的。② 此后几年，国家不断辅以各种“专项斗争”：有 1991 年布置的“重点治理”，1992 年开展的“反盗窃”斗争，1993 年部署的围歼“车匪路霸”，等等。迄今，我国全国范围内的“严打”已经进行了三次，分别于 1996 年、2001 年开展了第二、三次“严打”（第三次在新世纪之初，又被称为“新世纪严打”）。客观地说，与第一次“严打”相同，这些“严打”在当时都取得了良好的效果，“严打”之中，社会治安形势明显好转，刑事发案率明显降低。其中，在 1996 年开始“严打”之后，出现了新中国成立以来的全部和重大刑事案件同时下降的情况。但每次“严打”告一段落之后，社会治安形势又慢慢反弹并不断恶化，本已遏制住的严重刑事犯罪又死灰复燃并重新蔓延，“严打”刑事政策并未取得人们所期待的良好效果。同时，“严打”要求“从重从快严厉打击”，经由党中央、全国人大的决

① 邓小平文选（第三卷）[M]. 北京：人民出版社，1993：34.

② 转引自侯庆奇，魏亚斐，姜琦. 严打政策的理性思考 [J]. 中共郑州市委党校学报，2007（2）.

定而呈现出“运动式执法”，在实践中一些背离法治精神、侵犯人权、破坏社会公正的行为时有发生。

归纳起来，我国实行的“严打”刑事政策具有如下几个方面的鲜明特点：一是“严打”政治色彩极浓。如学者所指出的，在我国，严打都是由我们党和国家在一定时期根据社会的治安形势，为惩治和预防犯罪而提出的针对性方针和政策。无论是1983年的首次严打，还是此后1996年和2001年开始的专项严打，都是由党中央直接部署的,① 由党中央制定“严打”方针政策，而非一般的法律立法程序，这就赋予了“严打”浓郁的政治色彩。

二是“严打”都是针对当时社会中的某几种严重的刑事犯罪进行，并非是针对社会上的一切违法犯罪活动。自1983年至世纪之交，三次“严打”刑事政策事实上是各有侧重，分别集中反映了当时不同社会时期的不同社会矛盾焦点：1983年的“严打”针对的是当时社会上严重的“伤害、抢劫、盗窃、走私、投机倒把”等七种犯罪；1996年的“严打”，重点是严厉打击大案重案和要案，是针对当时社会上出现的带有黑社会性质的犯罪团伙和流氓恶势力犯罪，严厉打击“车匪路霸”、涉毒涉枪和拐卖妇女儿童等犯罪类型;② 2001年的“严打”针对的是三类犯罪，即有组织犯罪、带黑社会性质的团伙犯罪和流氓恶势力犯罪、爆炸、杀人、抢劫、绑架等严重暴力犯罪和盗窃等严重影响群众安全的多发性犯罪。③

三是“严打”短期效果良好，但之后犯罪现象反弹严重，长期效果不容乐观而难以从根本上解决问题。“严打”一而再、再而三地被祭起，即表明其不可能一劳永逸地解决问题。对此，上面的阐述已作说明，此处不再累述。

---

① 王会伟．“严打”辨析——兼与陇夫先生商榷［J］．法学家茶座，第五辑．

② 《环球》杂志：是非功过说严打［EB/OL］．http：//news.163.com/05/0803/15/1Q86QD5G0001120U.html．

③ 张志刚，东方．打击与防范并重 治标与治本兼顾——对建立健全“严打”整治斗争经常性工作机制的探索［EB/OL］．http：//dyzy.chinacourt.org/public/detail.php？id=7005．

四是“严打”具有一定时期性，往往与“专项斗争”紧密相连。“从重从快严厉打击”毕竟不是也不应当成为我国法治中的一种常态，只是一定时期的对症下药，并且其贯彻与实施需要大量的人力、物力、财力等。事实上，已经付诸现实的三次“严打”持续的时间都不是很长，短至几个月长则两三年。如1996年“百日严打”“严打冬季行动”，1983年“严打”为期三年。为了巩固取得的成果，集中的“严打”之余是各种各样“专项斗争”，如前述：在1991年布置了“重点治理”，1992年决定在全国范围内开展为期三年的“反盗窃”斗争，1993年部署围歼“车匪路霸”的专项斗争等。

就上述分析，我国“严打”刑事政策政治色彩浓厚，三次“严打”均由党中央发动、全国统一行动，在实施中各级政府高度重视，往往表现为各级领导干部特别是许多省市自治区的党政一把手纷纷深入“严打”斗争第一线，精心组织和指挥，政法、公安部门积极行动。有的学者就指出这是一种“运动式执法（或治理）”，是有失妥当的。① 在这种“运动式执法”中，虽然每次“严打”都对打击的范围有所限制——只针对某几类严重的刑事犯罪进行，但是在“严打”的名义下，一些背离法治精神、侵犯人权、破坏社会公正的行为时有发生，其间造成了很多的冤假错案。而且，每次“严打”的预防犯罪、改善社会治安状况的效果都非常有限，反弹甚猛，等等。由此，“严打”刑事政策遭到了公众越来越强烈的批评，人们开始对之重新审视。

二、关于我国“严打”刑事政策的争论及其变迁

“严打”重拳出击，“稳、准、狠”地打击严重刑事犯罪分子，给人民群众以安全感，为我国的经济建设创造了良好的社会环

① 陇夫．向“运动式执法”说不［J］．法学家茶座．第2辑；唐皇凤．常态社会与运动式治理——中国社会治安治理中的“严打”政策研究［J］．开放时代，2007（3）．

境。① 这是“严打”的目的，也是其所发挥的功能。基于这种思想，不少学者都对我国的“严打”刑事政策予以充分的肯定评价。② 但对于这一社会特殊状态之下的非常政策，理论界不乏批判之声。现在对于“严打”，人们的看法各不相同，见仁见智，大致有三种观点：一是肯定说，一般为实务界所推崇，不少学者也持此观点，他们从我国严峻的社会治安形势出发，认为“严打”是必要的有力措施；二是否定说，持此说者从根本上否定了“严打”，认为它不能从根本上控制犯罪，并且使我国刑法趋于重刑化；三是反思说或折中说，认为“严打”有其现实合理性，但也存在严重的弊端，对其评价必须有一种辩证的观点，要一分为二地看问题，既应该看到它存在的合理性又要正视它的局限性：“严打”刑事政策是在社会转型期犯罪剧增的特定条件下实施的，并且具有一定的现实合理性，但严打本身具有的自身局限性和运动式运作方式，确实存在消极的一面。③

确切地说，无论对“严打”是肯定还是否定的观点，在一定条件下都具有一定的道理，诚如第三种观点而言，任何事物的价值判断都应当一分为二、坚持辩证的立场。然而，这并不妨碍我们在一定的条件下对其作出总体性的评价，处于不同的条件，产生的认识是不尽相同的。从严打之际严峻的社会犯罪态势和治安形势来看，“严打”是必要的有力措施，利害相取，其可谓一种不得已的选择。“没有犯罪就没有刑事政策，犯罪状况如何，直接决定产生什么样的刑事政策。就严打刑事政策而言，没有犯罪状况的严重性也就没有严打产生的现实合理性。”④ 犯罪状况的严重性决定了

---

① 熊选国．“严打”整治 除恶务尽［J］．人民司法，2001（5）．

② 熊选国．“严打”整治 除恶务尽［J］．人民司法，2001（5）；樊凤林．论严打政策［J］．公安研究，2003（4）；王会伟．“严打”辨析——兼与陇夫先生商榷［J］．法学家茶座，第5辑等．

③ 陈兴良．中国刑事政策检讨——以“严打”刑事政策为视角［M］．北京：中国检察出版社，2004：80．

④ 张穹．“严打”政策的理论与实务［M］．北京：中国检察出版社，2002：56．

“严打”的刑事政策。而现代社会人权保障运动如火如荼，法治意识普遍深入人心，“严打”的正当性便成为了理论先行上的主要矛头所向。概括起来，“严打”在理论和社会实践中主要存在如下问题：

其一，“严打”的科学性欠缺。这主要表现在“严打”是针对特定时期社会中出现的严峻犯罪态势而采取的具体措施，以应急为主，每次“严打”都强调对突出的犯罪问题进行专项整治，哪方面的犯罪突出，就严打哪方面的刑事案件。“这种救火式的刑事政策既不注重‘瞻前’，即对犯罪原因进行深入的研究，也不注重‘顾后’，即关注犯人的改造和回归社会，其结果只能是治标不治本。”① 这样，过于急用的功利性质必然使其科学性大打折扣。

其二，不利于人权保障。在现代法治刑法中，刑法并不仅仅是打击犯罪的“刀把子”，而且是保障犯罪嫌疑人、犯罪分子的大宪章，保障人权是刑法重要内容。但“严打”以“严”字当头，从重从快严厉打击严重的刑事犯罪，明显偏重于对犯罪的打击和控制，而对人权的保障重视不够，以至于“严打”的实施极可能造成对犯罪嫌疑人、犯罪分子人权的侵犯。如为了有效“严打”，2001 年全国社会治安工作会议确立的“严打”基本办案原则是“基本事实清楚，基本证据充分”，将平时的“事实清楚，证据充分”降格为“基本事实清楚，基本证据充分”，显然不利于犯罪人人权的保障。

其三，“严打”在实际执行中常常被异化。“严打”本意旨在通过“依法从重从快”严惩严重的刑事犯罪，保护人民群众的生命财产安全，维持社会的安宁。但是在实际执行中，由于过分强调从重从快严厉打击严重刑事犯罪，“严打”常常被异化成为其对立面：一方面在程序法上，许多保障机制很容易被忽视，甚至被有意无意地取消或弱化。如在案件侦查过程中，只关注收集所谓的有罪和罪重的证据，为了获取证据，不惜采取法律明文禁止的刑讯逼供、变相肉刑等严重侵犯人身权利的手段；而当证据收集不能或没

① 何秉松．刑事政策学［M］．北京：群众出版社，2002：251．

有获取充分的证据、难以作出有罪判决时，迫于“严打”的压力，往往对犯罪嫌疑人超期羁押。另一方面在实体法上，某些在过去还不属于犯罪的行为，因其发生在“严打”期间，也往往以“顶风作案”为由作为犯罪进行严打；而犯罪嫌疑人或被告人一旦被羁押，审判机关就不敢轻易地判其无罪。

其四，长远效果不理想。如前所述，虽然“严打”的实施带来了显著改善社会治安的效果，但是统计数据显示，“严打”之后的犯罪现象恶性反弹。

其五，“严打”容易导致重刑主义的泛滥，因为“严打”的重要内容就是“从重”。

因此，“严打”刑事政策值得深刻地反思。事实或许如贝卡利亚所指出的：“严峻的刑罚会造成这样一个局面：罪犯所面临的恶果越大也就越敢于规避刑罚。为了摆脱对一次罪行的刑罚，人们会犯下更多的罪行。”① 而且，“严打”中的“从重”必然会导致刑罚处罚过重而偏离应有的适度性，而事实上适度的刑罚具有十分重要的价值——只有对犯罪人施以适度的刑罚，才会真正有利于犯罪人产生悔罪的思想，使之感到罪有应得；如果刑罚过重就会使其产生不公平之感，从而产生对刑罚制度和社会的仇恨，常常会再度实施犯罪。②

正是由于对“严打”存在的问题的认识，现在，“严打”刑事政策正发生着深刻的变迁。一是自2001年第三次“严打”以来，传统的政治色彩浓厚的“从重从快严厉打击严重刑事犯罪”并未再实施，取而代之的是各种各样“严厉打击”，如严厉打击黑势力、“双抢”“双盗”和“六合彩”赌博等各种违法犯罪活动。在实践执法中，这些“严厉打击”又是各级地方政府政法部门在相

① ［意］贝卡利亚．论犯罪和刑罚［M］．黄风译．北京：中国大百科全书出版社，1993：43.

② 张志刚，东方．打击与防范并重 治标与治本兼顾——对建立健全“严打”整治斗争经常性工作机制的探索［EB/OL］．http：//dyzy.chinacourt.org/public/detail.php？id=7005.

应的“两高”司法解释的前提下的理解与实施。如针对“双抢”犯罪的严厉打击，首先是社会中“双抢”犯罪日益蔓延、猖獗，其次，最高人民法院为此出台了《关于抢劫、抢夺刑事案件适用法律若干问题的意见》，明确细化打击“双抢”犯罪的政策，最后，地方政法部门下达“关于依法严厉打击‘双抢’的指导意见或决定”，并组织、实施严厉打击。可见，“严厉打击”过程中的法治色彩不断增强。二是人们对“严打”的认识不断深化，“严”并不是一味从重从快严厉打击，在现代法治社会，主要的内容应是严密刑事法网。早在第一次“严打”结束之际，相对于“严打”，我国学者储槐植教授提出“严而不厉”的刑事政策思想：“严”指刑事法网严密，刑事责任严格；“厉”指刑罚苛厉，刑罚过重。“严而不厉”的基本思想在于扩大犯罪圈，增加刑罚规模，同时降低刑罚强度，实行刑罚轻缓。① 现在，这一思想已经为我国绝大多数学者所赞同。梁根林教授在《论犯罪化及其限制》一文中就将“严而不厉”视为我国“刑法结构的理想模式”。这一颇有见地的观点对我国刑事政策的科学化，当然具有极强的观念指导意义。三是刑事政策由“严打”到“宽严相济”。如陈兴良教授所言，这是我国刑事政策在新时期对过去严打刑事政策的反思与调整，在总结经验教训的基础之上，在一定程度上回归到了过去的“惩办与宽大相结合”政策。②

三、小结

“严打”刑事政策提倡“依法从重从快严厉打击”，与之相和的便是犯罪化，“严打”中的“严”即蕴含在将行为犯罪化中的严。实际上，从重从快严厉打击之义不仅在于对特定的刑事犯罪活动判处刑罚时从量刑幅度的上端作出决定；而且在于定罪存在不确定的情况时从之中的重罪作出决定。尤其是后者，在某种特定的行

① 储槐植．严而不厉：为刑法修订设计政策思想［J］．北京大学学报，1989（6）．

② 陈兴良．宽严相济刑事政策研究［J］．法学杂志，2006（1）．

为是成立犯罪还是不成立犯罪不确定时，从重从快的严打选择无疑是犯罪化处理。将“严打”与犯罪化紧密联系在一起的，更是刑事司法的实践活动。如上所述，由于“严打”，某些平时可能不构成犯罪的行为，在此期间也往往以“顶风作案”为由作为犯罪进行处理；在“严打”政策的指导下，有些地方给公安司法机关办案“下任务、定指标”，有些公安司法机关则为了完成“任务”，在“表示重视”“造声势”“战果显著”等思想的支配下，出现滥抓滥捕现象，使一些本来不构成犯罪的行为以犯罪行为处理。

更不用说，“严打”的另一层含义“严密刑事法网，严格刑事责任”。其中，前者是指现有的刑事法网立法还不够周全，未能将社会中应有的严重危害行为纳入犯罪的范畴，因而，需要刑事立法将这些危害行为予以犯罪化，编织惩罚犯罪的严密刑事法网；后者是指虽然现有的刑事立法已经将社会中的某种严重的危害行为规定为犯罪，但是刑事司法实践由于种种原因，并未严格依照法律的规定将这些危害行为以犯罪论处。常见的如对于盗窃罪，《刑法》第264条规定“盗窃公私财物，数额较大或者多次盗窃的”即成立盗窃罪，相关的司法解释将数额较大解释为“财物价值人民币500~2 000元以上的，各省、自治区、直辖市高级人民法院可根据本地区经济发展状况，并考虑社会治安状况，在规定的数额幅度内分别确定”。多次盗窃是指一年内入户盗窃或者在公共场所扒窃3次以上。但是，一些地方刑事司法机关往往由于办案力量所限，对于一些事实上已达到立案标准、构成犯罪的盗窃行为不予立案或者即使立案也不予积极查处。又如我国《刑法》广泛规定了侵犯知识产权犯罪（尤其是侵犯著作权罪、销售侵权复制品罪等），传播淫秽物品犯罪，但是事实上以这些犯罪定罪量刑的可谓寥寥可数，这并不是因为这些犯罪极少发生，相反，是因为很多犯罪在一些地方或领域已经形成了“法不责众”的现状。因而，需要刑事司法严格刑事责任，将事实上已非犯罪化的严重危害行为重新犯罪化。

在现代刑法中，伴随着法治与人权保障观念更新的是“严打”思想向“宽严相济”思想的转变，要求刑事立法与司法“当宽则宽，该严则严，依从法律，宽严适度”。根据这一思想，“严打”

只是事物的一个方面，在犯罪化的同时，刑事立法与司法也需要宽容的态度。

第二节　非犯罪化与我国刑事立法政策

与“严打”相对，我国另一种刑事政策就是“宽松”的刑事政策。虽然我国刑事政策并未形成完全单独的“宽松”刑事政策，但是这是我国刑事政策不容忽视的重要一极。这一刑事政策“宽松”，即刑法的宽容、轻缓，表现方式是多种多样的，非犯罪化就是其中的一个重要从宽处理措施。最高人民检察院在工作报告中就曾指出：2005 年全国检察机关认真贯彻宽严相济的刑事政策，坚持区别对待，……对主观恶性较小、犯罪情节轻微的未成年人、初犯、偶犯和过失犯，贯彻教育、感化、挽救方针，慎重逮捕和起诉，可捕可不捕的不捕，可诉可不诉的不诉，做到当宽则宽。① 非犯罪化是“宽松”刑事政策的重要内容。

一、我国“宽松”刑事政策概述

探讨“宽松”刑事政策，首先需要明确一点，这一概念并非一个专门的法律术语。有的观点称之为“轻缓刑事政策”“刑法的宽容精神”等。这里称“宽松”的刑事政策，一方面是“宽”，即我国传统的“惩办与宽大相结合”刑事政策与现在的“宽严相济”刑事政策中的“宽”；另一方面是“松”，即对应在特定犯罪行为上的刑事法网疏松，而非“严打”中的刑事法网严密。

“宽松”的刑事政策即“宽大”“宽严相济”的“宽”，我国刑事政策历来不乏这一重要内容。在政策史上，它最早源于革命战争时期“镇压与宽大”的对敌斗争策略。在国内革命战争时期、抗日战争时期及解放战争时期，为了广泛联合团结社会各阶层力

---

① 转引自刘仁文．宽严相济的刑事政策研究［J］．当代法学，2008（1）．

量，我党实行的是“镇压与宽大相结合”的对敌斗争策略，区别不同的敌对分子采取不同的对待策略。① 作为战争年代的斗争策略，“宽大”政策具有明显的政治斗争色彩，是出于应对残酷阶级斗争的需要。新中国成立初期，“镇压与宽大”的政策在“镇压反革命运动”“三反五反”、惩治贪污犯罪中继续发挥着重要的作用。

1956 年，随着我国社会政治形势的变迁，在政策用语表述上，由“镇压与宽大”改为“惩办与宽大相结合”。1979 年《刑法》的第 1 条就明确规定，我国刑法是根据“惩办与宽大相结合的政策”制定的。我国著名刑法学家高铭暄教授也指出，这一“惩办与宽大相结合”是我们党和国家同犯罪作斗争的基本政策……对于争取改造多数、孤立打击少数，分化瓦解敌人，有着重大的作用。② 将这一政策法律化，强调根据犯罪分子不同的实际情况对其区别对待，在严厉惩办的同时，又兼顾宽大的一面，从而积极有效地同犯罪分子作斗争，讲求应对犯罪分子的策略艺术，这显然完全符合立法的精神。一直持续到 1983 年“严打”前夕，“宽大”一直是指导刑事司法实践的重要政策。随着 1983 年我国的首次“严打”刑事政策的付诸实施，在此后的近 20 年的时间，先后进行了三次全国性具有重大影响的“严打”，由此进入了一个严打时期。应该说，严打刑事政策在其内容上与惩办和宽大相结合的刑事政策是存在抵触的，采用严打刑事政策意味着在一定时期内惩办与宽大

① 在抗日战争时期，毛泽东对党的“锄奸”政策就指出：“对于反动派中的动摇分子和胁从分子，应有宽大的处理。……对敌军、伪军、“反共”军的俘虏，除为群众所痛恶、非杀不可而又经过上级批准的人以外，应一律采取释放的政策。其中被迫参加、多少带有革命性的分子，应大批地争取为我军服务，其他则一律释放；如其再来，则再捉再放；不加侮辱，不搜财物……一律以诚恳和气的态度对待之。”

② 汪明亮．“严打”的理性评价［M］．北京：北京大学出版社，2004：33.

相结合刑事政策的搁置。① 这样，由于在司法实践中大为奉行的是严打刑事政策，原来79刑法中的"宽大"政策已经名存实亡，及至1997年修订刑法则直接取消了这一规定，给严打刑事政策让路。② 然而，如上所述，一味严打，遏制和预防犯罪的效果并不理想，而且在其实施过程中过分追求从严从快，造成了不少冤假错案，理论上对这一政策的反思自第一次严打结束之后便破卷而出。随着近年来我国大力倡导构建社会主义和谐社会，"宽松"刑事政策的主张日益为人们所接受。2004年12月，中共中央政治局常委、政法委书记罗干在全国政法工作会议上提出"宽严相济的刑事政策"。2006年10月，十六届六中全会通过了《中共中央关于构建社会主义和谐社会若干重大问题的决定》明确要求实施宽严相济的刑事司法政策。现在，如学者所言，宽严相济的刑事政策就是一项基本刑事政策。③

不难发现，"宽松"的刑事政策在我国是伴随着新中国的诞生与成长，在波折中不断发展与完善。最初的"宽松"是政治上对敌斗争中"分化、瓦解、团结"的一种策略：镇压与宽大相结合，虽然政治色彩浓厚，但也是针对严重破坏革命事业的犯罪分子适用，不失为刑事政策。第二种形态的"宽松"是1979年《刑法》中的"惩办与宽大相结合"，名副其实的刑事政策。第三种形态的"宽松"便是"宽严相济的刑事政策"。伴随着用语措词的变化，其内含更加科学合理，富有时代性。如我国著名刑法学家马克昌教授所言，宽严相济的刑事政策是对惩办与宽大相结合的继承与发展，继承是基本的，但它还有发展，发展在于它是在构建和谐社会

---

① 陈兴良．宽严相济刑事政策研究［J］．法学杂志，2006（1）．值得注意的是我国传统的观点认为，依法从重从快的严打是具体的政策，而惩办与宽大相结合是基本的政策，二者并非同一层次上的政策，而它们的精神是完全一致，不是对立相悖的，那种认为我国基本刑事政策已经改变的观点，是没有根据的错误认识。详见杨春洗．刑事政策论［M］．北京：北京大学出版社，1994：245-251.

② 陈兴良．宽严相济刑事政策研究［J］．法学杂志，2006（1）.

③ 刘仁文．宽严相济刑事政策研究［J］．当代法学，2008（1）.

背景下提出的，它是对我们的“严打”政策的修正，把宽放在第一位，这与惩办与宽大相结合把惩办放在第一位是有所不同的。原来惩办与宽大相结合是在新中国成立初期镇压反革命提出来的，当时提宽大是以惩办为前提的，离开了惩办也就无所谓宽大，但现在提的是宽严相济，宽是第一位的，这个“宽”是围绕和谐社会而提出的。① 以前是“严”字当头，现在则是“以宽济严”，向“宽”倾斜。

二、我国“宽松”刑事政策的理论基础

现在，“宽松”刑事政策的提出，不仅在于它有着悠久的历史和满足社会实践的需要，而且还在于现代刑法中这一政策有着坚实的理论基础。随着现代社会法治观念、人权保障思想的兴起与发展，批判刑罚的严厉性，主张对刑法进行理性认识的思想观点一直是理论上的一种重要声音，主要有刑法的谦抑性思想、不完整性思想及经济性思想。对某一行为用法律手段进行干预必须符合必要性原则和正义原则，这是当今我国“宽松”刑事政策重要的理论基础。详述如下：

（一）刑法的谦抑性

谦抑，即谦和抑制或谦让抑制。刑法的谦抑性，又常被称为刑法的谦抑主义、谦抑观念、谦抑原则、刑法的抑制性等。在学说史上，刑法的谦抑性这一概念最早是由日本刑法学者所提出的，平野龙一、大谷实等刑法学家都对此作过精辟的阐述，历经中外学者的发扬，目前已成为现代刑法中公认的一项重要内容。如刑法学者平野龙一认为，所谓刑法的谦抑性，是指“即使侵害或威胁了他人的生活利益，也不是必须直接动用刑法。……只有在其他社会统制手段不充分时，或者其他社会统制手段（如私刑）过于强烈，有

① 马克昌在“和谐社会与中国现代刑法建设——纪念新刑法典颁行十周年学术研讨会”上的发言。

代之以刑罚的必要时，才可以动用刑法”。①可见，他将刑法的谦抑性包含的内容归纳为刑法的补充性、不完整性（断片性）以及宽容性（自由尊重性）。

刑法的谦抑性要求尽可能地少用甚至不用刑法去解决社会中的问题，因为严厉的刑法本身是一种“恶”。这一概念在刑法追求人权保障，实现法治的现代化进程中便为学界所广泛认同。在我国20世纪末期，就有刑法学者明确提出了“刑法的谦抑性”概念，指出这一概念应该包含着两层含义：一是刑法实现谦抑性的具体规则，即刑法首先要明确究竟在符合哪些具体条件的情况下，才能够加以适用；二是刑法要改变重刑优于轻刑的传统社会观点，取而代之的是要树立形成轻刑优于重刑的观点，对某种严重危害社会的行为，如果能以较轻缓的刑罚方法达到预防犯罪和维护社会秩序目的的，就不能使用较重的刑罚方法。② 谦抑性实际上分为定罪与否上的刑法少介入和已经确定为犯罪、实现刑事责任的用量尽可能地谦抑。还有观点从价值蕴含上分析了刑法的谦抑性，将其基本的价值蕴含归结为以下三点：一是刑法的紧缩性，即从人类社会的历史演变或国家法治建设来看，刑法在全部国家法律体系中所占的比重应当逐渐减少；二是刑法的补充性，即对某种危害行为，只有当运用其他社会制裁手段存在着某种不能或不足的问题时，才应当动用刑法；三是刑法的经济性，又称之为刑法的节俭性，即应当以最小的刑法资源投入，获得最大的刑法效益。③ 在此之后，关于刑法的谦抑性，各种学说观点纷呈。据学者的归纳，加之该学者的观点，表述这一思想内容的用语就有：刑法的紧缩性、刑法的补充性、刑法的经济性、刑法的不完整性（断片性）、刑法的最后性、刑法的克制性、刑法的宽容性、刑法的有限性、刑法的迫不得已性。学者们

① 转引自王明星．刑法谦抑精神研究［M］．北京：中国人民公安大学出版社，2005：47.

② 张明楷．刑法的基础观念［M］．北京：中国检察出版社，1995：144-159.

③ 陈兴良．刑法的价值构造［M］．北京：中国人民大学出版社，1998：353-380.

一般将其中的三种或几种特性作为刑法的谦抑性，该论者还对其中不同见解的内容进行了评析。①

争论的本身就表明我国学者对这一理论问题的高度重视，确切而言，是对其的肯定与提倡。上述有关刑法谦抑性的表述也都有一定的合理性，均是我国现代刑法应当具备的优良品德。之所以形成这些不同的用语表述，除了表达不同用语的含义之外，还是由于相同的意思在用语上的差异。其中，补充性、最后性与迫不得已性都意在说明刑法是防卫社会的最后一道屏障，不应轻易动用，首先应当用非刑法的措施来解决社会纠纷；克制性与宽容性，前者是对主体而言，后者则是对对象而言，实无根本上的差别。如前所述，谦抑即谦和抑制、谦让抑制。刑法的谦抑性的内容无疑离不开对“谦抑”二字的理解。在此意义上，上述的刑法的紧缩性、刑法的补充性、刑法的最后性、刑法的克制性、刑法的宽容性及刑法的迫不得已性都主张刑法应当谦和抑制，尽可能地少或者不动用刑法，因此，理应成为刑法谦抑性的应有之义。

刑法的紧缩性由陈兴良教授考察我国刑法的发展历史而提出，是指从历史发展的过程来看，刑法在整个法律体系中所占的比重逐渐降低，呈现出一种不断紧缩的状态。虽然随着社会历史的发展，社会生活中新型社会关系不断涌现，各种社会关系日益复杂，需要刑法介入的领域有所增加，但这些只是刑法在数量上的增加，刑法的比重却是不断紧缩的。

刑法的补充性，不少学者有所论及。陈兴良教授认为只有在其他社会统制手段不充分时，或者其他统制手段（如私刑）过于强烈，有必要以刑罚的手段替代时，才可以动用刑法；张明楷教授认为刑法的补充性是指对违法行为的制裁应优先考虑制裁力弱的措施，即优先考虑适用一般部门法。② 虽然观点不尽相同，但是在将

① 转引自王明星．刑法谦抑精神研究［M］．北京：中国人民公安大学出版社，2005：49，61．

② 张明楷．刑法在法律体系中的地位——兼论刑法的补充性与法律体系的概念［J］．法学研究，1994（6）．

刑法手段与其他社会治理手段、部门法手段作位阶比较时，都会强调刑法的补充性，是一种补充性的社会治理手段。

刑法的最后性，即通常而言的刑法是社会安全的最后一道防线。所谓刑法的最后性，就是刑法在适用上的最后性，在国家动用法律来干涉社会生活时，刑法在可资利用的国家法律体系的调整序列中处于其他法律之后，只有当我们不能运用其他法律调整社会生活或者存在调整不足的情况下，才应当动用刑法的调整方法。① 这主要是由于刑罚是一种最严厉的惩罚措施，如果用之不当，就可能会严重损害行为人的权利，进而影响到普通社会民众参与社会生活的积极性。因此如我国台湾学者林山田所主张的，国家在进行刑事立法时应当遵循“过滤原则”，即对某种社会关系是否需要动用刑法的手段加以调控，必须要事先经过其他非刑法法律的筛选，当其他法律不能或不足以有效地调控这种社会关系时，运用刑法的调整才是应该的、合理的和必需的。②

刑法的克制性，主要是从司法实践对刑法的适用而言的，即要求克制谨慎地运用刑法（尤其是刑法）。③ 因为众所周知，刑罚是一种最为严厉的剥夺，其本质也是一种为人所不愿接受的恶害，所以，刑罚是一种不得已的恶，它的产生和存在是人类社会为了实现维护正常社会生活秩序的一种必要选择。由此，在国家保障人权观念已经深入人心的现代社会中，国家对行为人实施的严重危害社会的行为，在适用刑法上应当尽可能地保持克制谨慎，能够从宽从轻的，应尽可能地从宽从轻，能够不用刑罚处罚方式的，应尽可能地不使用刑罚的处罚方式。

刑法的宽容性，“宽容”即宽和、宽恕与容纳，这是现代价值观念多元化下社会宽容在刑法中的要求与表现。陈兴良教授在他所著的《刑法的价值构造》一书中，将宽容性视为刑法人道性中的

① 甘雨沛，何鹏．外国刑法学（上册）［M］．北京：北京大学出版社，1984：193.

② 林山田．刑法通论［M］．台北：台北三民书局，1986：75.

③ 王树茂．刑法谦抑性之我见［J］．犯罪研究，2003（2）.

一种重要的价值蕴含。① 与之观点相同的是，陈正云教授也是从刑法的人道主义视角来阐述刑法应当具有宽容性，认为宽容性是刑法介入现实社会生活时的应有要求，这种宽容性意味着尊重和保障人权，意味着刑事司法人员极大的同情心、自觉性和责任心等。② 还有学者指出，刑法的宽容性是指刑法应当给任何行为人以充分的人文关怀，要真正尊重人的自由与尊严，要尽可能地不去干涉私人的社会生活和采取较为宽和的刑罚手段。③

刑法的迫不得已性，即通常所言的万不得已，不得已而为之。所谓刑法的迫不得已性，是指不到万不得已不得把某种行为在刑法中加以规定，不到万不得已不得在刑法规定以及动用较重的刑罚；刑法的迫不得已性包含着“刑事立法上的迫不得已性”和“刑事司法上的迫不得已性”④。在现代法治社会中，刑法代表的是国家公权力，到迫不得已时才适宜动用刑法，要求刑法规范是在其他法律规范不足以进行社会调控时迫不得已才发挥社会调控功能的手段。

当然，这些刑法的特性之间可能有所重叠，但它们各有侧重，都是刑法的谦抑性在不同侧面上的反映。

（二）刑法不完整性思想

刑法的不完整性，有的表述为“断片性”，刑法的有限性等，基本含义是指刑法介入社会生活具有不完整性，它并不介入所有的社会生活的领域。

由上，一些观点将其视为刑法谦抑性的一项重要内容。本文认为，其与刑法的谦抑性实非同一意义中的种属关系，二者之间也存在较大的差别。首先，在性质上，刑法的不完整性是对社会现实生

① 陈兴良．刑法的价值构造［M］．北京：中国人民大学出版社，1998：430.

② 陈正云．刑法的精神［M］．北京：中国方正出版社，1999：200-252.

③ 王明星．刑法谦抑精神研究［M］．北京：中国人民公安大学出版社，2005：103.

④ 王明星．刑法谦抑精神研究［M］．北京：中国人民公安大学出版社，2005：78-79.

活中刑法调整范围的经验总结的准确描述，历经千百年来的刑事司法实践，人们逐渐意识到刑法并不是也不应当是调整全部社会生活唯一有效的措施；而刑法的谦抑性“谦抑”即“谦和（让）抑制”，更多的是对充满暴力强制色彩备显严厉的刑法从伦理品格、价值观念上的希冀，二者在性质上不尽相同。其次，从词义上看，刑法的不完整性意指刑法调整社会生活的不完整性，即有限性；而刑法的谦抑性如上所述，含义较丰富，可表现为刑法的紧缩性、补充性、最后性、克制性、宽容性与迫不得已性等，意在说明刑法在可用可不用时尽量不用。最后，二者在逻辑上也并非种属的关系，典型的种属关系表现为逻辑上的包含与被包含关系，很难说刑法的不完整性就是刑法的谦抑性的种概念之下的属概念。而且，将二者视作并列关系不仅因为上述之间的差异，还是因为明确地提出刑法的不完整性本身就意义重大，是构建宽容的现代刑法理念的重要理论基础。

台湾地区的刑法学者林山田对“刑法的不完整性”概念，进行了较为全面系统的阐述。他将刑法的不完整性具体分为刑法内容方面的不完整性和刑法功能方面的不完整性，内容方面的不完整性是指刑法事实上不可能规定出社会生活中所有的犯罪行为，不可能做到对各种各样犯罪事无巨细的规定；功能方面的不完整性是指刑罚制裁方面只是最具有强制性的一种社会制裁手段。① 因此，在一个国家对社会生活的规制中，刑法还需要与其他的社会、家庭和学校等方面的手段相配合。

有的论者表述为“刑法的有限性”，认为所谓刑法的有限性，即对刑法的限制，是指刑法的调控范围以及刑罚手段的运用是有限的，而不是无穷的。具体而言，又体现在两个方面：一是刑法触角

---

① 转引自张颖杰，李茂华．论刑罚的有限性［J］．西安石油大学学报（社会科学版），2006（4）；林山田．刑法通论（上册）［M］．北京：北京大学出版社，2012：54-56.

的有限性，二是刑罚发动的有限性。① 这一观点，又对“刑法的有限性”概念作了纵深层次上的区分，刑法触角的有限性关注的是刑法用与不用的选择，刑法的触角是有所限制的，不能伸得太长、太过宽广；刑罚发动的有限性，是指即使必须采用刑法来调整某种社会关系，刑罚的动用也不能随心所欲“主动出击”，而是有所限制，首先适用的是非刑罚处罚方法及相关刑罚暂缓执行制度。由于其自身属性的制约，刑法保护社会秩序和保障人权的功能是有限的，刑法不是打击犯罪唯一甚至决定性手段，对罪犯的惩罚必须建立在对罪犯人权保障的基础之上。② 刑法客观存在着不完整性，刑法以及刑罚并非对应犯罪防控的“万能钥匙”。这逐渐为现代社会人们所意识并接受认可，必将形成人们对刑法的宽容意识。

（三）刑法经济性思想

刑法的经济性，是从经济学意义上所作的思考，由此形成的是功利主义的刑法理论。一些学者在阐述刑法的经济性时，也常将其视为刑法谦抑性的重要内容之一。如有的观点认为：“刑法经济性是刑法谦抑性的价值蕴含之一。”③ 我国学者陈兴良教授指出：“刑法的谦抑性必然要求刑法节俭。这里的节俭也就是所谓经济。刑法的经济性是一个关系概念，并不是一味地裁减刑法，而是指以最少的刑法资源投入，获取最大的刑法效益。因此，这里涉及刑法的经济分析。”④ 或许，刑法的经济性与谦抑性都可以解释为国家在社会治理中少用、慎用刑法的手段，但是，与其将经济学意义上的“刑法经济性”与浓厚伦理道德色彩上的“刑法谦抑性”勉强混为一体，还不如将其分开，在刑法的谦抑性之外阐述刑法的经济性，则更能突出现代社会刑法经济性的新蕴含。这是本文独立阐述

① 王明星．刑法谦抑精神研究［M］．北京：中国人民公安大学出版社，2005：61.

② 潘庸鲁．树立理性刑法观——以审视刑法的有限性为视角［J］．学术探索，2008（4）.

③ 张颖杰，周存平．刑法经济性论略［J］．襄樊学院学报，2006（6）.

④ 陈兴良．刑法的价值构造［M］．北京：中国人民大学出版社，1998：38.

刑法经济性的初衷。

刑法的经济性，即刑法的适用应当注重实现法律效益。从逻辑上看，这是经济或效益观念在刑事法学领域中的具体体现。近年来各种资源有限性思想影响颇为广泛，人们纷纷将这种观念引入到法学领域，纷纷用经济学中成本与收益的分析方法对法律的社会效果进行定量的分析。如学者所言，任何一项立法，一件法律决定，总会消耗一定的社会资源，总有一定的成本，包括在立法、守法、执法、司法方面人员、时间、装备、金钱等的投入，因此，应当将资源用于最需要的地方，并实现法律的社会投入的最大社会产出。① 有的观点甚至主张："经济性是法的本质属性之一……使我们对法律的研究和实践沿着它本应的正确方向前进。假使如此，我们必将迎来一个法治昌明、安居乐业的时代。"② 论者的观点不无道理。虽然，扮演着"社会最后一道防线"的刑法不同于一般性的部门法（尤其是民商经济法律），但是，刑法作为一国法律体系中的重要组成部分，是不可能不考虑法律经济性的要求的。③ 在此意义上，尤其是在现代社会经济性、效益性观念日益深入人心的时代，经济性是刑法的重要价值蕴含。一方面，刑法应当具备经济性，另一方面，刑法的经济性是与刑法的最后手段性、人们对刑法的理性期望、犯罪圈的收缩及刑罚轻缓等宽松刑法理念基本相一致的价值取向。

众所周知，经济意义上的理性是产出与投入的比例最大化，以尽可能小的投入换取尽可能大的产出。以此分析，刑法的经济性即是国家应当考虑刑法的社会效益与刑法的投入之间的比例，力求以

---

① 沈宗灵．法理学［M］．北京：北京大学出版社，2003：331.

② 傅孙满．关于法的本质的再认识——试论经济性是法的本质属性之一［EB/OL］．http：//www. studa. net/xingfa/060330/11592518-2. html.

③ 在一定意义上，法从人类社会中的习惯形成习惯法直至上升为成文法，呈现出调控的时空范围的不断扩大。与之相伴的就是，随着法律调整的越具广泛性、普遍性，则价值越高，因为越是广泛性、普遍性的事物，越容易为人们所接受，维持秩序的阻力就越少。人们选择法律作为社会统治的工具，本身就是出于经济性的考虑。

最小的刑法支出获得最大的社会效益。显而易见的是，刑法的适用应当力求以最小的支出——少用甚至不用刑罚，而用其他刑罚替代措施，获取最大的社会效益——有效地预防和控制犯罪。这是刑事司法的经济性，也是我们应当首先予以关注的内容。“徒法不足以自行”，刑法在社会生活中被适用是需要国家付出足够的人力、物力、财力等的耗费。每一案件具体的刑事司法过程，主要包括从侦查、起诉、审判到刑罚的执行，都需要耗费一定的国家财政。如仅刑罚的执行，有关司法统计表明，我国 1995 年在押人犯1 320 947 人，据权威人士估计，国家为了执行刑罚（改造犯罪人）而对在押人犯的改造投资每年人均2 000～3 000元，远远高于国家对中小学的人均投资，仅 1995 年，国家为执行刑罚就付出数千万元。① 有的学者充分地认识到刑罚对社会财富的消耗，区别于刑罚对社会的积极价值（即正价值）而称之为“刑罚的负价值”，并认为，其主要表现形式可概括为三个方面：耗费人力物力、危及公民权利、留下情感阴影。② 从性质来看，适用刑法的成本不仅包括物质上的经济成本，还包括思想精神上的负面影响。而且在一定程度上，后者的成本远大于前者的成本（尤其是如果刑事司法出现不当甚至发生错误的情形），后者所造成的多为精神上的伤害，对人们的影响更深远、更持久、更难以抚平。因此，刑事司法应当考虑经济性，在刑事法律的准绳之下，灵活适用刑法，少用甚至不用刑罚，而用其他刑罚替代措施。在定罪方面，可定罪可不定罪的，则不以犯罪处理，对主观恶性不大的初犯、偶犯、胁从犯实施的轻微犯罪等尽量不以犯罪处理，而代之保安处分。在量刑方面，可轻可重的，则从轻处理，全面考虑影响犯罪人量刑的法定情节和酌定情节；应当型情节应严格依照法律的规定处理，可以型情节应尽量采纳对犯罪人量刑有利的处理，不采纳的例外应是极少数的情况；从轻幅度有别的（包括从轻、减轻或者免除处罚），应尽量从轻处罚。在刑罚执行方面，可从轻执行也可不从轻执行的，宜从轻执

---

① 赵秉志．刑罚总论问题探索［M］．北京：法律出版社，2002：24.

② 赵秉志．刑罚总论问题探索［M］．北京：法律出版社，2002：23-33.

行；可宣告执行刑也可宣告缓刑的，则宣告缓刑；可假释也可不假释的，则假释。

此外，刑事立法的经济性不容忽视，刑事立法包括一般的法律制定都需要一定的国家投入，“创制刑罚必须有立法机关，而无论是立法机关的日常运作，还是为了创制刑罚进行调查研究，以及起草、通过，都需要有足够的经费开支。”① 但此意义上的经济性，实为刑事立法过程上的经济性，这里并非意在于此，更为重要的是立法内容上的经济性。法谚所言“法律不理会琐碎之事”，体现的就是对立法资源的节约。如果立法者在创制法律时，无重要与琐碎之事之分，不遗余力地将一切社会生活中的事情纳入法律的文本，其后果只能是“立法膨胀”乃至“法律的大爆炸”。刑事立法自不例外，刑法的创制应集中于社会生活中的重要内容。对此，我国有的学者指出，立法者进行犯罪化时必须注意以下条件：第一，行为具有严重社会危害性并且为社会绝大多数人所不能容忍并主张以刑法规制；第二，其他制裁力量不足以抑制这种行为，只有动用刑法才能充分保护合法权益；第三，运用刑法处罚这种行为，不会使对社会有利的行为受到禁止及公民的自由受到很大限制；第四，对这种行为刑法能够进行客观的认定和公平的处理；第五，动用刑罚会有预防或抑制该行为的效果。② 除第二个以外，其他的几个条件明显的都是从刑法的经济性方面入手加以界定的。我国古代著名的思想家老子曾说过，“法令滋彰，盗贼多有”，西汉陆贾认为，“法逾滋而奸逾炽”，宋代叶适认为，“法令日繁，治具日密，禁防束缚，至不可动，而人之智虑自不能出于绳约之内，故人材亦以不振”，等等，这些闪烁着法律经济性的观点，在今天看来都是一笔宝贵的思想财富。

三、小结

在我国，“宽严相济”的刑事政策的现实意义与其说是“严”，

---

① 赵秉志．刑罚总论问题探索［M］．北京：法律出版社，2002：23.

② 张明楷．论刑法的谦抑性［J］．法商研究，1995（4）；苏彩霞．中国刑法国际化研究［M］．北京：北京大学出版社，2006：117.

还不如说在于“宽”的方面。我国刑法的历史传统及社会民众的一般意识，对实施犯罪行为的人并不缺乏“严厉打击、严密法网”的认识。相较之下，表现为理性地对待犯罪人的宽松政策更加重要。同时在理论上，刑法谦抑性、不完整性、经济性等思想日益被人们所接受，为宽松刑事政策提供了理论上的基础。

与宽松刑事政策相对应的是非犯罪化。传统的“严”，表现为对已是犯罪的从重处罚或者将非犯罪的行为上升为犯罪予以惩处，都属于犯罪化的内容（前者是犯罪罪量上的犯罪化，或称刑罚化；后者是犯罪罪质上的犯罪化），宽与严相对，是对传统刑事政策的严厉的纠偏，非犯罪化就是这一刑事政策的具体表现。

刑法的谦抑性是刑法介入社会生活时，应当具备谦让抑制的伦理品质，即使社会生活中出现了严重侵害或威胁他人利益的行为，也不是必须直接动用刑法，应当首先采取其他的社会调整手段。在我国，现行刑事立法及司法尤其需要关注的是以往“严打”思维惯式的现实影响，合理地将一些理应谦抑的犯罪行为非犯罪化处理，在某种意义上，传统的“严打”及其现实余响是与谦抑性的要求相对立的。刑法的不完整性是刑法介入社会生活的有限性，它并不介入所有的社会生活的领域。这是由刑法规范的特性与社会生活复杂现实的矛盾所决定的，如古语有云，“法有限而情无穷”，我们很难用有限的法来规范无穷的情。客观上，刑法是且仅是社会治理的手段之一，用刑法严惩违法犯罪行为显然并非放之四海皆准的真理。因此，刑法的不完整性要求将不完整的违法犯罪行为非犯罪化。刑法的经济性，实为功利主义刑法理论的重要内容，它包括刑事司法的经济性与刑事立法的经济性。功利主义刑法理论由著名的英国法学家边沁首倡，基本思想认为：求乐避苦是人性的根本，任何人都难以逃脱求乐避苦的法则，所以快乐便成为人们一切行为的依据。① 边沁认为：“该原则（即功利主义原则）是指，对某行为的肯定或否定，取决于该行为是否具有增进涉及切身利益的当事

① 马克昌．近代西方刑法学说史略［M］．北京：中国检察出版社，1996：59-60.

人的幸福，或者说，是以能否促进幸福来评价行为。所谓行为，不仅指个人的各种行为，而且包括政府所采取的各种措施。"① 功利主义不仅是解释犯罪人实施犯罪行为原因的理论，而且是对犯罪行为是否及如何配置刑事法律问题的理性回答。实际上，"基于功利主义的指导思想，边沁并不将刑罚作为遏制犯罪的最主要措施，在用大量的篇幅论述了'对犯罪之恶的政治补救'之后，才论及如何有效地适用刑罚。"他认为，"滥用之刑""无效之刑""过分之刑"及"昂贵之刑"都是"不应适用之刑"。② 这些思想对于现代刑事法治建设无疑具有明显的借鉴意义，出于经济理性权衡的刑法经济性就要求将现实刑事立法和司法中的此类"不应适用之刑"予以非犯罪化。

第三节　犯罪化与非犯罪化的辩证关系

犯罪化与非犯罪化，"非"即是对前者的否定，处于其对立面，从逻辑上看，二者截然不同，相互对立。对特定的某种行为而言，犯罪化就意味着对非犯罪化的否定，二者不可能并存，反之亦然。任何一种刑法规范都不可能对特定的行为犯罪化与非犯罪化同时作出完全相反的规定，虽然在司法实践中，常有行为先被作为犯罪后又不视作犯罪，行为人无罪释放或相反的情形出现，同一行为在刑法上犯罪与否的具体认定时有反复，使得司法上的犯罪化与非犯罪化较为复杂，但是在理论上，特定的某种行为犯罪化与非犯罪化是截然不同、泾渭分明的。

表面上，犯罪化与非犯罪化是刑事立法与司法中各自向相反方向发展的两极。然而，实质上，二者之间并非完全对立。根据马克思主义辩证法的基本思想，现实世界是充满矛盾的，是充满辩证法

---

① 边沁．道德与立法原则导论［M］．转引自马克昌主编．近代西方刑法学说史略．北京：中国检察出版社，1996：60.

② 马克昌．近代西方刑法学说史略［M］．北京：中国检察出版社，1996：66-67.

的，矛盾和辩证法是一切事物，包括人类社会的本来客观面貌；矛盾的双方既是对立的，又是相互统一的，即对立统一规律。犯罪化与非犯罪化是矛盾双方的一种具体形式，也要服从辩证法的一般原理。应该说，犯罪化与非犯罪化都是刑事立法与司法中不容忽视的重要方面，二者相辅相成，相互融合补充，共同构成了刑事立法与司法中犯罪圈的合理划定。详述如下：

一、犯罪化与非犯罪化在理念上相互融合

犯罪化与非犯罪化概念相反，但这并不能掩盖二者在更高的理念层面上的相互融合。理念即理性的观念、所持的信念。“刑法理念作为对刑法本质及发展规律的一种宏观的、整体的理性认知、把握和建构，它与法律观念、法律表象、法律意识等相比，处于更高的层次，是由法律的信念或信仰、目的、目标、理想、精神、理论、手段、方法、准则等构成的有机综合体。”① 随着我国 20 世纪七八十年代改革开放，社会主义市场经济体制建设的不断推进，我国加入 WTO，《公民权利与政治权利国际公约》对我国的影响日益深入，我国现代刑法的理念逐渐成为理论界探讨的一个热点问题。

陈兴良教授指出：“刑法理念在刑事法治建设过程中具有重要意义，当代中国应当遵循三个刑法理念：人权保障理念重在强调保障犯罪嫌疑人、被告人或者罪犯的权利；刑法谦抑理念要求节制刑法的适用，形式理性理念强调对刑法的形式解释方法。”② 有的学者将“我国刑法理论的世纪走向”概括为“理性、良知、宽容、开明”，认为在这一过程中产生了不少新的观点，如刑法价值观念的一次维新，即注重公正合理的价值，犯罪化与非犯罪化，犯罪化与非刑罚化等。③ 有的学者认为，“我国应当致力于破除传统刑法

---

① 苏彩霞．刑法国际化视野下的我国刑法理念更新［J］．中国法学，2005（2）．

② 陈兴良．当代中国的刑法理念［J］．国家检察官学院学报，2008（3）．

③ 俞梅荪，马秋莲．理性良知宽容开明：我国刑法理念的世纪走向［J］．国家检察官学院学报，2000（1）．

理念，树立人权保障观、刑法谦抑观、社会防卫观、刑法理性观等现代刑法理念。"① 等不一而足。学者的观点都不失为我国现代刑法理念的真实反映与前景展望。这些观念，或许在具体的内涵、用语的表述、思想的浅深等方面存在一些差别，但总体上它们具有相同的价值取向，即都将现代刑法理念与刑法的理性、宽容、谦抑性等观念紧密相连，人权保障思想是现代刑法理念的重要内容；刑法不仅仅是惩罚犯罪的冰冷武器，而且是保护人民的坚强后盾，还是犯罪人的"大宪章"。刑法需要犯罪化，同样也需要的是非犯罪化。马克思有句名言："法典是公民自由的圣经。"在著名的德国刑法学家李斯特看来，"刑法典是犯罪人的大宪章，它既不是在保护法律制度，也不是在保护集体，而是在保护它所抵御的人。它同犯罪人达成一项文字保证，对他们的惩罚只是当具备法律条件时才在法律规定的限度内实施。法无明文规定不为罪，法无明文规定不处罚，这两句话是一道屏障，保护公民免受国家权威、多数人的权利、利维坦的侵害。我早就指出过，刑罚是受法律制约的国家的惩罚权。现在，我可以说，刑法是刑事政策不可逾越的藩篱"。②近现代社会，学者对刑法的认识趋于理性可见一斑。这些观点也都主张我国现代刑法理念明显不同于几千年来传统的一些刑法观念，如法家把刑法完全当做"命令""强制"与"威吓"的"刑名法术之学"，又如我国古代刑法对贵族官僚实行"八议""官当"等身份特权观念等。学者们的观点显然为我们的探讨提供了有益的基础。

"社会结构形态的变迁必然引起刑法功能，观念与文化的嬗变。"③ 我国现代社会结构正处于历史变迁转型时期，社会分层、组织、群体等日益多样化，由此而形成的是日益复杂的社会关系，

① 叶洪和．现代法治社会的刑法理念［J］．行政与法，2006（12）．

② 转引自［日］庄子邦雄．刑罚制度的基础理论［J］．国外法学，1979（4）．

③ 陈兴良．从政治刑法到市民刑法［J］．刑事法评论（第1卷）．北京：中国政法大学出版社，1997：1．

这些都使人们的价值观念日益多元化。事实表明：无论从世界来看还是从我国来看，价值观念都在呈现不断的多元化，而这种多元化本身是无法阻挡的。在现代社会，人们对犯罪行为及刑罚的功能等的认识也不断多元化，多元化的犯罪观、刑罚观使人们意识到犯罪的相对性与刑罚的局限性，对刑法的认识日渐理性。刑法谦抑性、不完整性、经济性观点逐渐为人们所认可，与“严”相对，宽松的刑事政策成为我国现代刑事政策举足轻重的一极。这些反映在理论和实践上，前者如刑事法律“公法私法化”，一些学者纷纷提出在我国刑事诉讼中应当建立和解制度，在犯罪发生之后，仅由调停人使受害人与加害人直接交谈，共同协商解决刑事纠纷的活动。① 刑事和解是一种以协商合作形式恢复原有秩序的案件解决方式，它是指在刑事诉讼中，加害人以认罪、赔偿、道歉等形式与被害人达成和解后，国家专门机关对加害人不追究刑事责任、免除处罚或者从轻处罚的一种制度。② 后者如近年来，一些地区法院提倡“赔钱减刑”，对作出经济赔偿的被告人给予从轻处罚。③ 虽然上述的无论是“刑事和解”还是“赔钱减刑”，持不同的观点的声音还很多，但是它们都不失为一种现代刑法理念指导之下的变革。

较之传统理念，现代刑法理念强调理性、良知、宽容与开明，刑法主要不是甚至不是实现国家政治目的的工具，现代刑法理念是基于人权保障，为实现社会正义而产生的。概而言之，这种刑法理念就是根据社会形势合理地组织对犯罪行为的社会反应，以达到恢复社会公平正义，防卫社会的目的。这里“合理地组织”显然不是将某种行为犯罪化，一味地严厉打击，也不是漫无边际地非犯罪化，而是二者恰如其分地协调一致。之所以说犯罪化与非犯罪化在刑法理念上相互融合，就是因为二者都是现代刑法理念中的重要内

---

① 刘立军．关于刑事和解制度设计的思考［EB/OL］．http：//www.lunwentianxia.com/product.free.7816473.1/.

② 陈光中，葛琳．刑事和解初探［J］．中国法学，2006（5）．

③ “赔钱减刑”引发的是非争议［EB/OL］．http：//www.zj.xinhuanet.com/magazine/2007-05/08/content_9972222.htm.

容，只有二者之间协调融合以合理地划定犯罪圈，合理地组织对犯罪行为的社会反应，才能构建起现代刑法理念之下的宏伟大厦。

二、犯罪化与非犯罪化在实践上相互补充

抽象的刑法理念对应的是具体的刑事司法实践。犯罪化与非犯罪化不仅在理念上相互融合，而且在实践操作的层面也具有相互补充一致的一面。

在具体实践中，犯罪化是将某种行为作为犯罪处理，而非犯罪化与之相反，是将原来是犯罪的行为不以犯罪论处，二者不可同日而语。之所以强调二者在实践中的相互补充性，主要是从司法实践的效益性而言，效益性原则要求刑事司法必须合理地进行犯罪化与非犯罪化，对复杂社会中不同轻重缓急情势的犯罪有所为，有所不为，将有限的刑法资源用于应对最急需处理的犯罪行为，从而实现最大的刑法效益。虽然非犯罪化具有非同寻常的现代刑事法治建设意义，但如果刑事司法对社会中严重的犯罪行为不予追究或者应当从重处罚的却处罚偏轻，就是放任纵容犯罪，这肯定不是国家刑事法治建设的初衷。对具有最严重的社会危害性的犯罪行为无刑事司法，则无刑法效益可言。反之，过于强调犯罪化，对社会中所有的违法犯罪行为的调整都动用刑法处罚手段，其有利于严密刑事法网、严厉打击各种违法犯罪行为的目的是值得肯定的，但这是有悖于现代刑法的效益性价值的，在司法实践中也是难以实现的。可见，对于社会中的违法犯罪行为，需要的是合理地犯罪化与非犯罪化，二者之间相互补充，不可偏废。

犯罪化与非犯罪化互相补充，在具体考虑对某种行为是作为犯罪而运用刑罚的手段，还是不作为犯罪而通过民事或行政的手段加以解决，我们应当明确国家运用刑法打击违法犯罪活动是需要付出巨大的成本的。一方面，从刑事立法到司法，从司法机关的设置到人员的培训配置，从立案侦查到罪犯被绳之以法，都需要耗费国家大量的人力、物力和财力等。如学者所言，“刑法资源与其他社会资源一样，都不是用之不尽，取之不竭的，……刑事司法的运作，

特别是作为犯罪惩罚手段的刑罚的适用更需要一定的物质支撑”。① 另一方面，众所周知，刑法是社会安全的最后一道防线，刑罚手段是法律中最为严厉的惩罚措施，由此刑法应当具备谦抑性。在我国，刑法固然是惩罚犯罪，保护人民的有力武器，但是它给社会带来的负面作用也是不容忽视的。“人类选择了法律，便崇尚法律。可是历史也曾奇迹地开过玩笑，使法律的选择人苦吟挣扎于无法状况或恶法高压之中。”② 这种现象是值得思考的。“事实上，当我们言及刑罚之时，我们会很自然地联想起高墙电网的无情，手铐的冰冷，脚镣的沉重，……也许，正是刑罚的严酷性能够深深触及人们的灵魂，从而使刑罚具有了威慑的功能，但是刑罚的严酷性在人们心灵深处引起的消极效应却不可低估。”③ 在现代社会，刑法的适用一面是国家物质上的不菲投入，另一面可能给社会大众带来精神上的情感阴影及道德风险，因此，刑事司法应当以犯罪化和非犯罪化互为补充，以犯罪化集中力量打击现实社会中严重的违法犯罪现象，保护人民群众生命财产安全；以非犯罪化实现现代刑法的宽容，缓和其负面的作用。

---

① 殷成洁．论犯罪化与非犯罪化的融合［J］．连云港职业技术学院学报，2005（2）．

② 邓正来．法理学：法律哲学与法律方法［M］．重译本序．

③ 赵秉志．刑罚总论问题探索［M］．北京：法律出版社，2002：31．

第五章　犯罪化与非犯罪化的适用

理论上的犯罪化与非犯罪化需要的是法律实践中的付诸现实，由此构成的是刑法中犯罪化与非犯罪化的运用机制。犯罪化与非犯罪化的理论与实践都是很重要的，只有把两个方面很好地结合在一起，才能够创造出应有的价值；也只有高度重视实践中的犯罪化与非犯罪化的制度、实现路径等问题，才能够实现从认识到实践的重要转变。

第一节　犯罪化与非犯罪化的适用范围

犯罪化与非犯罪化的适用，首先应当明确犯罪化与非犯罪化的适用范围。这是我们考虑将行为犯罪化或非犯罪化的前提和基础，只有在特定适用范围内对行为的犯罪化或非犯罪化，才是合乎我国刑法的特殊国情的犯罪化与非犯罪化，也才是合理有效的犯罪化与非犯罪化。

一、前提性认识与分析

在我国，刑法理论、刑事立法、刑事司法三者构成了同一事物（某种危害社会的行为）不同的展现空间。学者们也常常是通过这三个不同的立场或视角来观察、分析和评价某种行为的犯罪化与非犯罪化。由于前面已对犯罪化与非犯罪化的刑法理论作了详细阐述，这里主要是考虑其适用问题。因此，犯罪化与非犯罪化的适用范围，也就是犯罪化与非犯罪化属于刑事立法中的问题，还是刑事司法中的问题，抑或既是刑事立法问题也是刑事司法问题？如果犯罪化与非犯罪化既是刑事立法问题也是刑事司法问题，那么刑事立法中的犯罪化与非犯罪化同刑事司法中的犯罪化与非犯罪化，二者之间的关系如何，如何协调？这些问题都是犯罪化与非犯罪化的适用所面临的重要问题。

笔者认为要弄清犯罪化与非犯罪化是刑事立法中的问题，还是刑事司法中的问题，抑或既是刑事立法也是刑事司法中的问题，首先需要明确的有两点：

一是纵观国内外专家学者的论述，刑事立法都被视作犯罪化与非犯罪化的重要的适用范围，犯罪化与非犯罪化是刑事立法中的重要问题。我国刑事立法是全国人民代表大会及其常务委员会依据一定的立法权限和立法程序制定、修改、补充和废止各种刑事法律规范的活动，有表现为相对集中的 79 刑法和 97 刑法的刑事立法形式，也有单行刑法和附属刑法的刑事立法形式，还有近年来较常见的刑法修正案式刑事立法活动。这些刑事立法围绕着“打击犯罪，保护人民”的立法宗旨，自然是将现实社会中严重的危害社会的行为纳入刑法之中规定为犯罪；同时根据社会情势的发展变化，原来是刑法中规定的犯罪行为，因其社会危害性明显减轻或不但没有社会危害性反而有益于社会发展，而不再作为犯罪。不过，近年来的刑法修正案主要是将社会中新出现的严重危害社会的行为予以犯罪化。

需要明确的第二点是，学者们基本上对刑事司法的非犯罪化持肯定的态度，刑事司法被视作刑法中犯罪行为非犯罪化的重要途径。大谷实教授是较早研究犯罪化与非犯罪化问题的刑法学者，他在所著的《刑事政策学》中指出：非犯罪化可分为取缔上的非犯罪化、审判上的非犯罪化和立法上的非犯罪化。① 将原来是刑法中的犯罪行为非犯罪化，除通过刑事立法的途径，还包括通过刑事取缔的途径（即取缔上的非犯罪化或事实上的非犯罪化）和通过刑事审判的途径（即审判上的非犯罪化或司法上的非犯罪化）。笼统而言，取缔上的非犯罪化与审判上的非犯罪化都属于刑事司法中的

① ［日］大谷实．刑事政策学［M］．黎宏译．北京：法律出版社，2000：88.

非犯罪化。这一观点也基本上被此后的学者所接受认可。尽管林山田教授阐述非犯罪化问题的表述不尽相同，使用的是“去犯罪化”，但是其“去犯罪化”，除了刑事实体法对行为构成犯罪的删除、增设犯罪追诉要件而去犯罪化或舍弃刑罚，宣示其罪责却免受刑罚的制裁，还包括通过刑事司法程序的缓刑（暂缓刑罚的宣告或暂缓宣告刑的执行）和不予追诉（舍弃追诉或停止程序和暂时舍弃追诉与暂停程序）。① 国内刑法学者在阐述非犯罪化时，也一般认为非犯罪化是立法机关或者司法机关通过立法或者司法活动，将一直以来作为犯罪处理的行为不作为犯罪规定或者处理的制度或过程。非犯罪化可分为法律上的非犯罪化和事实上的非犯罪化，事实上的非犯罪化又可分为追诉上的非犯罪化和审判上的非犯罪化。②

上述两个观点也是这里分析的基础，可谓前提性认识。刑事立法是刑事规范的创、改、废，犯罪化与非犯罪化显然是其应有之义。就刑事司法而言，由于现实社会生活复杂多样，危害社会行为的具体表现形式同样丰富多彩，并且，行为对社会的危害性大小也可能有所增减，在不同的时期，社会大众对相同的危害社会行为的容忍度也是不尽相同的。面对危害社会行为的这种灵活变动性所形成的困境，仅仅借助于刑事立法的手段显然是难以有效解决的。因为刑事立法对犯罪的规定是抽象概括的类型化设计，而且，刑事立法要求具备相当程度的稳定性。可行的就是通过合理地运用刑法的规定予以具体情况具体分析。尤其是当某种原来被规定为犯罪的行为，随着社会的发展而危害性明显减轻甚至不但没有危害性反而有益于社会发展，却由于刑事立法的稳定性，规定这种犯罪行为的刑法规范未能及时修改时，就应当通过刑事司法的途径合理地将行为予以非犯罪化。事实上，这种形式的非犯罪化也是为我国刑事立法

① 林山田．刑法的革新［M］．台湾：学林文化事业有限公司，2001：133.

② 贾学胜．非犯罪化的概念界定［J］．暨南学报（哲学社会科学版），2007（1）.

所肯定的。如刑法第 13 条中的但书“情节严重轻微危害不大的，不认为是犯罪”，其意为社会危害性达到一定程度才是犯罪，从而明确把定量因素引进犯罪的概念之中。这种定量因素的判断就赋予司法人员合理地自由裁量，以实现“除罪化”处理。相类似的还包括：通过《刑法》第 37 条“对于犯罪情节轻微不需要判处刑罚的，可以免予刑事处罚”来实现“免刑”处理；通过合理运用《刑法》第 72 条，适当扩大缓刑的适用比例，将那些符合缓刑条件的人，特别是偶犯、初犯、过失犯、少年犯等尽量不予收监，等等。这些都为刑事司法非犯罪化提供了充分的根据。

二、刑事司法中的犯罪化问题

基于上述的前提，即一是犯罪化与非犯罪化的适用都肯定刑事立法上的犯罪化与非犯罪化，二是非犯罪化的适用包括刑事司法上的非犯罪化，剩下的问题就在于犯罪化的适用是否包括刑事司法的领域。

可以说，这一直是犯罪化与非犯罪化适用中的一个颇具争议的问题，尚未形成定论。从上述专家学者对犯罪化与非犯罪化的阐述就可见一斑。尽管学者们对犯罪化与非犯罪化的相关问题作了较细致深入的阐述，但对于这一问题往往语焉不详或仅仅简单地提及，基本上没有明确指出犯罪化与刑事司法的关系。较常见的观点表现为，仅指出犯罪化主要是通过刑事立法的方式来进行的，而对其他的犯罪化方式未作明示。大谷实教授则认为犯罪化包括立法上的犯罪化和刑罚法规解释适用上的犯罪化，但同时，他认为在坚持罪刑法定主义原则的国家应须坚持立法上的犯罪化。① 笔者认为，判断、评析刑事司法活动中对严重危害社会的行为犯罪化，关键取决于对如下两点的认识和理解：一是对刑法中罪刑法定原则的理解；二是对刑事司法实然和应然语境的把握。前者所关注的是刑事司法犯罪化同现代刑法罪刑法定原则之间的张力、冲突，后者所关注的

---

① 大谷实．犯罪化和非犯罪化［J］．黎宏译．陈兴良主编．刑事法评论，第 6 卷：418.

则是实然和应然的刑事司法活动状态中的犯罪化情况。如“现实和理想总是有一定差距的”一样，此者就是分析犯罪化在刑事司法中的实然和应然的差别。而且，我们不能以前者的分析代替后者的探讨，否则极可能是理论上一套，实践却是另一套。理论取向与实践取向是交互并进的，我们还应当关注刑事司法的实然与应然情况。

一方面，从刑事司法犯罪化与刑法罪刑法定原则来看，刑事司法犯罪化是国家和社会对新出现的、刑法中未被规定为犯罪的严重危害社会的行为，通过刑事司法的途径将其作为犯罪处理。这种犯罪化的情形，曾在中外的古代社会广泛存在。专制社会的统治者为了尽可能地维护其统治秩序，不仅在刑法规定中广泛实行犯罪化，而且法外施刑，即使刑事立法未将行为规定为犯罪，统治阶级也通过各种司法途径将其作为犯罪。但时至现代社会，这种犯罪化的形式显然已不合时宜。罪刑法定“法无明文规定不为罪，法无明文规定不处罚”，已然成为世界各国刑法中的一项重要的基本原则。如在前面第二章对“犯罪化”概念的论述中，主张罪刑法定原则，就应当否定刑事司法中的犯罪化。

“法无明文规定不为罪，法无明文规定不处罚”，言外之意就是只有在刑事立法将某种危害社会的行为规定为犯罪后，这种行为才是刑法上的犯罪，才能够处以刑罚。这一刑法基本原则是17、18世纪启蒙思想家们反对封建社会刑法司法擅断和特权思想的产物。贝卡利亚在其名著《论犯罪与刑罚》一书中就指出：“只有法律才能为犯罪规定刑罚。……超越法律限度的刑罚就不再是一种正义的刑罚。因此，任何一个司法官员都不得以热忱或福利为借口，以增加对犯罪公民的既定刑罚。”① 在此后的二百多年中，罪刑法定原则逐步由学说思想转变为刑法的基本原则，其内容也经历了从绝对的形式罪刑法定到相对的实质罪刑法定的演变。这些变化都极大地促进了罪刑法定原则的发展和现代刑事法治的建设。因此，罪

① ［意］贝卡利亚．论犯罪与刑罚［M］．北京：中国大百科全书出版社，1993：11．

刑法定原则可谓现代刑法中当之无愧的一项基本原则，不容轻易地被否定。既然罪刑法定原则要求定罪量刑必须具备行为是犯罪的预先规定，那么犯罪化就应当被限定于刑事立法而否定刑事司法的犯罪化。

另一方面，从刑事司法犯罪化与刑事司法实然和应然的状态来看，应然的刑事司法，对将刑法没有规定为犯罪的，严重危害社会的行为作为犯罪处理持否定的态度；但在实然的刑事司法中，犯罪化的情形还时有显现，应当引起人们的高度重视。因为从社会实践来看，刑事司法中的犯罪化现象并不鲜见。在刑事司法实践中，某种危害社会的行为因种种政治、经济等原因而被刑事司法予以犯罪化，如我国刑法中单位犯罪的犯罪化。尽管我国 1979 年颁布的《刑法》对法人（单位）犯罪持否定态度，但是，随着我国法人制度的确立，社会中法人犯罪的愈演愈烈，1985 年“两高”就作出了《关于当前办理经济犯罪案件中具体应用法律若干问题的解答（试行）》，对法人犯行贿、受贿、投机倒把、经济合同诈骗罪进行了规定，同时也规定由法人的自然人成员承担法人的刑事责任，明确肯定了法人的犯罪能力。① 当然，这或许含有由于我国早期法制建设中司法权僭越立法权的成分。然而，再看看我国现在的刑事司法实践，也不乏将某种行为犯罪化的现象。其中，较为典型的就是“严打”刑事政策中的司法犯罪化。“严打”即依法从重从快严厉打击，虽然颇受学界的非议，但至今仍在司法实践中占有一席之地。在严打的思维习惯中，一些本来不应当定罪或事实上不应以犯罪处理的行为被作为犯罪严惩。对此，从近来在全国范围内开展的治理自行车被盗问题专项行动中可见一斑。2007 年 3 月至 7 月，由公安部、中央综治办、建设部、商务部、国家工商行政管理总局、国家质量监督检验检疫总局联合开展的治理自行车被盗问题专项行动在全国范围内展开，地方各级司法部门纷纷从严打击盗窃自行车的违法犯罪行为。河南省公安厅《关于治理自行车被盗问题

---

① 魏东．现代刑法的犯罪化根据［M］．北京：中国民主法制出版社，2004：81.

专项行动中有关法律适用问题的通知》就明确规定，被盗自行车价值800元以上或一年内入室盗窃自行车3次以上的，根据《刑法》第264条的规定，以盗窃罪立案查处。从司法实践看，虽然近年来自行车被盗问题越来越严重影响着广大人民群众的正常工作、生活和安全感，但是往往作为一般或重大的治安问题，几乎不诉诸刑事法律，可以说，已经事实上非犯罪化了。这一专项行动依法严厉打击盗窃自行车的违法犯罪活动，达到相应定罪起点的盗窃自行车行为势必就会定罪量刑，就排斥了《刑法》第13条但书出罪的可能。实际上即将司法实践中一般作为治安处罚的部分盗窃自行车行为予以了犯罪化。

笔者认为，刑事司法在复杂的现实社会生活中将刑事立法的规定付诸实现，本身就是一种复杂的活动，直接受到刑事司法环境的影响。刑事司法的微观层面，即根据刑事立法的规定判断现实危害社会的行为是否成立犯罪的过程，这是极为复杂的而并非简单的罪刑法定过程。因为，罪刑法定原则下立法所预先规定的犯罪并非简单而精确。如前所述，概括抽象的立法文字不可能也难以全面地描绘出社会中复杂的犯罪行为。在很大程度上，“罪刑法定”中的“罪”只是完整犯罪概念的某一个或几个方面的特征表现。在大陆法系刑法的犯罪构成理论中，行为成立犯罪的必备要件是构成要件该当性、违法性和有责性，“罪刑法定”中的“罪”就主要是指符合构成要件的行为。至于违法性和有责性的认定，蕴含的主要是价值判断的内容，其中相当一部分是留待刑事司法自由裁量的重要内容。在我国刑法犯罪构成理论中，行为成立犯罪必须同时齐备犯罪客体、犯罪客观方面、犯罪主体和犯罪主观方面这四个方面的要件。这样的“罪”似乎表现为完整的犯罪构成要件的规定，但其中仍难免包含相当数量的价值判断的构成要件或开放性的构成要件，这也是需要通过刑事司法的自由裁量才能加以明确的。从另一个方面看，我国刑法中犯罪的规定往往表现为罪质与罪量的有机统一，罪质是对行为具有危害社会的犯罪性质的规定性，而罪量是具有社会危害性的行为构成犯罪在程度和量上的规定性，二者有机地结合在一起形成了完整的犯罪判断。刑事立法中的罪刑法定之

“罪”，则主要是有关罪质要件的规定，因为对罪量的判断，如刑法第13条但书中的“情节显著轻微危害不大”，分则条文中常见的“情节恶劣、后果严重、造成重大损失”等，无一不需要通过刑事司法中的合理裁量。如卡多佐大法官所认为的，由于宪法的“巨大概括性”和制定法的空白，司法者应运用“自由决定的方法”，通过各种社会因素解释和改变法律从而使审判和正义相和解。① 这种自由的裁量在无形之中，就成为了实然的刑事司法将某种严重危害社会的行为犯罪化的契机。

并且，立法在规制犯罪行为中的滞后性也助长了实然刑事司法的犯罪化。众所周知，刑法一旦被制定和公布实施，就具有一定的稳定性，同时，再次立法程序的启动和进行复杂且耗时，而现实的社会生活是不断发展变化，尤其是我国现在正处于社会转型时期，各种新型的严重危害社会的行为层出不穷。这就形成了过去的立法与现在的社会生活之间的差距，立法的滞后性不容忽视。对此，有学者提出“超前性立法”的观点，认为立法不应仅仅以制定法律时的客观条件为依据，而应对社会作出预测，主要以通过预测获得的未来的社会条件为依据，在法律中充分反映将来法律实施时的社会条件，作出一定程度的超前规定。② 但是，这一观点难以被学者所广泛认可，如有学者担心脱离本国实际过度超前立法而不能合理控制犯罪化的规模，③ 有学者则认为刑事立法只可先导而不可超前。④ 而且，如何超前？其实践操作性令人担忧，怎样才能充分审慎未来社会的发展趋势和未来的犯罪变化特点呢？可见，超前性立法并不能完全解决立法的滞后性问题。为此，理论上形成了另一种解决立法滞后性问题的思路，即刑法解释。刑法具有相对稳定性，但同时又必须适应惩治犯罪、保护法益的需要，要使稳定的刑法适

---

① 本杰明·卡多佐．司法过程的性质［M］．苏力译．北京：商务印书馆，2002：14.

② 张根大，方德明．立法学总论［M］．北京：法律出版社，1991：91.

③ 游伟．刑事立法与司法适用［M］．上海：上海教育出版社，1996：13.

④ 胡川．立法可先导不可超前［J］．法学，1991（4）．

应不断发展变化的形势，就依赖解释。① 根据解释的目标是探寻立法者在制定法律时的原意（主观意思），还是存在于刑法规范中的客观意思，刑法解释分为主观解释和客观解释，主观解释是探寻立法者的原意，客观解释是适应社会发展的需要而作出解释。显然，客观解释的方法就是为了解决立法的滞后性而生的，根据社会发展的需要灵活作出解释，这是客观解释方法的最大优点。但优点同样是其缺点，根据社会发展的需要而作出的解释，就有可能超出立法规定的精神，而实际上成为刑事司法的犯罪化。

因此，刑事司法中的犯罪化问题极其复杂，以至于学者们的观点往往没有明确地对此加以肯定或否定。通过上述分析，本书认为，刑事司法在罪刑法定原则之下，应当对犯罪化持否定的态度；但从刑事司法活动实际情况来看，由于种种原因，刑事司法犯罪化的情况还时有发生，应当引起人们的高度重视。在我国，这种刑事司法中的犯罪化实为非正常状态下的犯罪化。在案件事实清楚、相关证据确凿充分的情况下（只有在犯罪事实认定达到这样程度，才应当进入到审判程序），司法实践活动处理该案件可能遇到的问题情况大致可以分为三大类：一是对该案件，法律条款的适用明确，但对于应该如何具体适用该条款存在争议，这应该是司法实践中最为常见的情形；二是对该案件，虽然有相关刑事法律的规定，但对于应该适用哪一（些）刑法条款存在争议的；三是对该案件，刑事立法缺乏相应的明确规定，需要司法人员创设立法的，并且司法人员的裁决对以后具有较大的影响，可能会推动或阻碍法律的发展。在现实社会中，“法官立法”或“司法解释立法”即是典型。对此，刑事司法显然需要司法人员进行创造性或能动性的司法，其中就必然涉及行为或多或少的犯罪化与非犯罪化。如美国著名的大法官卡多佐所说，司法人员在司法过程中运用创造性思维以发现案件的正义，法官也可能承担起了立法者的职能。② 实质上，主要就

① 张明楷．刑法学［M］．北京：法律出版社，2003：40.

② 本杰明·卡多佐．司法过程的性质［M］．苏力译．北京：商务印书馆，2002：104.

是通过法官造法将某种严重危害社会的行为予以了犯罪化。

三、刑事立法与刑事司法中犯罪化、非犯罪化的关系

通过上述的分析可见，刑事立法和刑事司法都是行为犯罪化与非犯罪化的适用范围。犯罪化，把某种本不是刑法中犯罪的行为作为犯罪处理，主要是通过刑事立法的途径，现实中也可以通过刑事司法的方法；非犯罪化，把原来是刑法中犯罪的行为不再作为犯罪处理，则既可以通过刑事立法的途径，又可以通过刑事司法的方法。在排列与组合上，以犯罪化与非犯罪化为经，以刑事立法与刑事司法为纬，交织融合在一起，正好构成了刑事法律完整且严密的犯罪化与非犯罪化的情形。刑事立法犯罪化、刑事立法非犯罪化、刑事司法非犯罪化和处于非正常状态下的刑事司法非犯罪化，是由此形成的四种具体的犯罪化与非犯罪化形式。但是，我们显然不能将犯罪化与非犯罪化在刑事立法和司法中的适用，简单地笼统归结于此。因为，上述四种犯罪化与非犯罪化形式的适用是不尽相同的，不能一概而论。

一是从刑事立法来看，所谓立法，简而言之是法律规范的制、改、废，犯罪化与非犯罪化都是刑事立法中的重要内容。但犯罪化与非犯罪化孰轻孰重呢？立法实践中的答案无疑是以犯罪化为重，以非犯罪化为轻。并且，这种轻重泾渭分明，刑事立法中多见的是将某种行为作为犯罪加以规定。纵观新中国成立至今的刑事立法活动，刑事立法从无到有，从零散的单行刑法到系统的刑法典，再从1997年刑法的修订到1998年全国人大常委会“关于惩治骗购外汇、逃汇和非法买卖外汇犯罪的决定”和刑法修正案，伴随着刑法条文数量增多的是行为的犯罪化。其中，从79刑法到97刑法，刑法条文由192条增至452条，相应的罪名由原来的100多个罪名增加到413个，犯罪化的趋势明显。

应该说，我国自改革开放、推动建立社会主义市场经济体制以来，现实社会生活发生了翻天覆地的改变，使得我国社会正处于急剧的社会转型时期，各种传统社会的价值观念日益受到严重的冲击，社会矛盾冲突多发。在此背景之下，我们还是有必要强调刑事

立法应当适度地犯罪化，但应反对那种过度的犯罪化和大规模的非犯罪化。① 其中，适当的犯罪化主要是出于我国转型时期应对现实社会日益增长的犯罪和出现的新型犯罪的需要，当运用其他法律或社会规制手段难以对这些严重危害社会的行为进行有效的规制时，就要借助刑法的强制力量。当然，我们应当注意避免那种一味地追求犯罪化的做法，对某种危害社会的行为，如果能够运用其他法律和社会规制手段进行有效规制时，就绝对不能将其予以犯罪化。这是刑法的谦抑性、补充性、经济性等思想的必然要求。不仅如此，笔者认为虽然刑事立法中犯罪化与非犯罪化的最终表现形式可能如上所言，但在具体适用的过程中，出于对我国传统重刑主义思想根深蒂固的考虑，我们在对行为作犯罪化与非犯罪化的判断时，应当注意：第一，应当重视刑法中原来被规定是犯罪行为的非犯罪化。原来是刑事立法中的犯罪行为不能因为刑事立法已经槌落音定，而忽视其随着社会情况的变迁致使危害性明显下降时应予以非犯罪化。第二，在对某种严重危害社会的行为进行犯罪化时，不能脱离非犯罪化而一味强调因社会危害性严重而犯罪化。即相对于非犯罪化过程的单一性——非犯罪化只需要正面的肯定，犯罪化的过程是正反两个过程：一是否定非犯罪化的过程。二是确定犯罪化的过程。其中第一个过程是前提，如果这一前提不成立，即使社会危害性再严重，也不宜犯罪化。

二是从刑事司法来看，尽管刑事司法在其司法过程中包括犯罪化与非犯罪化，但二者在刑事司法中所处的地位是不尽相同的。出于人权保障、罪刑法定主义等现代刑法理念的考虑，刑事司法无疑应以非犯罪化为主，审慎适用犯罪化。虽然犯罪分子曾实施了严重危害社会的行为，给正常的社会生活造成了重大的损失，人们不由深恶痛绝之。但在一般的刑事司法关系中，一方是孤立的犯罪嫌疑人、被告人，另一方是拥有国家强制力量作为后盾的公、检、法，甚至包括司法行政机关，二者的诉讼力量与地位形成显著反差。由

① 赵秉志．解析犯罪化与非犯罪化之争［EB/OL］．http：//www.chinacourt.org/html/article/200403/25/108872.shtml.

此寻求二者之间的平衡，以国家公、检、法为主导的刑事司法活动理应重视的是非犯罪化的适用。因为如自然权利思想所主张，个人具有一些天赋的、不可转让的权利，人人生而有之，无论对任何人包括被指控实施了犯罪行为的人的权利都必须给予一体保护，每个人因人格平等而享有完全相同的权利，个人权利的价值不因人而异。① 在刑事诉讼中，诉讼结果往往和人身自由受限、生命被剥夺、人格受侮辱等严重后果相联系，因此理应尤为重视对被告人权利进行保护。

罪刑法定主义的基本要求“法无明文规定不为罪”。据此，要将某种行为作为犯罪处理，必须要有法律中该种行为构成犯罪的事先规定。犯罪的事先规定即刑事立法，刑事司法只是将刑事立法中的犯罪投诸于现实；前者是刑事立法犯罪化，后者则是前者的司法实践形式。虽然如前所述，由于刑事立法的抽象、概括等原因，刑事司法通过一定的自由裁量不乏犯罪化，但与罪刑法定主义的基本内容相适应，犯罪化主要是刑事立法中的问题。在此意义上，也要求刑事司法以非犯罪化为主。而且，在刑事司法中，罪刑法定主义一般应从反面加以理解即法无明文不为罪，并不宜正面地因为“犯罪法定”而将行为作为犯罪处理。否则，即使刑法规定类推制度，因类推适用而将某种行为作为犯罪处理的做法，也不能说违反了罪刑法定主义，因为这种类推也是法定的，类推也是为刑法所事先规定的。在笔者看来，从反面理解就意味着出罪、不作为犯罪行为处理。正如，刑事司法中对刑法第 13 条②的理解，司法活动显然不能只根据这一犯罪概念的抽象规定，就将一切危害国家主权、领土完整和安全……以及其他危害社会的行为，统统予以刑法犯罪

① 徐静村．刑事诉讼法学（上）［M］．北京：法律出版社，1997：63.

② 《刑法》第 13 条是对犯罪概念作的规定，其表述为：“一切危害国家主权、领土完整和安全，分裂国家、颠覆人民民主专政的政权和推翻社会主义制度，破坏社会秩序和经济秩序，侵犯国有财产或者劳动群众集体所有的财产，侵犯公民私人所有的财产，侵犯公民的人身权利、民主权利和其他权利，以及其他危害社会的行为，依照法律应当受刑罚处罚的，都是犯罪，但是情节显著轻微危害不大的，不认为是犯罪。”

化，相反，一般认为，刑事司法中这一条的功能主要在于除罪化，即明确犯罪的抽象概念，将“情节显著轻微危害不大的，不认为是犯罪”。

综上，刑事立法与刑事司法中的犯罪化与非犯罪化应当注意：刑事立法犯罪化与非犯罪化并重，在传统的犯罪化式刑事立法中，也要重视非犯罪化的立法；刑事司法应坚持非犯罪化为价值导向，在罪刑法定原则之下，现实中的刑事司法犯罪化实际上是一种非正常状态下的犯罪化，应当引起人们的高度关注。在此意义上，犯罪化与非犯罪化主要是刑事立法中的问题，但同时也可能是刑事司法中的问题。

第二节　犯罪化与非犯罪化的刑法立法

对于某种行为的犯罪化与非犯罪化，较为直观的、常见的路径是国家刑事立法的明文规定。立法，作为法定的国家机关，依照法定职权和程序，创制、认可、修改和废止法律和规范性法律文件的活动，① 是国家机关的一种有目的、有意识的活动。依据美国著名的法学家富勒的观点，每一个规则都包含着一定的价值和目的，法律就是使人类行为服从规则治理的事业。② 刑事立法的主要目的便是对社会中的行为是否是犯罪行为进行明文的规定，以规范和引导人们的行为。现实的犯罪化与非犯罪化自然是刑事立法活动的主要议题和应有之义。然而，犯罪化与非犯罪化不仅仅是刑事立法中的问题，还是刑事司法活动中的重要问题。刑事司法将纸面上的条文运用于现实的社会情况，是犯罪化与非犯罪化理论得以实现的最终落脚点。整个刑事法律活动，一端是立法，另一端是司法，无不是犯罪化与非犯罪化的具体实践的领域。下面主要就刑事立法与刑法解释中的犯罪化与非犯罪化进行分析。

---

① 沈宗灵．法理学［M］．北京：北京大学出版社，2003：253.

② 张宏生，谷春德．西方法律思想史［M］．北京：北京大学出版社，1990：464-467.

犯罪化与非犯罪化的实践，首先是刑事立法活动中的主要问题。其中，犯罪化是立法者将某种原来不是犯罪的行为规定为犯罪；由于罪刑相称、刑罚与犯罪一一对应且刑罚有轻重之别、犯罪有大小之分，立法者将某种较小的犯罪规定为较大的犯罪，这在广义上也是一种犯罪化的表现形式。反之则为非犯罪化。这里，我们不得不面对的一个问题是，如何合理地规定刑法中犯罪的范围以动用刑罚的处罚手段？刑事立法活动只有合理地对各种危害社会的行为进行犯罪化与非犯罪化，才能使所制定的刑法在社会中得到广泛的认同和有效的遵守与执行。在现代刑事法治社会，行为的犯罪化与非犯罪化二者理应并重，不可偏废。

一、犯罪化的刑法立法模式

刑事立法作为确立刑法规范的活动，其中主要的内容是对行为的犯罪化。一般而言，随着刑事立法的进行，刑法条文不断增多，罪名也有所增加，主要表现为犯罪化的过程。而且，有的学者在阐述国外的非犯罪化、非刑罚化运动时，仍然指出根据我国的国情，我国刑事立法应以犯罪化为主。这些都揭示了犯罪化在刑事立法活动中的重要地位。然而，现代法治社会刑法理念更新，谦抑性、不完整性、经济性等观念已经成为重要的刑法理念。在此影响之下，刑事立法中的犯罪化，显然不能是立法者简单地经验判断或天马行空地思考，就将某种行为纳入刑法的范围规定为犯罪，而是应当遵循科学、合理的犯罪化路径选择，在犯罪化的程序步骤选择中将行为犯罪化。

（一）犯罪化路径——刑法第二次法的属性

“不以规矩，不成方圆”。在法治社会中，立法者将某种行为予以犯罪化是一件事关重大的表现国家意志的活动，必须遵循科学、合理的犯罪化路径。所谓路径，是指达到目的地的道路，之所以强调犯罪化应当严循一定的路径选择，是因为法治社会犯罪化是将危害社会的行为规定为犯罪动用刑罚手段加以规制的方式，是众多社会调控方式中的一种特殊社会调控方式。在现代社会，人们越来越意识到刑法只是与除刑法以外的其他法律手段和诸如道德、伦理、宗教、习俗等手段相并列的一种社会调控方式，而且，众多的社会调控方式之间并非杂乱相陈，它们之间在对某一行为的适用上存在着一定的先后位阶顺序。在此意义上，犯罪化显然不应当也不可能是简单地一蹴而就，实际上伴随的是对其他调控手段的否定和对刑法调控手段的唯一性的确认。

在犯罪化路径中，犯罪化的选择需要明确的是刑法作为一种社会调控手段与其他社会调控手段之间的关系。如前所述，刑法是防卫社会安全的最后一道屏障，并且这一观点已经为理论界所广泛接受。在法学理论中，刑法因其强烈的强制性，成为所有其他法律规范得以真正实施的强力保证。正如法国启蒙思想家卢梭所说："刑法在根本上与其说是一种特别的法律，还不如说是对其他一切法律的制裁。"① 我国台湾学者林山田则主张："故刑罚之界限应该是内缩的，而不是外张的，而刑罚应该是国家为达其保护法益与维持法秩序的任务时的最后手段。能够不使用刑罚，而以其他手段亦能达到维护社会共同生活秩序及保护社会与个人法益之目的时，则务必放弃刑罚手段。"② 可见，刑法与其他社会调控手段之间的关系是刑法手段具有最后性，如果能够以其他的手段调控某种危害社会的行为，就没有必要动用刑法的手段，不应予以犯罪化。

其他的手段，是泛指除刑法手段以外的能够对人们的行为起到调控作用的手段。这些其他的手段，同样能够达到有效化解社会冲突与纠纷，防卫社会和促进社会安定和谐的目的。从社会和国家法律的调控来看，其他的手段可分为道德、伦理、宗教、乡规民约等社会调控手段和国家法律的调控手段。前者即通常所言的非正式意义上的社会调控手段，这些社会调整手段虽然未被立法者正式认可而具有国家的强制力，但是它们在社会中作为一种调控手段由来已久，影响深远，一些道德伦理的戒律为人们耳熟能详；而且其调控范围广泛，调控的方法灵活多样，对于复杂多样的社会情形具有很强的针对性。在现代刑事政策"合理地组织对犯罪的反应"的观

---

① 卢梭．社会契约论［M］．何兆武译．北京：商务印书馆，1980：73.

② 林山田．刑罚学［M］．台北：台湾商务印书馆，1985：128.

念之中，它们无疑将扮演重要的角色。一般而言，这些社会的调控手段是“道德与法律关系”中有关道德的内容，因此，这里笼统地称之为“道德”的方面。后者是国家正式意义上的法律调控手段，它是由专门的国家机关及其工作人员依职权行使，并以国家强制力作为保障的一种调控手段。刑法的手段显然属于国家正式的法律调控手段，但如上所述的“刑法的最后性”，刑法的手段与其他的法律调控手段并非同一位阶层次上的概念。依据二者应当动用以对行为进行调控的先后顺序来分，其他的法律调控手段是“第一次法”，刑法的调控手段则是后于“第一次法”的“第二次法”。这样，在由“道德、第一次法与第二次法”分级组合形成的调控手段中，立法者将某种行为犯罪化时应当遵循的路径是：道德——第一次法——第二次法。虽然表面上，动用第二次法的调控手段才是犯罪化，但是犯罪化的路径选择不能也不应当仅仅专注于此，道德与第一次法的调控手段也是犯罪化不能不考虑的前提与基础。

（二）由道德到法律（“第一次法”）

对某种危害社会的行为犯罪化，第一步是对该种行为进行道德调控手段的试错过程。如果使用道德的调控手段能够有效地进行规制，达到应有的目的，就应当由道德去处理这种行为，犯罪化就由此终止；只有当使用道德的调控手段不能有效地规制这种行为，才由道德依次转化为“第一次法”的调控手段。这一过程主要涉及的是道德评价与法律干预问题，也是法学理论上弥久常新的道德与法律的关系问题。

1. 道德评价

道德是人们关于善和恶、荣誉和耻辱、正义和非正义等问题上的观念、原则，以及根据这些观念、原则而形成的人们相互行为的某种准则、规范。① 古往今来，它在含义上是与伦理、公序良俗等词经常通用的一个概念。在社会生活中，道德评价是一定社会或阶级的道德原则和规范发挥作用的重要杠杆，对于发挥道德的功能和作用、调节人与人之间的关系，对于个人道德品质的形成、社会道

① 沈宗灵．法理学［M］．北京：北京大学出版社，2003：209.

德风尚的改善，以至对道德从实有到应有的转变等都具有重要意义。

道德的作用主要通过道德观念、原则调整人们的内心活动，以及通过这些道德观念、原则具体化的准则、规范调控人们的外在行为。其被遵守主要依靠行为人自己的内心信念和社会公众的教育说服；对违反道德的情形，其强调一般表现为社会公众舆论的谴责和强烈抗议等。这些勾画出道德的调控手段的一大特点，即非国家强制性，与其说道德的调控手段是一种强制措施，还不如称之为一种道德评价制度。事实上，由于我国社会重个人声名的历史传统思想，给予行为人道德上的否定评价声名不啻为一种较为严重的惩罚。

在社会生活中，道德作为一种重要的社会现象显然不是抽象的善恶是非观念、原则，也不是超历史、超时代、超阶级的永恒不变的现象，它的内容与评价标准总是与一定的社会物质生活条件、社会关系联系在一起的，由一定的经济基础所决定又服务于经济基础。道德评价就是人们按照这样的一定社会或阶级的道德观念、原则、准则和规范对他人或自己的行为进行的善恶褒贬活动。其评价的标准是一定社会或阶级的道德，在社会中，往往表现为一定地域范围或人群内通行的道德。虽然社会中一些基本的道德（或称社会公德）的要求具有一致性，但是出于地域、人们生活习惯等的差异，道德的内容并非完全相同。而且，当前我国正处于急剧的社会转型时期，受市场经济等因素的冲击，人们的道德观念也正经历着急剧的变迁。因此，使用道德调控手段时，除了考虑全社会共同的普遍道德之外，还应结合具体情况考虑某一特定的道德。这也正是道德调控手段的非正式使然，现实中的道德，往往一是没有明确的文本形式，二是随社会情势的变化而发展变化，三是缺乏外在国家的强制力量，等等。

2. 法律干预

古罗马法学家凯尔苏斯对法的定义是："法是决定善良和公平的一种艺术。"① 同时期的乌尔比安对法学下的定义是："人和神

① 转引自沈宗灵．法理学［M］．北京：北京大学出版社，2003：57.

的事务的概念，正义和非正义之学。"① 这些定义，道德性色彩斑斓，但在现实中，法律带给人们的感觉更多的还是"国王的命令"。法律是由国家制定、认可并依靠国家强制力保证实施的，以权利和义务为调整机制，以人的行为及行为关系为调整对象，以确认、保护和发展统治阶级所期望的社会关系和价值目标为目的的行为规范体系。法律表现出的是正式性、严肃性与强制性。

法律调控是国家适用法律的规定，对社会生活中的违法犯罪行为进行干预。所谓法律干预，是指国家根据一定的法律制度对人们的行为进行的调整活动，是通过使当事人承担、追究法律责任的方式来保证法律目的的实现。首先，法律干预的调控手段作用的对象是且仅是人的客观方面的行为。在我国历史上，法律作为一种国家治理的工具，曾广泛地介入到社会生活的诸多方面。它不仅被用于调控人的行为，而且被用于规制人的主观思想，因主观思想、言论而触法犯罪的事件并不鲜见。这种处罚思想的做法饱受人们的批判，现代社会法律仅以人的客观行为为调控对象，已经成为一项重要的共识。法律调控手段的运用应当注意只能用法律调控人的客观行为，只有当行为人主观的心理活动外化为客观的行为时，行为人才步入法律调控的范围。其次，法律干预所依据的标准是法律，这是一种正式的国家调控手段。法律作为国家意志的体现，是国家通过一系列严格的立法程序形成的规范性文件。一是法律中的国家意志即赋予其有效期间内在一个国家领域范围内具有广泛的效力，此所谓"律，均布也"；二是法律自身的规范性文本形式则确定了其具体内容，非经一定的法律修订程序，文本的内容不能随意更改。最后，法律干预是通过国家的强制力来保证实施的，具有国家权威性，行为人违反法律规范必然导致其承担相应的法律责任。国家强制力是法律干预与其他社会规范的重要区别，如道德规范就不具有国家强制的性能，宗教虽然有时也用强制来规制它的信仰者，但是这种强制力的范围相对较小，不具有普遍强制性。当然，这种法律的强制力不等于纯粹的暴力，法律的强制力必须有一定的法律根

① 沈宗灵．法理学［M］．北京：北京大学出版社，2003：57.

据，必须有相应的法律规定和法律程序才能进行法律干预。

3. 道德评价与法律干预的合理衔接

对于某种危害社会的行为，从道德评价到法律干预是犯罪化的重要环节。道德评价在前，法律干预在后，依此顺序形成犯罪化的第一步。事实上，法律与道德之间的关系是法学界讨论的一个热点问题，许多法学家对它们之间的关系进行过深入细致的探讨，不乏科学的真知灼见。应该说，法律与道德之间的关系是二者既紧密联系，具有一致性，又存在着许多差别。

法律与道德的一致性，是指它们都属于建立在一定的经济基础之上并为经济基础服务的上层建筑，都是社会中重要的调控手段，二者相辅相成、相互促进、相互推动。纵观历史，任何社会在建立与维持社会秩序时都不得不同时借助这两种手段，区别只是不同历史时期有所偏重。一方面，道德构成了法律重要的价值内容。源远流长的自然法学派“自然法”概念实际上就是指社会中普遍的道德原则，自然法学说本质上是一种正义论。古今中外，法律都被人们视为公平、正义的化身，法律的重要内容便是实现道德（或道义）上的惩恶扬善。即所谓的法律必须满足最基本的和最低限度的道德要求，否则，所制定的法律将很难得到人们的普遍遵守和良好执行。而正由于二者价值目标的一致，实践中那些不宜由法律加以调控的，由法律调控将付出较大社会成本的或由于法律自身存在漏洞而无法调控的问题，就理应由道德来加以调控。另一方面，法律也是现实社会中保障和维护道德品质的重要力量。一般而言，一部良好的法律，它所包含的价值评价显然是与广大社会民众的基本道德信念是相契合的，法律的付诸实践及对违法犯罪者进行相应的处罚，其本身就是一个在道德上伸张正义和惩恶扬善的过程，这既有利于法律意识的养成，也有助于道德情操的培养。而诸如禁止杀人、抢劫和伤害他人等法律的确立，实际上是以法律的强制力来保障相应的道德内容。但法律与道德的差别也是多方面的，它们在表现形式、调整对象、调整机制、评价标准等方面各有不同。在表现形式上，法律是国家正式的规范性文件，法律规范由明确、具体的行为模式与法律后果组成；而道德多表现为一种抽象的原则与信念。在调整对象上，现代社会中法律调整的对象仅限于人们的客观外在的行为，单纯的思想或动机不是法律所调整的对象，而道德所调整的对象不仅仅是人们的外在行为，还包括人们主观方面的心理活动。在调整机制上，法律以国家强制力为后盾，对于违反法律的行为，由国家专门的机关依法追究行为人法律责任；而道德无国家强制力，违反道德规范的后果是行为人要受到社会舆论的谴责以及行为人自身的自责与忏悔等。在评价标准上，在通常情况下，道德的评价标准比法律高，违反法律的行为必定违反道德，而违反道德行为未必都违反法律，道德重在“扬善惩恶”，是对善的提倡，而法律“惩恶扬善”，重在对恶的惩罚。

法律与道德的一致性给行为的调控方式从道德评价到法律干预奠定了基础，二者之间的显著差异，则要求对具体行为的处理必须明辨道德与法律的界限，让有关道德的问题由道德去解决，有关法律的事务由法律去解决，在二者之间进行合理的衔接。对某种行为进行犯罪化，应先考虑道德与法律的调控手段运用与否问题，能够用道德评价的手段有效地调控的行为就交由道德解决，而不必使用法律的手段；只有当道德评价的手段不足以有效地应对时，才使用法律的手段。著名法哲学家博登海默认为：“那些被视为是社会交往的基本而必要的道德正当原则，在所有的社会中都被赋予了具有强大力量的强制性质。这些道德原则的约束力的增强，当然是通过将它们转化为法律原则而实现的。禁止杀人、强奸、抢劫和伤害人体，调整两性关系，制止在合意契约的缔结和履行过程中欺诈与失信等，都是将道德观念转化为法律规定的事例。”① 这一观点充分肯定了道德向法律的转化，那些社会中最基本而必要的正当道德意义重大，是建立和维护正常的社会生活秩序的保证，不容侵害，因此对违反这些道德的行为就必需足够大的强制力量。从社会实践看，一个社会中维持其秩序的基本道德原则往往被立法者赋予法律强制力，这样的基本道德原则就变成了法律原则。这是因为，就社

① 博登海默．法理学：法律哲学和法律方法［M］．邓正来译．北京：中国政法大学出版社，1999：374.

会而言，人们对基本道德的践行与遵守刻不容缓，仅用道德的说服教育方式势必难以有效地遏制一些人实施违反这些道德的行为，相对于违反基本道德行为的严重危害性，道德的惩罚措施难免显得力不从心，也不会被社会公众所认同。而如同“硬币有正反两面”，行为的调控方式可以表现为从道德评价向上转化为法律干预，也可能是从法律干预向下转化为道德评价。随着社会情势的发展变化，大多数人们可能会容忍甚至接受某些曾经是违法犯罪的行为，这些行为对社会的危害性也可能有所下降，则已经没有必要继续使用法律的调整手段。

综上，无论是理论上的思考还是实践中的考察，道德评价与法律干预之间应当且能够进行合理的衔接。这种衔接是由道德转化为法律，对于某种危害社会的行为的处理，先由道德的调控手段去解决，只有当道德手段不能有效地予以应对时，法律的调控手段才始被发动。当然，这种转化并非单向性，法律也可能转化为道德。而且，对行为的处理由道德转化为法律之后，并不绝对排斥道德的评价，毕竟法律以实现社会公平、正义为宗旨，与道德殊途同归，但在法治社会中，道德的评价不得违背法律的规定或原则、精神。

（三）由“第一次法”到“第二次法”

对危害社会的行为的处理，由道德评价转化为法律干预只是将这种行为犯罪化的开端。因为，法律具有系统性，不同效力层次和不同内容的法律相互协调、相互配合，构成一个严密的体系，法律的调整可进一步分为“第一次法”的调整和“第二次法”（即刑法）的调整，犯罪化还包括从“第一次法”调整到“第二次法”调整的转化。在我国法律体系中，“第一次法”是指除刑法以外的其他部门法律，主要包括行政法律、民商法律、经济法律等；“第二次法”则是指刑法。在当代中国的法律体系中，刑法是一个非常重要的法律部门，也是惩治各种犯罪现象和犯罪行为，打击各种严重破坏社会关系和社会秩序的犯罪分子，维护正常的社会秩序的重要法律部门。① 二者之间的关系如前所述，刑法为法律体系中其

---

① 张文显．法理学［M］．北京：法律出版社，1997：106.

他法律的实现提供保障，是社会防卫的最后一道屏障。至于国家的根本大法宪法，人们一般将其视为“宣言性法律”。有学者就指出：“从我国的情况来看……长期以来，我国的司法机关（主要是人民法院）在其裁判或有关法律文书中是不能适用（或引用）宪法的，即宪法不存在司法适用问题。”① 尽管最近似乎是在向肯定的方向发展，但宪法这部“根本大法”是否具备法律效力，直到目前在中国尚有疑问。② 因此对于宪法，很难将其作为犯罪化路径中的某一具体环节，确切而言，宪法作为一国法律体系中“高级法”，是根本大法、母法，往往与“宪政”“法治”等法律精神、原则相连，理应贯穿于行为“第一次法”调整与“第二次法”调整的全部环节。

在将行为犯罪化的进程中，由“第一次法”的调整到“第二次法”的调整是其又一重要环节。某种危害社会的行为由法律的手段来调控，应先考虑使用属于“第一次法”的法律手段。在第一次法的内部，行政法律、民商法律、经济法律等法律部门基本上无适用先后的顺序，也不必考虑此问题。因为，这些法律的划分主要是根据法律的调整对象而作出的，而一般来看，一种行为在法律属性上是单一的，要么属于行政法律关系，要么属于民商法律关系或经济法律关系等。如发生在国家行政管理活动中，主体双方的法律地位不平等的行为，就由而且只能由行政法律的手段调整；有关平等主体的公民与公民之间、法人与法人之间、公民与法人之间的财产关系和人身关系以及商事关系的行为，就由而且只能由民商法律的手段调整。

对行为而言，只有当“第一次法”的调控手段不能有效地予以调整时，才动用刑法的调控手段。国外有学者明确指出刑法是规定第二次规范的法律。③ 诚然，刑法并不是从属于民法、行政法等

① 刘茂林．宪法学［M］．北京：中国人民公安大学出版社，2003：65.
② 张千帆．宪法学导论［M］．北京：法律出版社，2003：12.
③ ［日］宫本英修．刑法大纲（总论）［M］．弘文堂，1935：3.

的法律，不能否认刑法是一门独立的法律。① 之所以肯定刑法是第二次法，是因为现代社会，刑法谦抑性、不完整性、经济性等观念日益深入民心，刑事立法需要对行为理性予以犯罪化。这一思想旨在法律调整行为中以“第一次法”的调整过滤去除一些不必犯罪化的危害行为，对于刑事立法犯罪化无疑具有重要指导意义，这也是为了充分发挥和利用“第一次法”的调控作用。

刑法也完全应当而且可以胜任“第二次法”意义上的调整。首先，从调整对象看，刑法调整的社会关系极其广泛，我国刑法分则依据这些社会关系的性质不同将犯罪行为分为危害国家安全的行为、危害社会公共安全的行为、侵犯公民的人身权利、民主权利和政治权利的行为等十大类，这完全可以包含其他部门法律所保护的社会关系。② 刑法完全可以对其他部门法律中的一定行为进行调控。其次，从调控方法看，刑法的调控方法处罚最为严厉。我国刑法法定的处罚即刑罚制度主要有主刑和附加刑，前者包括管制、拘役、有期徒刑、无期徒刑和死刑，后者有罚金、没收财产和剥夺政治权利等。这些刑罚涉及对行为人自由的限制或剥夺，财产、政治权利乃至生命的剥夺，尤其是死刑制度，处罚极为严厉也备受人权主义者的批判。刑罚的严厉性，不仅表现在限制或剥夺行为人利益的重大性，而且表现在是对这些重大利益的限制与剥夺，以剥夺为主，同时还表现在追究行为人刑事责任的过程中的一系列刑事诉讼措施，同样具有极大的强制性，这些都是其他部门法所难以比拟的。虽然对于一般违法行为，一般部门法也适用强制方法，如警告、赔偿损失、行政拘留等，但这些强制方法的严厉程度远不及刑罚。刑法的严厉性、强制性正使其成为一般部门法律的有力保障。最后，从调整机制看，刑事法律（包括刑法、刑事诉讼法）是强行法，在绝大多数情况下，只要行为人的侵害行为可能构成犯罪，

① 张明楷．刑法学［M］．北京：法律出版社，2003：24.

② 这也表明，确切而言划分刑法与其他部门法的主要标准并不是法律的调整对象，而是以调整方法即刑罚制裁方法来划分的，凡属于用刑罚制裁方法的法律规范，都属于刑法法律部门。

国家专门的司法机关（主要包括公检法机关）就主动积极介入案件的侦查、起诉与审判活动，依照刑事法律追究责任。而其他法律（以民商法律为主）奉行私力救济，在绝大多数情况下，追究违法行为人的法律责任由被害人一方提起诉讼并承担证明责任，一般部门法允许或鼓励双方当事人自行和解、协商解决争端，这有利于及时化解一些利益较小的冲突以实现效率与公平。但对于已表现出严重社会危害性的行为，仍由双方当事人协商解决则难免有失公允，何况一些较大的原则性的冲突与纠纷双方当事人也不可能协商达到一致，刑法的强行性则正好可以弥补私力救济的这些不足之处。

二、非犯罪化的刑法立法选择

刑事立法，虽名为“立”，以从无到有的创制为主，将行为规定为犯罪是刑事立法的重要内容，但非犯罪化也是刑事立法中的有机组成部分。法律没有规定的内容就是人们的自由。现代刑法以罪刑法定为基本原则，“法无明文规定不为罪，法无明文规定不处罚”，某种原来是犯罪的行为，刑法作出修改不再在条文中继续加以规定，就是非犯罪化。而且，刑法条文除了积极地规定犯罪行为，也消极地规定一些不构成犯罪的情形，即排除犯罪的事由、违法性阻却事由，包括正当防卫、紧急避险等。非犯罪化由此构成刑事立法中重要的一极。

（一）非犯罪化的方式

方式即所采取的方法和形式，刑事立法中的非犯罪化方式与犯罪化相辅相成。非犯罪化是将原本是犯罪的行为不再作为犯罪处理。由于犯罪与刑罚的一一对应关系，这一过程往往伴随着某一犯罪行为由处罚较重变更为处罚较轻或者由刑罚处罚变更为免予刑罚处罚（“非刑罚化”）。由非刑罚化到非犯罪化，这是非犯罪化的一种主要的实现方式。

在我国历史上，奴隶社会刑罚野蛮、残酷，“墨、劓、剕、宫、大辟”五刑制度非对生命的剥夺，就是残害肢体的肉刑，现代社会认为肉刑是施之犯罪人的不必要的痛苦，也是不人道的刑罚；封建社会五刑“笞、杖、徒、流、死”，刑罚有所缓和，处罚相对较轻的笞刑、杖刑的出现取代了奴隶社会野蛮的肉刑，徒刑、流刑也缓和了严酷的死刑；现代社会则以自由刑、财产刑为中心，存在几千年的死刑饱受学者的批判。在奴隶社会、封建社会，统治者为了维护专制统治，法外施刑，重刑主义，刑罚多为苛严，而现代社会刑法重人权保障，刑罚轻缓化已经成为学者的共识。历史表明，随着社会历史的前进，刑法发展的总趋势是刑罚制度由死刑、肉刑向自由刑、财产刑转化，刑罚处罚越来越轻缓。通过刑罚处罚不断轻缓化而实现非犯罪化。

新中国成立之后我国刑事立法也不乏这种形式的非犯罪化，如刑法对盗窃犯罪的立法规定及司法解释。一方面，盗窃罪的刑罚配置往往具体区分不同轻重的犯罪行为，与之匹配。盗窃犯罪作为我国司法实践中常见多发的犯罪，一般盗窃公私财物，数额较大的，“处三年以下有期徒刑、拘役或管制，并处或者单处罚金”，可“处无期徒刑或者死刑，并处没收财产”的情形仅限定为“（一）盗窃金融机构，数额特别巨大的；（二）盗窃珍贵文物，情节严重的”。刑法在明确地限定了严重盗窃犯罪的情形之余，腾出来的是较为宽敞的非犯罪化空间。另一方面，作为盗窃罪非犯罪化的先导，司法解释屡屡对亲属间的盗窃行为作出倾向于不认为是犯罪化的规定。一是 1985 年 3 月 21 日最高检发布的关于《〈要把偷窃自己家里或近亲属的同在社会上作案的加以区别〉如何理解和处理的请示报告》的批复。文件指出对于发生在家庭成员或亲属朋友之间的盗窃行为，一般可不按犯罪处理；对确有追究刑事责任必要的，在处理时应同在社会作案的有所区别。二是 1992 年 12 月 11 日“两高”的《关于办理盗窃案件具体应用法律的若干问题的解释》和 1997 年 11 月 4 日最高院的《关于审理盗窃案件具体应用法律的若干问题的解释》，都一再就家庭成员或亲属之间的盗窃作出了“一般可不按犯罪处理”的规定。① 这些针对家庭成员或亲属之间盗窃的司法解释，不失为将很大一部分家庭成员及亲属间的盗

① 1992 年 12 月 11 日“两高”的《关于办理盗窃案件具体应用法律的若干问题的解释》规定：“盗窃自己家里的财物或者近亲属的财物，一般可不按犯罪处理；对确有追究刑事责任必要的，在处理时也应同在社会上作案有所区别。”

窃行为予以了非犯罪化，而且根据这些司法解释，我们对家庭成员及亲属盗窃在认定成立犯罪上必须从严掌握。

当然，非犯罪化直接将原来刑法中的犯罪行为不再以犯罪处理，是刑事立法中非犯罪化的主要问题。且不论这种形式的非犯罪化因其行为犯罪性质的完全变更而影响至深，仅在笔者看来，这一非犯罪化针对的是刑法中原来的犯罪规定，非犯罪化无异于对原来立法规定的否定与批判，需要更大的勇气与决心。在刑事立法中，这种形式的非犯罪化主要有两种表现形式：一是对原来刑法中规定犯罪的条文的删减，现行刑法不再继续将某种行为规定为犯罪。既然刑法无某种行为构成犯罪的规定，法无明文规定不为罪，那么这种行为就被非犯罪化了。如 97 刑法对旧刑法中“投机倒把罪”的删除，我国在新中国成立后一段时期物质生产匮乏，为了稳定市场和保障人民生活，国家实行计划经济，采取统购统销政策，将私自出售粮食、布匹等生活必需品的行为视为具有社会危害性甚至在一定时期是具有严重的社会危害性的行为；而改革开放以来，根据社会发展的情况而逐渐由过去的计划经济过渡到市场经济，于是私人正当经营包括粮食、布匹等在内的工农业产品的行为又因适应社会物质生活条件的需要而被认为不再具有社会危害性了。① 相同的行为在计划经济时代的刑法中构成投机倒把罪，而反映市场经济的新刑法顺应市场经济建设的需要，将其非犯罪化，取消了这一行为的犯罪性规定。这是一种直观、明确的非犯罪化形式。二是刑事立法对某一类犯罪行为的非犯罪化。刑法是规定犯罪与刑事责任的法律，除了规定大量的犯罪行为，还规定了一系列的排除犯罪性事由。刑事立法对这类排除犯罪性事由的增加，就是一种非犯罪化。如学界较为关注的刑法增加规定的“特殊防卫”，《刑法》第 20 条第 3 款规定：“对正在进行行凶、杀人、抢劫、强奸、绑架以及其他严重危及人身安全的暴力犯罪，采取防卫行为，造成不法侵害人伤亡的，不属于防卫过当，不负刑事责任。”“特殊防卫”又称

---

① 齐文远，刘艺兵．刑法学［M］．北京：人民法院出版社，2003：37-38.

“无过当防卫”，即防卫行为符合成立条件则完全不构成犯罪。相对于原刑法中的正当防卫制度，这一立法规定就明确将一部分防卫过当行为予以了非犯罪化。

（二）非犯罪化的出路——合法行为与违法行为

与犯罪化相反，非犯罪化是将原来是刑法中的犯罪行为不再视为犯罪行为。但非犯罪行为并非社会通常意义上的不违法犯罪的行为，因为这里的“犯罪”是刑法中的严重危害社会的行为，非犯罪行为仅指不构成刑法中规定的犯罪的行为。在此之外，非犯罪行为实际上是一个具有丰富内容的概念。从一般法律规范看，有合法行为与违法行为；从道德规范看，包括有道德的行为和无道德的行为。围绕法律的判断，下面主要探讨非犯罪化的合法行为与违法行为。

将某种原来是刑法中的犯罪行为非犯罪化，自然形成非犯罪行为，具体包括合法行为和违法行为。如上所述，法律分为“第一次法”和“第二次法”（即刑法），并且对行为的调整由“第一次法”至“第二次法”。行为在第一次法规范调整之后，才到第二次法规范的调整，并成为犯罪行为。这样，不是刑法中的犯罪行为理应属于由第一次法规范去衡量的行为，或者说在“第二次法”调整之前的行为，包括违法行为与合法行为。违法行为是违反法律的行为，从广义上看，是泛指所有违反国家法律的行为，还包括犯罪行为，犯罪行为可谓违法行为中社会危害性最严重的那一部分行为。这里显然是狭义的违法行为，也可以称为一般侵权行为，包括民事侵权行为和行政侵权行为，是指除犯罪外所有非法侵犯他人人身权、财产权、政治权利、精神权利或知识产权的行为。① 违法行为仅指违反国家的一般法律规范，并由相应的法律手段调控的行为。

而且，上述“合法行为”与“违法行为”，“法”特指第一次法规范。在此意义上，合法行为是并不违反第一次法规范的行为，它更加不违反第二次法规范。向前追溯，根据上述分析，行为是由

① 沈宗灵．法理学［M］．北京：北京大学出版社，2003：358.

道德规范等的调整到第一次法规范的调整，在第一次法规范的调整之前先要经过道德规范等的调整。这样在道德规范等的意义上，合法行为实际上又包括违反道德的行为和一般行为（符合道德的行为）。违反道德的行为，即不道德的行为，是违反了一定社会道德规范用道德手段予以调控的行为。当然反而观之，违反道德的行为可能是合法行为，更多的是违法行为，毕竟，道德与法律之间密切联系，二者在某些价值判断上是一致的且在现实中并行不悖，违反道德的行为就是违反法律的行为。但这是一般意义上的违反道德的行为，这里的违反道德的行为是违反社会道德规范仅由道德手段予以调控的行为，采用道德的手段就足以有效地调控并不需要使用法律手段；如果需要使用法律的手段加以调控，这种行为就是违法行为。一般行为泛指社会生活中人们实施的大量的正常行为，包括较为常见的行为，如衣、食、住、行等，这些行为人们习以为常；也包括人们较为关注的行为，这些行为对人们的社会生活具有一定的影响，但根据社会规范的价值判断，人们对其予以肯定的行为，是合乎社会道德规范的行为。

依上述分析，将某种行为非犯罪化所形成的结果，是违法行为和合法行为，其中，合法行为又包括违反道德的行为和一般行为。这样从行为性质上言，非犯罪化的结果具体包括：民事违法行为、行政违法行为、违反道德的行为和一般行为。

第三节　犯罪化、非犯罪化与刑法解释

在司法实践中，某种行为是否构成犯罪，是将现实的行为同刑事立法的规定作是否相符的判断过程。符合刑法规定的犯罪构成要件的行为就是犯罪行为，否则是非犯罪行为。有一种观点认为，法官只是规定严密的法律的“留声机”“翻译器”。① 这是绝对的立法权与司法权分立的观点，依此观点，行为的犯罪化与非犯罪化只

① 转引自苏团，王云奖．中国呼唤司法独立［J］．河北法学，2002（1）．

是刑事立法中的问题。然而，不容忽视的是，现实的刑事司法并不乏行为的犯罪化与非犯罪化途径，刑法解释同样是行为犯罪化与非犯罪化的重要途径。

一、刑法解释概述

解者，析言事理之意；释者即说明，所谓解释，乃指析言其文义及事理，而加以说明之意。① 刑法解释是对刑法规定含义的说明，刑法解释的对象是刑法规定，目的是为了准确理解和适用刑法。② 刑法条文的规定高度抽象、概括，并非也不可能是具体社会情形的文字版，所规定的犯罪无一不是现实社会中具体犯罪行为的类型化，是高度概括而形成的犯罪类型，将其适用于具体的犯罪行为自然离不开刑法的解释；而且，法律用语存在相当一部分专业性概念与术语，需要适当的解释予以明确，解释也可以有效地消除人们因认识偏差等原因导致的对刑法规定的不同理解。

对法律条文之中含义的准确探寻，是刑法乃至法律之所以必须解释的重要原因，法律解释的产生也正出于此。在现代社会，刑法解释具有重大意义。具体来说，在法律适用过程中，法律解释具有规范指导司法的功能，弥补立法漏洞的功能，促进立法完善的功能，宣传教育的功能，繁荣法学理论的功能。③ 客观上，立法漏洞难以避免，刑法规定本身不可避免地存在某些缺陷，难以对社会生活中全部的情形面面俱到；刑法是法律体系中重要的基本法律，对国民预测性的保证要求其必须具有相当的稳定性，但随着社会历史的发展，现实社会生活是不断发展变化的，这种因社会情势的变化而造成刑法条文的缺陷，是社会变易性欠缺，是无法避免的。④ 这

① 转引自莫纪宏．论宪法解释［EB/OL］．http：//www.china-review.com/sao.asp？id=4136.

② 齐文远，刘艺兵．刑法学［M］．北京：人民法院出版社，2003：8.

③ 李希慧．刑法解释论［M］．北京：中国人民公安大学出版社，1995：55.

④ 李希慧．刑法解释论［M］．北京：中国人民公安大学出版社，1995：61-62.

需要对原来的刑法条文根据新的社会形势作出适当的解释。

刑法必须解释，条文因解释而被理解，因解释而被适用。一般而言，刑法解释依据作出解释的主体不同，分为立法解释、司法解释与学理解释。这三种解释具有不同的效力，前两种由特定国家机关进行，是具体案件定罪量刑必须加以遵守的刑法解释，是正式的刑法解释；后一种是人们学习研究刑法规定在理论上作的解释，是非正式的刑法解释。刑法解释也是对特定行为进行犯罪化或非犯罪化的重要途径。刑法规定将某种行为作为犯罪或不作为犯罪，是刑事立法中的犯罪化与非犯罪化，但是徒法不足以自行，现实情况又是复杂多变的，新的犯罪表现形式因此不断出现，刑事司法中通过适当的刑法解释对新出现的行为犯罪化或非犯罪化，显然势在必行也理所当然。需要明确的是，对于某种行为，通过一定的刑法解释加以犯罪化或非犯罪化，是相对于上述刑事立法的犯罪化与非犯罪化而言。这种行为是随着社会的发展变化而出现的新情况，往往是刑法没有明确规定而根据传统的解释，行为是否成立犯罪有待斟酌的情形。因此，刑法解释对于这种行为犯罪与否的判断就意义重大。这里的刑法解释是一个比较宽泛的概念。

首先，它是具体刑事司法中应当加以适用的解释。法律作为高度抽象概括的规定，将其适用于具体的案件离不开解释，可以说，刑事司法的核心就是刑法如何解释的问题。司法解释即由最高司法机关对刑法的含义所作的解释，是刑法解释的重要表现形式。在我国，有权进行司法解释的是最高人民法院和最高人民检察院，“凡属于法院审判工作中具体应用法律、法令的问题，由最高人民法院进行解释。凡属于检察院检察工作中具体应用法律、法令的问题，由最高人民检察院进行解释。最高人民法院和最高人民检察院的解释如果有原则性的分歧，报请全国人民代表大会常务委员会解释决定”。① 对于现实中出现的新情况，司法解释就具有将其犯罪化与非犯罪化的功能。

---

① 1981 年 6 月 10 日第五届全国人大常委会第十九次会议通过的《关于加强法律解释工作的决议》。

其次，它还包括司法人员在适用法律中的解释。因为，“在法律适用过程中，法律解释可以被视为整个法律推理或法律思考过程的一个基本环节。如果把适用法律的结果即司法判决作为某种法律推理或法律思考的产物，那么有关的法律解释论点则构成了证明这种结果正当性的基本理由。”① 司法机关人员正是在对刑法规定的解释之中，将刑法规定与案件的具体情况结合起来以获得准确的判断。而且，司法机关人员的解释的形成，除了刑法的规定、立法解释及司法解释外，是这些人员自由裁量权的行使，他们的性格态度、价值观念、学历水平、工作经验以及年龄性别等因素都有可能影响到针对具体案件的刑法解释。这些因素对于司法实践中某种行为是否作为犯罪处理，也具有重大影响。

最后，立法解释虽名为解释，也可能决定某种行为的犯罪化与非犯罪化，但它属于刑事立法的规定。在我国，立法解释是指全国人大及其常委会对刑法的含义所作的解释。立法解释主体的最高国家权力机关的属性，就决定了所作解释与立法具有同样的权威性，刑法立法解释具有最高的法律效力，即和刑法规范一样的普遍约束力。进一步而言，一般认为刑法立法解释包括三种情况：（1）在刑法中用条文对有关刑法术语所作的解释；（2）由国家立法机关在法律的起草说明或者修订说明中所作的解释；（3）刑法在施行中如发生歧义，由全国人大常委会进行解释。② 第一种情况在形式上就是刑事立法的规定，第二种情况与刑事立法活动密切相关，直接决定某一刑事立法规定的产生，第三种情况因进行解释主体的特殊性，在实践中也表现为一种立法性质的活动。

综上，相对于刑事立法，刑法解释也是将行为进行犯罪化与非犯罪化的重要途径。对于社会生活中新出现的危害社会的行为，或者本来是刑法中规定的犯罪行为但随着社会的发展变化，其社会危

① 张志铭．法律解释操作分析［M］．北京：中国政法大学出版社，1999：158.

② 高铭暄，马克昌．刑法学［M］．北京：北京大学出版社，2000：22.

害性已经大为减轻的情形，需要刑事司法通过适当的刑法解释予以犯罪化或非犯罪化。

二、刑法解释中的犯罪化

刑法解释中的犯罪化，是刑事司法通过一定的刑法解释将社会中新出现的严重危害社会的行为作为犯罪处理。尽管近现代刑法以罪刑法定为原则，但是这并不能掩盖刑事司法中以一定的刑法解释将新出现的某种行为犯罪化。罪刑法定原则强调行为事前明确的刑法规定，与之不相容的是“类推解释”。我国旧《刑法》第 79 条曾规定：“本法分则没有明确规定的犯罪，依照本法分则最相类似的条文定罪量刑。”1997 年刑法修订已经取消了这一规定。类推解释是即使刑法没有对某种犯罪作出规定，也可定罪量刑，显然与现代刑法人权保障理念格格不入，类推解释的废除意义重大。但是刑法中的罪刑法定原则并非意味着对刑法的解释就仅限于作文字的语言学解释，即文理解释，因为体系解释、历史解释及目的解释等，都是刑法解释的有机组成部分。

从社会实践看，现代社会人们的生活日益复杂，我国自 20 世纪七八十年代以来改革开放，建设社会主义市场经济体制，社会处于急剧转型时期，各种新型的犯罪表现形式不断出现，而由于刑法作为国家的基本法不能进行频繁的修改，刑法解释则可以在一定程度上弥补其不足，通过解释将一些新型的危害社会的行为犯罪化。从刑法解释方法看，这种因刑法解释而犯罪化主要有如下三种情况：

（一）因体系解释而犯罪化

体系解释是一种重要的刑法解释方法。所谓体系解释，是指以法律条文在刑法中的地位为基础，根据刑法的整体结构和与其他法条的关系来阐明法律条文的意义的解释方法。之所以在文义解释的基础上，能够对法条进行体系解释，是因为组成刑法整体的多个法条之间存在着密切的内在关联，正是这种存在于刑法条文与刑法的整体、刑法条文相互之间的联系决定了能够对刑法条文进行体系解释。①

体系解释是协调刑法条文之间或刑法条文与其他法律条文的规定进行解释。如前所述，刑法是社会调控制度中的“第二次法”，某种行为被犯罪化应先由“第一次法规范”调整，再上升为刑法手段的调整。事实上，我国刑事立法中众多犯罪的制定，尤其是法定犯都是如此，即先由一般法律规范进行立法，再由刑法加以规定。较为常见的情况是，行政性法律规范将某种行为规定为违法犯罪行为，这种行为的一般情形即不具有严重的社会危害性的，构成违法，而情节恶劣具有严重的社会危害性的，构成犯罪；相应的法律条文往往规定有“……构成犯罪的，依法追究刑事责任”。刑法再将其中具有严重社会危害性的那一部分行为规定为犯罪。由“第一次法规范”到“第二次法规范”，正是由于刑法中的犯罪是由前者的规定而来，适用这一规定时就要与“第一次法规范”协调一致。

在我国刑法中，体系解释很多情况下就是根据社会的发展变化补充刑法中的规定，将一些行为犯罪化。如我国刑法中的“侵犯著作权罪”，1991 年 6 月 1 日施行的著作权法是我国第一部系统完整地规定著作权及其保护的法律，将严重侵犯他人著作权的行为规定为犯罪。1997 年《刑法》修订时吸收了这一行政立法的规定，于第 217 条规定了“侵犯著作权罪”，构成犯罪的行为方式有四种：“（一）未经著作权人许可、复制发行其文字作品、音乐、电影、电视、录像作品、计算机软件及其他作品的；（二）出版他人享有专有出版权的图书的；（三）未经录音录像制作者许可，复制发行其制作的录音录像的；（四）制作、出售假冒他人署名的美术作品的。”而随着计算机互联网技术的日新月异，传统的侵犯他人著作权的形式已经发生了深刻的变化，由此，2001 年 10 月 27 日全国人大常委会通过的《关于〈中华人民共和国著作权法〉的决定》对侵犯著作权的行为方式作了重大修改，第 47 条规定了八种

① 王良顺．论刑法解释方法体系［J］．2008 年刑法解释及相关问题研究论文集，2008：111．

著作权侵权行为方式，并规定“构成犯罪的，依法追究刑事责任”。相对于原来的规定，侵权方式增加了“表演、放映、广播、汇编、通过信息网络向公众传播”，制作、出售假冒型侵权行为的对象不再仅限于美术作品，而是包括所有类型的作品。著作权法作为一种行政法，自然“法随时转”，但刑法具有一定的稳定性不能随意更改。在刑法来不及重新立法规定时，刑事司法就应当通过体系解释将刑法与著作权法中的规定保持一致，将四种行为方式之外的特定行为也作为犯罪处理。2004 年 12 月 8 日《最高人民法院、最高人民检察院关于办理侵犯知识产权刑事案件具体应用法律若干问题的解释》也基本上采纳了将新著作权法中新增的侵权行为作为犯罪。

（二）因历史解释而犯罪化

历史解释即沿革解释，是通过考察刑法规定制定的历史背景资料、立法沿革演变等来阐明刑法的真实含义的解释方法。任何刑法规定的制定都是在特定的历史背景下，立法者经过反复思考、论证的产物。立法机关通过一项法律，一般要经过“三读”或“三审”。在我国，立法草案通常由提案单位（如国务院各部委、最高人民法院）先做起草工作。草案一般要经过数十次的修改、论证。进入立法机关的程序后，各种工作委员会、专门委员会也会作若干次修改，因此每次修改后形成的法律草案都不尽相同。这当然给理解最后通过的文本提供了一些参考。

历史解释就是依据上述内容作出的解释。通过对刑法规定的历史分析，来揭示立法者制定这一规定的立法初衷和目的，从而理解其真实的含义，准确地将其运用于新出现的某种行为。刑法规定用语的抽象概括性也要求解释者探寻立法者的立法本意。刑事立法中的一些开放性犯罪构成要件的设计，其认定就需要通过历史解释的方法来填补。典型的因历史解释而犯罪化的恐怕非“（过失）以危险方法危害公共安全罪”莫属。我国刑事立法未对“其他危险方法”加以详细列举，也不可能列举，这是一个外延广泛的概念，如何理解其真实的含义自然是留待具体的司法操作人员考虑的一个关键问题。从我国刑事司法实践已有的相关判例情况来看，一般认为应当包括：驾车冲撞人群、私设电网、投放放射性物质或扩散病毒等。① 那么，下面案件中乘客殴打司机致使公交失控撞死行人的行为，是否也属于其他危险方法行为呢？

这是发生在武汉市的一个颇受关注的案件。公诉机关指控：2008年4月4日晚8时50分，贺某某酒后与女友等数人在车站乘坐公交车时，因为刷卡与司机高某起了冲突，被他人劝阻后，在9时10分车行至鲁巷广场加油站附近时，贺某某突然要求高某停车，高某以车未到站加以拒绝，贺某某遂冲到高某身旁，用拳头猛击高某右部胸肩处致使车辆失控，冲入马路人行道而将路边行人谭某某撞死，同时导致车辆损坏严重，车上多名乘客不同程度地受到伤害。检察机关对此就是以"以危险方法危害公共安全罪"提起控诉，辩护律师则认为应以交通肇事罪处理。② 这种行为造成了严重的社会后果，是否属于其他严重危害社会的行为，关键在于对刑法规定的理解。循立法情况来看，我国刑法在规定了放火罪、决水罪、爆炸罪、投放危险物质罪之外，又规定了以其他危险方法危害公共安全罪，显然是考虑到现实社会生活的丰富与复杂，为了避免轻纵与这些行为相类似的犯罪行为而有意为之的兜底性条款。公诉机关就以此解释而得出，本案中行为人的行为危害了不特定多数人的安全，所以符合客体要件；同时这个打击行为，具有极大的社会危险性，故也符合客观要件。当然，对以"其他危险方法"危害公共安全罪的认定，既不能作无限制的扩大解释，也不能任意扩大其适用的范围。

（三）因目的解释而犯罪化

目的解释是一种非常重要的解释方法，它是指依据刑法立法规定的目的来阐明刑法条文含义的解释方法。从本质上说，刑法的整体目的是保护法益，维护社会的公平与正义。目的解释就是为这一

---

① 高铭暄，马克昌．刑法学［M］．北京：北京大学出版社，2000：358.

② 楚天金报网．武汉公交车撞死女高工案法庭五大交锋［EB/OL］．http：//www. cnhubei. com/news/ctjb/ctjbsgk/ctjb06/200810/t470452. shtml.

整体目的而服务的，但具体对某一刑法规定的目的解释必须围绕相关的刑法规定进行。因为，对于社会中新出现的危害社会的行为，能否以犯罪论处必须遵循罪刑法定原则。

理论上，目的解释根据主客观立场的不同，可以分为主观说、客观说与折中说。主观说将目的限定为立法者的立法原意，目的解释就是探求立法者制定法律时的本意；客观说认为刑法在制定之后，就具有了独立的目的，这一目的才是刑法解释的根据，目的解释应“应运而生”，折中说则是折二者之中。应该说，折中说的观点兼顾主观说与客观说，更为可取。而且，在一定程度上，主观说与客观说之间并非天壤之别，立法的超前设计更是为了二者的重合。无论如何，刑法的解释并不能拘泥于刑法条文原来的字面含义，还应根据刑法规定的目的作出合理的解释。这也是适应不断发展变化的现实社会的要求。随着社会的发展变化，一些新的用语和表述会不断涌现，并且，一些原来的刑法用语的含义也可能随之有所变化，在刑事立法来不及作修改之际，理应通过目的解释的方法加以完善。在这一解释之中，主要就是将某种新出现的危害社会的行为犯罪化。当然，目的解释方法中的目的不是任意确定的目的，它应当是法律价值（正义等）支配下的目的。① 将某一新的行为犯罪化并不能脱离刑法条文的规定。

从司法实践看，因目的解释而犯罪化的情形并不鲜见。譬如，刑事司法对于侵犯财产犯罪的认定。侵犯财产罪是以非法占有为目的，取得公私财物，或者故意毁坏公私财物的行为。刑法中的“财产”应作如何解释？被某种行为严重侵害的对象是否属于财产？这就直接决定某一行为是否成立相应的犯罪。根据传统的观点，财产是指有体物，包括固体物、液体物与气体物，即客观存在的看得见、摸得着的物体，严重侵犯这些财产的行为才成立犯罪。但随着社会的发展，“财产”这一概念的外延不断扩大。如学者所言，“许多无体物的经济价值越来越明显，无体物虽然无体，但可

① ［美］博西格诺等．法律之门［M］．邓子滨译．北京：华夏出版社，2002：478.

以对之进行管理，也可以成为所有权的对象，故应成为侵犯财产罪的对象。”① 虽然刑事立法并未作任何变动，但侵犯财产罪的对象并不限于有体物。这是因目的解释而将新出现的侵犯无形财物的行为予以了犯罪化。近年来，随着人们网络活动的兴起，网络虚拟货币（如 Q 币、威望值等）日益受到一些人的追捧，网上盗取他人虚拟货币的行为也就时有发生，这种行为能否以盗窃罪处理呢？刑事立法当然并未作出规定，这需要司法人员的合理解释。

就目前来看，司法实践基本上肯定 QQ 币具有刑法上的“财产性”，对盗取 QQ 币的行为就是以盗窃罪来论处。在 2007 年 3 月 27 日，浙江省丽水市的司法机关就立案了一起发生在互联网络上的盗取 QQ 币案件，该市人民法院在经过认真审理之后，就以“盗窃罪”依法对两名实施了盗取网络虚拟货币的行为人进行了判决，而且，所判刑罚也不轻，两个犯罪人分别获刑 13 年和 10 年。报道称，这也是我国首例因为偷盗网络虚拟货币而被以“盗窃罪”之名予以重判的刑事案件。两位被告人是胥某和陈某，分别为四川瑞华信息技术有限公司的老板和技术员，在一次机缘巧合的机会中，技术员陈某获得了盗打充值电话的技术。后来，陈某向自己的老板胥某提到这一技术，胥某当时就产生了浓厚的兴趣，认为这是一个发财的好机会，遂利用这一技术盗打电话给 QQ 号充值。他们招了一大批员工，让这些人通过虚设号码盗打电信充值电话，将 Q 币充入特定的 QQ 号，每个号码充 60 个 Q 币。获得 Q 币后，他们便在网上以 3 折的价格出售给下家，下家获得充值的 QQ 号后，就在“淘宝商店”上卖给网民。直至案发，胥某和陈某交代，他们获得的实际收益已经超过 70 万元，使用充值的 QQ 号有上万个，盗打充值电信资费在 200 万元以上。② 客观上说，刑事立法在对侵犯财产罪立法时，是没有考虑到盗取 Q 币的行为的，刑事司法却将这种行为作为犯罪处理。这就是因为探寻刑法中“盗窃罪”的立法

---

① 张明楷．刑法学［M］．北京：法律出版社，2003：748．

② 安全中国．首例 QQ 币盗窃案　盗取 QQ 币 200 万获刑 13 年［EB/OL］．http：//www.anqn.com/news/e/2007-07-27/a0984446.shtml．

目的而扩充了“财产”的概念，刑法规定盗窃罪是为了有效地保护权利人的财产权利，Q币虽然无形无体，但权利人可以对之进行有效的管理，且其经济价值越来越明显，理应将其视为刑法中的财产。

三、刑法解释中的非犯罪化

非犯罪化与犯罪化正反相对，密不可分。刑法解释既可能将某种新出现的行为犯罪化，也可能顺应社会危害性的下降，将某些本来是刑法中的犯罪行为不再作为犯罪处理。同样，刑法因稳定性的要求，以致某种犯罪行为在其社会危害性随着社会的发展变化而显著下降之后，并不能及时地将其从刑法中清除。司法工作人员往往是通过适当的刑法解释将这些犯罪行为不再作为实际的犯罪处理，或使之完全合法化或转由其他法律手段处理。由此形成的就是刑法解释中的非犯罪化。

上述体系解释、历史解释和目的解释，在将新出现的行为犯罪化方面起着重要的作用，这些解释方法也是将某种犯罪行为非犯罪化的重要途径。但在笔者看来，与这三种解释方法相关联的主要是行为的犯罪化。这是由于我国刑事立法对犯罪规定的特殊性和长期以来的重刑主义的传统刑法观念使然。就我国刑事立法对犯罪规定的特殊性而言，一方面，立法者总是尽可能地使用高度抽象概括的条文，以试图将所有的行为都纳入刑法的领域。如很多刑法条文对犯罪表现形式的立法设计，在列举规定了主要的表现形式之外，往往规定有“其他方法”“其他单位的人员”“其他直接责任人员”，等等。另一方面，刑法中的犯罪都要求行为具有严重的社会危害性，往往规定有“情节严重”“情节特别严重”“数额较大”“数额特别较大”“致使公共财产、国家和人民利益遭受重大损失”，等等。这些模糊的规定都需要通过一定的刑法解释去明确。这是通过刑法解释方法将行为犯罪化的重要前提。就我国传统的刑法观念来看，在千百年来的封建专制社会时期，“乱世用重典”被封建专制统治者奉为安邦定国的“金科玉律”，重刑主义思想及其司法实践在漫漫历史长河中俯拾皆是。直到今天，重刑主义仍然深刻影响着我国的刑事司法。根据学者的调查，我国刑事司法表现出严重的重刑主义倾向。首先，多数法官在司法实践中较为强调实现实体上的公正，却往往忽视了程序上的公正，突出表现为对案件办理的“从重从快”。其次，其他诸如党政机关、社会舆论等因素，对法官从重量刑起到了很大的影响作用，常见的“民愤极大”“不杀不足以平民愤”等说法，都在无形之中推动了司法人员的从重处罚。最后，司法实践法官往往倾向于对犯罪人判实刑而不判缓刑，愿判主刑而不愿判附加刑。①虽然重刑主义是刑罚问题，犯罪化涉及的是犯罪问题，二者的对象不同。但是，在这种传统的刑法思想的熏陶之下，产生的自然就是对行为的犯罪化。在这种情况下，体系解释、历史解释和目的解释作为中性的解释方法，所滑向的则是以行为犯罪化为主的解释。

那么，刑法解释方法是否存在以非犯罪化倾向为主的解释方法？如果存在，这种解释方法是什么呢？答案是肯定的。虽然，我国存在着重刑主义的传统思想，并且，这一思想至今对我国的刑事立法和司法有着深刻的难以磨灭的影响，自 20 世纪 80 年代以来的数次“严打”就是明证。但如前所述，现代社会人权保障观念日益受到重视，人们对犯罪产生的原因、犯罪价值、犯罪对策（即刑法）的认识更加理性，刑法的谦抑性、不完整性与经济性等思想已经成为现代刑法理论上的重要思想。这是一种与重刑主义的犯罪化倾向相反的非犯罪化之流，在刑事司法中，自然需要相应的解释方法与之对应。这种解释方法应该天生就具有保障人权，谨慎行为犯罪化的本性。在笔者看来，这就是刑法的合宪性解释方法。合宪即符合宪法，德国学者拉伦茨指出，“对于其他将使规定违宪的解释，应优先依其余解释标准仍属可能，且并不抵触宪法原则的解答”，“在多数可能的解释中，应始终优先选

① 胡学相 . 重刑主义不利于长治久安［EB/OL］. http：//news. xinhuanet. com/legal/2005-06/14/content_3082152. htm.

用最能符合宪法原则者，因此，合宪性也是一种解释标准”。① 在国外，由于存在违宪审查制度，合宪性解释得到了广泛的运用与重视，但在我国，国内学者在著作中专门谈及“合宪性解释”的，为数很少，着墨也不多。② 这显然与宪法在法律体系中的重要地位不符，有待完善。

宪法是国家的根本大法，被视为各部门法的母法，它在法律体系中具有最高的效力，其他法律不得与之抵触，否则无效。因此，如学者所指出的，“刑法解释的理论与实践都应该把合宪性解释作为刑法解释的一种独立方法，给予足够的重视和运用”，“伴随着我国法治建设对宪政问题的重视，刑法的合宪性解释问题应该作为一种独立的解释方法受到重视”。③ 之所以将合宪性解释作为以非犯罪化为主的解释方法，还因为，宪法就是公民权利的保障书。现代国家的宪法奉行的是主权在民的原则。“公民基本权利与义务是宪法的重要内容，宪法一般用专门的部分规定公民的基本权利、基本义务以及有关公民基本权利与义务的一般准则。”④ 而且，宪法对国家机构的规定（主要包括国家机关的性质、准则、职权、活动原则等），也可以理解为是对国家构成、国家权力的确定与限制。相对于专制社会国家权力的不受制约和随心所欲，确定即意味着限制，宪法的规定就成为了国家权力的边界。事实上，宪法最主要、最核心的价值在于它是公民权利的保障书。1789 年的法国《人权宣言》就明确宣布，凡权利无保障和分权未确立的社会就没有宪法；列宁也曾指出：“宪法就是一张写着人民权利的纸。”⑤

---

① ［德］卡尔·拉伦茨．法学方法论［M］．陈爱娥译．北京：商务印书馆，2003：217.

② 姜福东．司法过程中的合宪性解释［J］．国家检察官学院学报，2008（4）.

③ 赵秉志，苏彩霞．刑法解释方法的位阶及运用［J］．2008 年刑法解释及相关问题研究论文集，2008：81.

④ 刘茂林．中国宪法导论［M］．北京：北京大学出版社，2005：38.

⑤ 转引自周叶中．宪法学［M］．北京：高等教育出版社，2004：37-38.

刑法作为部门法，由宪法而生，但由于上述原因，其在适用中难免沿袭传统的重刑主义以致有所偏差，合宪性解释则是保证刑事司法不偏离宪法原则的重要举措。

结　语

犯罪化与非犯罪化，毋庸置疑是一个国家刑事法律中至关重要的内容。刑法首先就是要回答什么是犯罪和如何认定犯罪的问题。哪些行为构成犯罪？刑法中规定犯罪的原则、犯罪概念、犯罪构成及其要素的内容，都是回答这一问题。哪些行为不构成犯罪？刑法中正当防卫、紧急避险以及司法实践中超法规的犯罪阻却事由，即是对此的回答。在逻辑上，对某种行为的刑法定性，犯罪化与非犯罪化是一种“非此即彼”的选择关系，某种行为不是犯罪化，自然就是非犯罪化。因此，刑法对犯罪概念、犯罪构成及其要素的规定，虽然其主要是从构成犯罪（犯罪化）的角度规定了符合相关条件的严重危害社会的行为构成犯罪，但是对于不符合相关犯罪构成要件的行为而言，又何尝不是非犯罪化的标准呢？一个已经达到刑事责任年龄，精神状况正常的人基于主观罪过实施的严重危害社会的行为，显然已经符合了相应犯罪的构成要件，应成立犯罪；相应的，一个未达到刑事责任、精神状况不正常的人，或缺乏主观罪过或尚未实施危害社会的行为或虽然实施了行为但该行为并不会给社会造成严重的伤害，只要具备其中的一点，就是不符合相应犯罪的构成要件，也就不成立犯罪，这是非犯罪化的标准。

本来如此的规定，就可以明确犯罪化与非犯罪化的成立条件。然而，刑法还是专门规定了正当防卫和紧急避险制度，将那些虽在形式上符合犯罪构成但实质上不具有严重的社会危害性的行为，排除在犯罪之外。也就是说，刑法在积极肯定构成犯罪的同时，还特别规定了消极的阻却犯罪成立的情形。如果说，刑法中犯罪概念、犯罪构成及其要素等的规定旨在犯罪化，那么正当防卫和紧急避险的规定，就旨在非犯罪化。可见，刑事立法本身在有意无意之中就透露着犯罪化与非犯罪化的安排——在全面规定行为构成犯罪之后，通过非犯罪化的规定来加以限制和平衡。这就使得现代社会的刑法摆脱了全面犯罪化立法之名，既从正面规定了构成犯罪的情形，又从反面规定了不构成犯罪的情形，突出了刑法在打击犯罪同时保障人权的意识。

事实上，从刑法上解读犯罪化与非犯罪化是十分困难的。对某种行为予以犯罪化或非犯罪化，涉及一个国家经济、政治、文化和历史等多方面的因素。尽管犯罪行为是世界各个国家社会生活中都最为严重的危害社会的那部分行为，但是各个国家的犯罪化与非犯罪化规定却是不尽相同的。由于种种原因，某些行为在有些国家可能是严重的犯罪，而在另一些国家又可能是合法的或值得肯定的行为。如开设赌场、聚众赌博的行为，成年人私下秘密进行的聚众淫乱或妨害社会风化的行为，在我国就是严重的妨害社会管理秩序的犯罪，而在一些西方国家并不是犯罪行为。又如美国宪法第二修正案规定“民众拥有并且佩带枪支的权利不容侵犯”，公民可以合法地买卖和持有枪支，但是在包括我国在内的很多国家都持严格的“禁枪令”，规定了全面的涉枪犯罪，买卖和持有枪支等行为都构成严重的犯罪。无论行为是犯罪化还是非犯罪化，显然都不是用一个简单的原因可以说明的，而是上述诸多方面因素相综合的产物。

但这并不能否定从刑法学意义上对行为犯罪化与非犯罪化的正当性进行探讨。一方面，犯罪化与非犯罪化构成了现代社会刑法的重要内容，是刑法研究不能回避的课题。众所周知，刑罚是一个国家中最为严厉的制裁措施，对于刑法所规定的犯罪行为，动辄是重大财产的丧失或人身自由乃至生命的剥夺，这势必要求我们以极其审慎的态度对待行为的犯罪化。当然，这也不能一律非犯罪化或者非犯罪化越多越好。如前述的激进社会防卫学派主张彻底否定犯罪、刑事责任和刑罚等刑法概念，提出反社会性及其指标体系以建立全新的社会防卫法，虽旨趣崇高、有利于加强社会防卫，但事实证明是难以让人接受的。毕竟，刑法是调整和规范人们的社会生活以及打击犯罪、保护人民的重要武器，只要现实社会上还有严重危害社会的犯罪行为，恐怕就不能否定刑法存在的价值。另一方面，在现代社会中，犯罪化与非犯罪化主要还是就刑法意义而言的，这是刑事法治建设的应有之义。现代社会法治的观念已经深入人心，法治不仅要求普通社会民众遵法守法，更要求各种国家权力在法治的框架内运行，以法律为根据、受法律规范的调整，特别是当国家对特定社会民众行使惩罚性质的权力时，这种权力必须要有明确的法律规定。长期以来，古代社会在国家大法之下，各种野蛮残酷的私刑横行，导致了严重的人权践踏和人道主义的危机。这显然是现代文明社会的刑法应当吸取的教训，为此，对严重危害社会的行为作出禁止性的法律明文规定，将其犯罪化，而同时出于保护某种更高社会价值的需要，将某些形式上符合犯罪的行为排除在犯罪的范围之外。这种明确的法律规定之表现形式，就形成了刑法，在规定了什么行为构成犯罪之后明确规定了什么行为不是犯罪，以及对犯罪行为的具体处罚等内容。

当然，刑法上的犯罪化与非犯罪化是一个具有广泛牵涉性的复杂问题。学者们基于不同的视角和不同的立场，提出了许多颇具见地的观点学说，对我国刑事立法和司法中犯罪化与非犯罪化进行了有益的梳理，在不同程度上揭示了隐藏其中主导犯罪化与非犯罪化的刑法实质性内容。有感于当前社会转型时期，各种矛盾多发，现实社会中违法犯罪问题还比较严重，普通社会民众的犯罪化呼声较高，而理论界却是以非犯罪化为主流，本书试图就刑法上犯罪化与非犯罪化进行深入研究。主要从国内外的犯罪化与非犯罪化运动现象入手，梳理我国新中国成立以来的刑事立法演变，分析和界定刑法上犯罪化与非犯罪化的概念，探讨我国刑法犯罪化与非犯罪化的正当性根据，并就如何实现犯罪化与非犯罪化加以阐述。本人能力有限，尚未深入研究的问题还有很多，论述的观点也有不当或不足之处，敬请同仁不吝赐教。

参考文献

一、著作类

[1]马克思恩格斯全集(第21卷)[M]. 北京：人民出版社，1957.

[2]西方法律思想史资料选编[M]. 北京：北京大学出版社，1982.

[3]白建军. 犯罪学原理[M]. 北京：现代出版社，1992.

[4]陈兴良. 刑法哲学[M]. 北京：中国政法大学出版社，1997.

[5]陈兴良. 刑事法评论(第2卷)[M]. 北京：中国政法大学出版社，1998.

[6]陈兴良. 中国刑事政策检讨——以“严打”刑事政策为视角[M]. 北京：中国检察出版社，2004.

[7]陈兴良. 刑法的价值构造[M]. 北京：中国人民大学出版社，1998.

[8]陈正云. 刑法的精神[M]. 北京：中国方正出版社，1999.

[9]邓小平文选(第三卷)[M]. 北京：人民出版社，1993.

[10]邓正来. 法理学：法律哲学与法律方法[M]. 重译本序.

[11]丁后盾. 刑法法益原理[M]. 北京：中国方正出版社，2000.

[12]甘雨沛，何鹏. 外国刑法学(上册)[M]. 北京：北京大学出版社，1984.

[13]高铭暄，王作富. 新中国刑法的理论与实践[M]. 石家庄：河北人民出版社，1987.

[14]高铭暄，马克昌，赵秉志. 刑法学[M]. 北京：北京大学出版社，2000.

[15]高铭暄. 刑法专论(上编)[M]. 北京：高等教育出版社，2002.

[16]高仰止. 刑法总则之理论与实用[M]. 台北：台湾五南图书出版公司，1986.
[17]韩忠谟. 刑法原理[M]. 北京：中国政法大学出版社，2002.
[18]何秉松. 刑事政策学[M]. 北京：群众出版社，2002.
[19]李希慧. 中国刑事立法研究[M]. 北京：人民日报出版社，2005.
[20]梁根林. 非刑罚化——当代刑法改革的主题[J]. 北京大学法学院编. 刑事法治的理念建构(第3卷). 北京：法律出版社，2002.
[21]梁根林. 刑事法网：扩张与限缩[M]. 北京：法律出版社，2005.
[22]梁根林. 刑事政策：立场与范畴[M]. 北京：法律出版社，2005.
[23]梁根林. 刑事制裁：方式与选择[M]. 北京：法律出版社，2006.
[24]林山田. 刑法的革新[M]. 台北：学林文化事业有限公司，2001.
[25]林山田. 刑法通论[M]. 台北：台北三民书局，1986.
[26]刘茂林. 宪法学[M]. 北京：中国人民公安大学出版社，2003.
[27]刘雪梅. 罪刑法定论[M]. 北京：中国方正出版社，2005.
[28]马克昌. 犯罪通论[M]. 武汉：武汉大学出版社，1999.
[29]马克昌. 近代西方刑法学说史略[M]. 北京：中国检察出版社，1996.
[30]马克昌. 中国刑事政策学[M]. 武汉：武汉大学出版社，1992.
[31]马克昌. 比较刑法原理：外国刑法学总论[M]. 武汉：武汉大学出版社，2002.
[32]聂立泽. 刑法中的主客观相统一原则研究[M]. 北京：法律出版社，2004.
[33]齐文远，刘艺兵. 刑法学[M]. 北京：人民法院出版社，2003.
[34]邱兴隆. 刑罚理性导论——刑罚的正当性原论[M]. 北京：中

国政法大学出版社，1988.
[35]曲新久．论刑事政策[M]．陈兴良主编．中国刑事政策检讨——以“严打”刑事政策为视角．北京：中国检察出版社，2004.
[36]曲新久．刑法的精神与范畴[M]．北京：中国政法大学出版社，2003.
[37]苏彩霞．中国刑法国际化研究[M]．北京：北京大学出版社，2006.
[38]苏明月．质疑“犯罪有益”——从E. 迪尔凯姆说起[M]．北京：中国政法大学出版社，2004.
[39]汪明亮．“严打”的理性评价[M]．北京：北京大学出版社，2004.
[40]王汉斌．关于《中华人民共和国刑法(修订草案)》的说明.
[41]王明星．刑法谦抑精神研究[M]．北京：中国人民公安大学出版社，2005.
[42]魏东．现代刑法的犯罪化根据[M]．北京：中国民主法制出版社，2004.
[43]吴宗宪．西方犯罪学[M]．北京：法律出版社，2006.
[44]肖扬．中国刑事政策和策略问题[M]．北京：法律出版社，1996.
[45]杨春洗．刑事政策学[M]．北京：北京大学出版社，1993.
[46]张明楷．法益初论[M]．北京：中国政法大学出版社，2000.
[47]张明楷．外国刑法纲要[M]．北京：清华大学出版社，1999.
[48]张明楷．刑法的基础观念[M]．北京：中国检察出版社，1995.
[49]张明楷．刑法学[M]．北京：法律出版社，2003.
[50]张千帆．宪法学导论[M]．北京：法律出版社，2003.
[51]张穹．“严打”政策的理论与实务[M]．北京：中国检察出版社，2002.
[52]张远煌．犯罪学原理[M]．北京：法律出版社，2001.
[53]赵秉志．外国刑法原理．大陆法系[M]．北京：中国人民大学出版社，2000.

[54]赵秉志．刑罚总论问题探索[M]．北京：法律出版社，2002.
[55]贾学胜．非犯罪化研究[M]．北京：法律出版社，2011.
[56]贾学胜．司法上的非犯罪化研究[M]．广州：暨南大学出版社，2014.
[57]于君刚．犯罪、社会化及其预防论纲[M]．北京：中国政法大学出版社，2014.
[58]叶慧娟．见危不助犯罪化的边缘性审视[M]．北京：中国人民公安大学出版社，2008.
[59][德]汉斯·约阿希姆·施奈德．犯罪学[M]．吴鑫涛，马君玉译．北京：中国人民公安大学出版社，1990.
[60][德]黑格尔．小逻辑[M]．北京：商务印书馆，1983.
[61][德]黑格尔．法哲学原理[M]．范扬，张企泰译．北京：商务印书馆，1982.
[62][德]卡尔·拉伦茨．法学方法论[M]．陈爱娥译．北京：商务印书馆，2003.
[63][德]康德．法的形而上学原理——权利的科学[M]．沈叔平译．北京：商务印书馆，1991.
[64][俄]Н. Ф. 库兹涅佐娃，И. М. 佳日科娃．俄罗斯刑法教程·总论(上)[M]．黄道秀译．北京：法制出版社，2002.
[65][法]安塞尔．新刑法理论[M]．卢建平译．香港：香港天地图书有限公司，1990.
[66][法]迪尔凯姆．社会学方法的准则[M]．北京：商务印书馆，1995.
[67][法]卢梭．社会契约论[M]．何兆武译．北京：商务印书馆，1980.
[68][法]孟德斯鸠．论法的精神(上册)[M]．张雁深译．北京：商务印书馆，1995.
[69][法]米海依尔·戴尔玛斯-马蒂．刑事政策的主要体系(译序)[M]．卢建平译．北京：法律出版社，2000.
[70][法]米歇尔·福柯．规训与惩罚[M]．刘北成，杨远婴译．北京：生活·读书·新知三联书店，1999.

[71][美]博西格诺．法律之门[M]．邓子滨译．北京：华夏出版社，2002.
[72][美]本杰明·卡多佐．司法过程的性质[M]．苏力译．北京：商务印书馆，2002.
[73][美]博登海默．法理学：法律哲学和法律方法[M]．邓正来译．北京：中国政法大学出版社，1999.
[74][美]理查德·霍金斯．美国监狱制度——刑罚与正义[M]．北京：中国人民公安大学出版社，1991.
[75][美]刘易斯·A. 科瑟．社会学思想名家[M]．北京：中国社会科学出版社，1990.
[76][美]齐林．犯罪学及刑罚学[M]．查良鉴译．北京：中国政法大学出版社，2003.
[77][美]维纳．人有人的用处——控制论与社会[M]．北京：商务印书馆，1978.
[78][日]大谷实．刑事政策学[M]．黎宏译．北京：法律出版社，2000.
[79][日]大塚仁．犯罪论的基本问题[M]．冯军译．北京：中国政法大学出版社，1993.
[80][日]齐藤金作．宾丁刑法论[M]．早稻田大学法学会，1936.
[81][日]山中敬一．刑法总论[M]．成文堂，1999.
[82][日]藤本英雄．刑法的争论点[M]．有斐阁，1984.
[83][日]团藤重光．刑法纲要总论[M]．创文社，1990.
[84][意]贝卡利亚．论犯罪与刑罚[M]．黄风译．北京：中国大百科全书出版社，1993.
[85][意]菲利．实证派犯罪学[M]．郭建安译．北京：中国政法大学出版社，1987.

二、期刊类

[1]冯军．犯罪化的思考[J]．法学研究，2008(3).
[2]冯军．和谐社会与刑事立法[J]．南昌大学学报(人文社会科学版)，2007(2).

[3]姜涛. 中国刑法现代化的未来图景[J]. 环球法律评论, 2013(3).
[4]张明楷. 刑事立法的发展方向[J]. 中国法学, 2006(4).
[5]张明楷. 司法上的犯罪化与非犯罪化[J]. 法学家, 2008(4).
[6]张明楷. 犯罪定义与犯罪化[J]. 法学研究, 2008(3).
[7]黎宏. 日本刑事立法犯罪化与重刑化研究[J]. 人民检察, 2014(11).
[8]陈兴良. 犯罪范围的合理定义[J]. 法学研究, 2008(3).
[9]陈兴良. 当代中国的刑法理念[J]. 国家检察官学院学报, 2008(3).
[10]陈兴良. 宽严相济刑事政策研究[J]. 法学杂志, 2006(1).
[11]刘艳红. 我国应该停止犯罪化的刑事立法[J]. 法学, 2011(11).
[12]曲伶俐. 犯罪化基准论纲[J]. 法学论坛, 2009(3).
[13]刘广三. 犯罪学上的犯罪概念[J]. 法学研究, 1998(2).
[14]郑丽萍. 犯罪化和非犯罪化并趋——中国刑法现代化的应然趋势[J]. 中国刑事法杂志, 2011(11).
[15]张鑫. 犯罪概念的理性思考——以刑法的谦抑性与刑事一体化为视角[J]. 郑州大学学报(哲学社会科学版), 2014(1).
[16]杨俊. 对现行犯罪概念的反思——兼论混合犯罪概念之提倡[J]. 浙江学刊, 2014(2).
[17]白建军. 论具体犯罪概念的经验概括[J]. 中国法学, 2013(6).
[18]张子礼, 杨春然. 论犯罪化的原则[J]. 河北法学, 2011(4).
[19]贾学胜. 非犯罪化与中国刑法[J]. 刑事法评论, 2007(2).
[20]贾学胜. 司法上的非犯罪化及其中国实践[J]. 云南社会科学, 2013(6).
[21]贾学胜. 非犯罪化的概念界定[J]. 暨南学报(哲学社会科学版), 2007(1).
[22]蔡道通. 论"放小"的刑事政策[J]. 南京师大学报(社会科学版), 2002(1).

[23]陈光中，葛琳．刑事和解初探[J]．中国法学，2006(5)．
[24]陈小彪．论单位不法行为的犯罪化[J]．湘潭师范学院学报(社会科学版)，2005(2)．
[25]储槐植．严而不厉：为刑法修订设计政策思想[J]．北京大学学报，1989(6)．
[26]樊凤林．论严打政策[J]．公安研究，2003(4)．
[27]甘莉．从绝对到相对论犯罪的价值[J]．广西政法管理干部学院学报，2003(3)．
[28]高铭暄，王俊平．中国共产党与新中国刑法立法[J]．法学论坛，2002(1)．
[29]陈愿峰．刑罚论：刑法学理论的根基[J]．湖北警官学院学报，2013(10)．
[30]侯庆奇，魏亚斐，姜琦．严打政策的理性思考[J]．中共郑州市委党校学报，2007(2)．
[31]梁根林．从绝对主义到相对主义——犯罪功能别议[J]．刑事法学，2001(7)．
[32]梁根林．但书、罪量与扒窃入罪[J]．法学研究，2013(3)．
[33]齐晓伶．刑事政策科学化界定[J]．中国刑事法杂志，2013(11)．
[34]莫洪宪，马东丽．论犯罪化的程序性规制[J]．湖北社会科学，2013(12)．
[35]段丽．犯罪化立法进程应遵循的原则探讨[J]．人民论坛，2013(2)．
[36]刘仁文．宽严相济的刑事政策研究[J]．当代法学，2008(1)．
[37]刘守芬，韩永初．非犯罪化、非刑罚化之理性分析——报应刑刑事政策视角的观察[J]．现代法学，2004(3)．
[38]陇夫．向“运动式执法”说不[J]．法学家茶座，第2辑．
[39]潘庸鲁．树立理性刑法观——以审视刑法的有限性为视角[J]．学术探索，2008(4)．
[40]宋洪杰．刑事立法犯罪化问题的探讨[J]．黑龙江科技信息，2010(5)．

[41]官芯如，周雪梅．当代社会犯罪化政策实证分析[J]．科教文汇(上旬刊)，2014(2)．

[42]梅象华．刑法不得已原则研究——以界分不法行为为视角[J]．湖南社会科学，2014(1)．

[43]战立伟．赌博的犯罪化与非犯罪化——兼论我国刑法对赌博的立场抉择[J]．吉林公安高等专科学校学报，2006(2)．

[44]于改之．我国当前刑事立法中的犯罪化与非犯罪化——严重脱逸社会相当性理论之提倡[J]．法学家，2007(8)．

[45]孙国祥．论非刑罚化的理论基础及其途径[J]．法学论坛，2003(4)．

[46]孙力，刘中发．"轻轻重重"刑事政策与我国刑事检察工作[J]．中国司法，2004(4)．

[47]王会伟．"严打"辨析——兼与陇夫先生商榷[J]．法学家茶座，第5辑．

[48]王树茂．刑法谦抑性之我见[J]．犯罪研究，2003(2)．

[49]王学沛．刑事政策刍议[J]．法学季刊，1984(4)．

[50]许发民，于志刚．论犯罪的价值及其刑事政策意义[J]．中国人民大学学报，1999(5)．

[51]严励，董砺欧．"非刑罚化"与"刑罚化"——论刑罚的退守与进攻[J]．政治与法律，2004(3)．

[52]叶洪和．现代法治社会的刑法理念[J]．行政与法，2006(12)．

[53]于志刚．关于"犯罪助动社会变革和历史进步"论的批判[J]．中国人民公安大学学报(社会科学版)，2007(5)．

[54]俞梅荪，马秋莲．理性良知宽容开明：我国刑法理念的世纪走向[J]．国家检察官学院学报，2000(1)．

[55]张爱艳．非犯罪化与安乐死——以违法性阻却事由和期待可能性理论为视角[J]．政法论丛，2005(2)．

[56]张文，何慧新．中国刑法学20世纪的回顾、反思与展望[J]．当代法学，1999(1)．

[57][日]大谷实．犯罪化和非犯罪化[J]．黎宏译．陈兴良主编．刑事法评论，第6卷．

[58][日]庄子邦雄. 刑罚制度的基础理论[J]. 国外法学, 1979(4).

三、外文类

[1]Crime and Justice. Chicago: University of Chicago Press, 1979.
[2] European Committee on Crime Problems Report on Decrime in a Lisation. Strasbourg, 1980.
[3]Fyodor Dostoevsky. Crime and Punishment. Ware: Wordsworth Classics, 2000.
[4]Leonard D. Savitz, Norman Johnston. Crime in Society . New York: Wiley, 1978.
[5]Sue Titus Reid. Crime and Criminology. Boston: McGraw Hill, 2000.
[6]Tony Platt, Paul Takagi. Crime and Social Justice. London: Maccmillan, 1981.
[7]William J. Chambliss. Power, Politics, and Crime. Boulder, CO: Westview Press, 1999.